U0667500

# 文化名人与“涛声依旧”

刘希涛 著

文匯出版社

**图书在版编目(CIP)数据**

文化名人与“涛声依旧”/刘希涛著. —上海:文汇出版社,2016.8

ISBN 978-7-5496-1805-7

Ⅰ.①文… Ⅱ.①刘… Ⅲ.①散文集-中国-当代 Ⅳ.①I267

中国版本图书馆CIP数据核字(2016)第157743号

---

**文化名人与“涛声依旧”**

作　　者/刘希涛
责任编辑/鲍广丽
封面设计/王　峥

出 版 人/桂国强

出版发行/文匯出版社
上海市威海路755号
(邮政编码200041)
经　　销/全国新华书店
排　　版/南京展望文化发展有限公司
印刷装订/上海译文印刷厂
版　　次/2016年8月第1版
印　　次/2016年8月第1次印刷
开　　本/710×1000 1/16
字　　数/307千字
印　　张/18.25

ISBN 978-7-5496-1805-7
定　　价/52.00元

序一

# 永葆真情

任丽青

文学是陶冶性情的灵丹，是沟通他人的桥梁。中国人运用汉字这个得天独厚的工具，冲破时空的限制和古人相会，和远方无法用方言交流的人们相会，从未谋面的人可以因为汉字的因缘相交、相知，成为挚友。国人在精神家园里凝聚起来，文化瑰宝代代相传，生生不息。

在当今经济迅猛发展、文化色彩斑斓的社会中，文学真正变成了文艺百花园中的一朵花。她可能并不是开得最艳、最盛的那一朵，但是她的隽永和芬芳，往往沁人心脾，经久不衰。欣赏这朵花的人也可能比以前少了，但换来的是满园春色。更多

任丽青

的人能够接近文艺、享受文艺，何尝不是一件好事呢？上海诗人刘希涛是文学的多面手，他曾经是“战士诗人”和“钢铁诗人”，后来又成了爱情的歌者和祖国风光的描绘者，并由诗及词，成了一位词作家。由于工作的变动，他开始写散文和报告文学。我以为，他写于20世纪八九十年代的报告文学，尤其是长篇人物类报告文学，是他在改革开放以后更为优秀的作品。他在描写一个个新时代中的新人物时，不仅歌颂了人物，而且传播了科学的人生观和人才观，对一些僵化的、似是而非的观念进行了批判，充分彰显了报告文学的价值。报告文学必须具有思辨的色彩和批判的精神，在褒扬中蕴含启发和思考，张扬理性，这是报告文学的较高境界。他笔下的人物是可信、可敬的，在文学形象的背后，读者也看到一位勇于探索真理、为正义呼唤的作家的形象。在收获文学成果的同时，刘希涛也收获了友谊，他的喜悦程度大概并不亚于若干次的文学获奖。

知识分子历来看重友情，在古代社会，文化生活比较单调，写诗、唱和成为文人之间主要的交流方式。在新的时代，文学联通四方、沟通心灵的作用并未消亡，热爱文学的人没有一天放下他们手中的笔。文学仍然是一根红线，把志同道合的人拉得更近、更紧。文化人大多喜爱文学，喜欢诗歌，诗人更容易以诗会友，广交朋友。因为诗歌不靠曲折的情节和跌宕的故事取胜，她的法宝乃是一个“情”字。人类的七情六欲、喜怒哀乐，无不在诗歌里得到美的展现。刘希涛通过自己的创作活动结交了不少各界人士，包括一些文化名人，他把获赠的墨宝笔迹当作至爱。他们相见恨晚，惺惺相惜，用诗画、书法和散文来表达友情，滋润自己的精神世界，自然也是一种高尚雅致的文化活动。

刘希涛就是这样一个藏宝之人。在他普普通通的家中，有许多我们所敬仰的前辈、名流的书法和绘画，以及他们的书信、照片和文章：贺敬之、程十发、杜宣、峻青、铁凝、叶辛、赵丽宏、王小鹰、徐刚、石祥、雁翼、沙白、忆明珠、梁上泉、张森、毛国伦、刘一闻等100多幅不同字体的“涛声依旧”，表达了文化名人对刘希涛诗歌、散文的喜爱与推崇。刘希涛为他们所写的文章也都是一篇篇至情之文。文人的情怀从来就不是纯粹的私事，这种情怀中蕴藏着时代风云、社会变迁和世态炎凉，有着对真善美痴心的追求，对不合理现象的愤怒和谴责。正因为如此，书信文牍、采访录、回忆录之中的美文，加入了散文的行列，也就不足为怪。

刘希涛从本质上说是一个诗人，在为友人所写的这些文章中，不乏关于诗歌精神、内容和艺术的探讨。刘希涛对忆明珠的描写是动人的，他感慨一段凄美的人生刻在了“忆明珠”这个名字上。刘希涛评价忆明珠的诗是灵魂的叫喊、心潮的涌动，他不是那种春天来了唱布谷，夏天来了唱黄鹂的诗人。他是当代的才子，却又是一朵不肯红的花。他是把希望和绝望的心灵跋涉化为声声歌哭的人，他有对于人生的大悲悯和对于人生的大觉悟。我也从刘希涛的文章中认识了忆明珠，我明白了这样一个道理：高贵的诗产生于高贵的心灵。与其说刘希涛是在写忆明珠，不如说他是在写自己。他一生以诗歌为伴，诗是他的第二个情人。他的生活的充实、情感的丰富和思想的进步都记录在他的诗歌里。

刘希涛从小就喜欢梁上泉的诗，曾经千方百计购买他的诗集，以后也十分关注梁上泉的创作情况。得知《小白杨》这首著名的军旅歌曲的创作过程后，刘希涛也更加坚定了自己对诗歌创作的理解："小白杨"的文学形象正是战士的情感积淀的体现，《小白杨》的广泛流传则得益于对文学规律的尊重，语言的简洁生动和口语色彩，加上节奏的鲜明，使诗歌有很强的可唱性。这篇文章从某种意义上讲也普及了创作知识，诗歌应该主要是听觉的艺术，当诗人艺术化地把握现代汉语的音节、韵律和节奏的特点，诗歌就可能从一个个生硬的铅字变成一段段美妙的歌声，萦绕在人们的耳旁。

在写到诗人沙白的时候，刘希涛说，沙白1963年创作的《江南人家》，以明媚轻快的抒情色调，为当时被政治高温烤炙得干枯欲裂的诗歌园地，带来一种杏花春雨般的潮润与温馨。关于沙白的散文，刘希涛不禁引用了忆明珠的话说，青年人往往善做青春之赋，中年人年齿渐增，感情活动趋于平和稳定，思想就活跃起来，宠辱荣枯，以至治乱兴衰，公道天理，都想来个寻根究底。沙白的散文就是这种"皓首穷经"的结果。这就不仅是对诗歌的评价，更是对社会的判断，难道不也是当代诗人之间的"共葆秋竹心"吗？

刘希涛和吴欢章的交往既是师生关系又是诗友关系。年轻时，当年的小刘混进课堂去听吴老师的课，播撒下对诗歌、散文热爱的种子。后来的老刘又聆听了吴老师对小诗的解释，这些融合自己创作经验的真知灼见，让老刘如同吃了萤火虫，肚子里面亮晶晶的。我也十分认同吴老师对小诗的看法。小诗也是中国诗歌的传统，后来，这种创作形式传到日本，促成了俳句的发展。再后来，俳句又回传到中国，成了汉俳，前上海市作家协会主席罗洛先生就是一位汉俳的高手。吴老师不仅自己坚持创作，不久前，还精心编选出版了《小诗萃》一书，得到诗歌爱好者的广泛欢迎。吴刘两人之间对于诗歌创作的探讨，很有现实意义。眼下有些人自己从不涉猎创作，却喜欢居高临下地高谈阔论，形成创作和评论之间的隔膜。这使我们格外地感怀现代文学的时代，鲁迅、郭沫若、茅盾、巴金、老舍……他们既是作家，又是评论家，深刻的见解出自学问和创作实践的结合。他们通俗而流畅的文笔，使得多少文学青年从文学中学习、进步、成长，找到了自己的道路、自己的事业。文学拥有了较高的社会关注度，作家成为令人羡慕的职业，也就不足为怪了。

诚如著名报人丁锡满所说，“没有热爱生活的感情，是写不出这种诗的。刘希涛对待生活，对待工作，就像铁水一般的热烈、火红，像钢锭一般的坚定。……诗歌的责任就是在浩瀚的生活海洋中提炼美的元素，去陶冶人民、激励人民，使读者在美的享受中更加热爱生活，从而奋发努力，去创造更加美好的生活。”刘希涛就是这样，并不满足于简单地深入生活，而是不断从古今的作品当中、从不同的诗人身上汲取诗歌创作的养料，提炼美的元素，焕发出不竭的创作热情。

刘希涛对优秀的词曲作家和音乐制作人陈小奇的友谊，并不只是由于那首流传广泛的歌曲《涛声依旧》，而在很大程度上因为陈小奇的生活态度和文化态度。他欣赏陈小奇的名言：“补鞋都能成为专家，干其他事也可成为专家，关键在于坚持。”这使陈小奇成功地从一个学文学的人转行成为卓有成效的音乐人。我也认为陈小奇对传统文化传承的两种角度的提出很有创意，一种是原汁原味地保护，使其极具收藏价值；另一种是时尚包装，使其适合青少年的审美取向。文化人往往把对祖国的感情融入自己的专业岗位上，社会应该鼓励更多的探索和更多的尝试，而不是把文化人都束缚在一种模式中。

中国历来就有“书画一家”的说法，实际上，诗书画也有密切的关系，不同艺术之间的交流和融汇，往往对诗人有潜移默化的影响。刘希涛也喜欢跟书法家和画家交朋友，从他们身上汲取艺术的营养。

贺敬之是我们这一辈人崇敬的大诗人，但是少有人知晓他的艺术经历和创作心得，刘希涛的文章使一位“大家”走进读者的视野。贺敬之从七八岁起就临池习书，王羲之、王献之、黄庭坚、米芾、王铎、郑板桥、怀素和毛泽东的书法他都悉心研究，得出了行草最能表情达意的体会。几十年来，贺敬之练笔不辍，博采众长而自成一家，诗家的书法就像是“纸上的舞蹈，砚中的云海”。原来贺敬之的成功也来自博学和专注。这种精神让泰国小提琴家陈美也站在了2014年索契冬奥会的滑雪赛道上，我们有理由不要过分地看重所谓的天赋和机遇。

在刘希涛的笔下，我们也看到了书法家张森的深刻和幽默。他对目前不少家长“让”孩子学书法，为此到处拜名师求名家的做法不以为然。多少名家的经验告诉我们，艺术的冲动只有发自内心而不是外力，才有可能到达艺术的高峰。然而，即使达到了艺术的高峰，也有一个心态的问题，也有人高处不胜寒，摔了下去。张森的名片上只有孤零零的“张森”两字，别无任何头衔和桂冠，一个睿智的书法家的形象霎时间便跃然纸上。

刘一闻是沪上卓有成就的书法家，他一针见血地指出，当今的一些书法家过分重视技巧而忽略作品的内在精神。这种现象其实也存在于文学创作之中，共同的见识使文人之间更加靠近。刘希涛也为刘一闻的重情重义所感动，记录了他为给苏白老师奔丧而得罪领导的情节。“歌德”和“缺德”从来就是一对兄弟，正是在憎恶和批判假恶丑的同时，真善美展示出灿烂的光华和伟大的力量。道德和情感是人类基本的精神需要，抛弃了它们，还有什么政治可言？

刘希涛写文化名人，往往看重他们的人格和人品，字里行间闪耀着他们精神世界的魅力。铁凝，中国作协新一代的掌门人，撇开“美女作家”这种廉价的称赞，她除了作品还能感动我们什么呢？是那句“让作品说话”的掷地有声的语言，它还是一个文学宣言和人生态度——一个真正的作家理应把荣誉看作浮云，而把作品当作永恒的追求。

刘希涛写著名电影演员张瑞芳，突出她说的一句话“我是沾了演员的光”。张瑞芳说，自己当了七年的市政协副主席。其他的政协主席、副主席都是有真才实学的专家，只有自己是假的，演的都是别人，自己究竟是个什么角色也不知道了。刘希涛并没有滥用一些溢美之词，而只是简简单单地引用，就鲜明地表达了自己、也是任何一个明智之人对张瑞芳的心态的认可。演好人不难，做好人很难。不躺在以往的成功的花环之中，而是在80岁的高龄时，终于真正演起了自己：办敬老院。这位老演员的可贵之处，就在于她的谦和之心和平静之心，这种境界让人对她肃然起敬。

峻青，著名的老作家，他的“红色经典”之作几乎家喻户晓。“文化大革命”中他也未能幸免遭受磨难，重获新生之后，他并不躺在过去的功劳簿上，而是倍加珍惜握笔的机会，老骥伏枥，志在有为，并且总结出了“文书交替”之法，使身体和创作都永葆青春。

杜宣是上海重量级的文化名人和国际文化活动家，他又曾经是隐蔽战线上的传奇人物，一个勇敢的革命家，这让我们对他肃然起敬，也增加了一个理解杜宣作品的新的角度。

在很多上海作家的心中，文学编辑谢泉铭是他们的恩师。在他们初学写作的幼稚阶段，是老谢的无私辅导使他们一步步地成熟，终于成为知名的作家，而老谢却一直默默无闻。文学事业的繁荣离不开编辑的劳动和奉献，可惜这样的编辑现在不多了。刘希涛在他的文学道路上也幸运地遇到另一位这样的伯乐——当年《厦门日报》的副刊编辑沈扬。沈扬写过长达三页的信给刘希涛，跟他谈论诗的构思。在这样热情的编辑的悉心辅导下，《连长的脚板》诞生了。可贵的是，沈扬为文学青年做了那么多，却连个名字都不留，直到多年以后，受惠的作者才知道他叫沈扬。

上海青浦出生的大画家程十发也是一位富有人格魅力的艺术家。在担任画院院长的时候，他为了解决画师们的住房困难，曾拿出自己的十万美元稿酬，买了十套公寓送给他们。他还把一生所收藏的八大山人等名家名画悉数捐赠给上海中国画院。这样的情怀和奉献将和他的作品一道，长久地留在世上。

上海崇明岛出生的诗人徐刚，是个响当当的名字。在我们的学生时代，这是一个熟悉的名字。但是他之后如何从一个诗人变成一个报告文学家，他的身上经历了怎样的人生过程，他的思想又是如何痛苦地转折，这些都是当年我们这样的"粉丝"很想了解的。在描写徐刚的文中，我发现刘希涛的文风完全变了，变得沉郁而厚重。他深刻挖掘徐刚的心灵深处，说徐刚是从崇明的"海之家"走出去的，他是如此珍爱着水。1987年大兴安岭的那场大火触发了他的创作转型，报告文学《伐木者，醒来吧！》，震动了整个中国。刘希涛深情地写道，20多年来，徐刚是个在退休之前没有薪水的作家，是心中那种对祖国的挚爱支撑着他义无反顾地奔走在四面八方，大声地呼吁保护森林、保护环境。中年以后，身心疲惫的他便沉浸于历代的碑帖之中，辗转于书案之侧。临池的结果，是汉字的形象与心灵的沟通，他的笔下出现了不同于书斋的书法。俗话说，字如其人，如果说用字的好坏来判断人的善恶是唯心主义，那么，从字的风格探寻人的风格就不属此例了。徐刚大概没有想过要写自己，但是无意之中，刘希涛把他写得如此壮烈刚强，徐刚的文学和他的人生紧紧地融汇起来，汇成一首真正的交响曲。

文化名人和"涛声依旧"的关系，不仅是刘希涛的财富，更是文学魅力的体现。我们不必哀叹文学地位的下降，也无须担心文学会衰落，文学是人类永恒的精神需求。我们在祝贺、羡慕刘希涛的同时，也应该自审自己的文学写了什么，又是如何去写。是金子不一定发得了光，但是沙子永远发不了光。

2014年春节写于上海大学

（任丽青，上海大学中文系教授，上海市作家协会会员。长期从事中国当代文学的教学和研究，出版专著多部）

序二

# 别开生面，意蕴丰沛

潘颂德

当下诗坛文苑，“钢铁诗人”刘希涛美名远扬。青年时代的他，就热爱文学创作，注重从现实生活中激发创作灵感。半个多世纪前他还在部队时，就在练兵场上汲取诗情，在行军途中寻觅诗句……火热的部队生活，使他成为一名军旅诗人。

潘颂德

在刘希涛身上，充分地体现出他不断进取的诗性精神。部队复员后，他走进令人羡慕的文化单位。为了贴近火热的生活，他毅然放弃事业编制，于1976年走进上钢二厂第一轧钢车间当上了一名工人。在化铁炉的火光中寻找诗意，在轧钢机的轰鸣声中酿造诗篇……十年的工人生涯，他创作了500多首钢铁诗，在《诗刊》《人民日报》《工人日报》《解放日报》等近百家报刊发表，被誉为“钢铁诗人”。他贴近人民，贴近时代，在文学创作上取得了大丰收，先后出版了六本诗集、四本报告文学集以及散文集、歌词集等十多部著作。

自2009年4月成立刘希涛工作室以来，他在坚持文学创作的同时，又主编出版了文汇出版社“出海口”诗文库丛书18辑，合计180种书，洋洋大观，推出了一大批新老作家，其中有30多位作者加入上海市作家协会和外省市作家协会，还有的加入中国作家协会，为繁荣和发展社会主义文学事业作出了贡献。

刘希涛是一位有心人。20世纪90年代初，一首《涛声依旧》的歌，传遍大江南北。他联想到自己的名字里有一个“涛”字，便开始搜集“涛声依旧”四字，一则激励自己，二则留作纪念。20多年来，他陆续收到100多幅文化名人风格迥异、灿若星辰的“涛声依旧”题词。名家荟萃，主题集中，堪称一绝，十分难能可贵。这些题词，除书画名家如程十发、苏局仙、张森、刘一闻、毛国伦外，更多的是诗人、作家、艺术家和当代的名家，如贺敬之、李瑛、沙白、梁上泉、忆明珠、杜宣、峻青、铁凝、叶辛、高洪波、廖奔、何建明、赵丽宏、梅葆玖、鲁光等。这些文人书法笔力或遒劲，或秀美，或婀娜，千姿百态，让人赏心悦目……

刘希涛每收到一幅题词，都视若珍宝，先展开挂在自家的书房或客厅，早也看，晚也看，静观默察，烂熟于心……于是，他挑灯撰文，为这其中近60位题赠者，写下近60篇美文。这些年来，我在《文艺报》《文学报》《文汇报》《新民晚报》《联合时报》《上海作家》等报刊上读到这些文章，每每在想，如将这些文章编为一集出版，该有多好！

日前，希涛兄将他编好的《文化名人与“涛声依旧”》剪报簿，送我浏览、品赏，让我先睹为快。品赏之余，深感这是一本别开生面、意蕴丰沛的著作。

这既是一本名家的书法集，又是一本诗人的散文集、美文集。

这可不是一般的书法集。一般的书法集，大多只收一位书法家或几位书法家的作品。而这本独特的书法集，书写的内容既集中又单一，多为“涛声依旧”四字，而题赠者并不局限于书法家，更多的是诗人、作家和名家。刘希涛不但是诗人、作家，还是一位鉴赏家。通过长期的欣赏实践，他对于崇拜的名家和他们的书法，可谓眼力非凡。书中所收文章，对各位名人题词从书法艺术角度所作出的品评，堪称行家里手。如说张森的隶书“厚重端庄，凝炼明快”，刘一闻的草书“平和清秀，清新灵动”，杜宣的行草“顾盼呼应，拙巧错落”，而大诗人贺敬之的草书作品则是“刚健含婀娜，妙笔生气象”……作者对这些名家作品的评价，可谓把握精准，一语中的。

这是一本诗人的散文集，但又是不一般的散文集。这本散文集题旨集中，围绕作者与众多文化名人的交往、友情以及题词的来龙去脉展开，走进他们的生活，走进他们的内心世界，发掘他们的精神财富，讲述他们动人的故事，展示他们丰硕的成果……因为作者与这些文化名人都有过接触交往，大多是第一手资料，有真情实感，有故事，有生活细节，可读性强，又有史料价值，对于启迪当代，开拓未来，都极具阅读和收藏价值。

这本书中所收散文，短则1 000余字，长则近7 000字，如《我所认识的铁凝》《"中国的名老头儿"——我与忆明珠的交往》《既能"婉约"又能"豪放"的诗人——记沙白》《芦芒与王小鹰》《我与李瑛、李小雨的友情》《诗人徐刚》《我与"父子作家"——记胡宝华、胡永明》等，都是长文，却能让你一口气读完，如嚼橄榄，余味无穷。书中还收有对臧克家、费孝通、贺绿汀、张瑞芳、陈从周、辛笛、罗洛等文化名家、名人的专访文章，并附有他们的题词和合影照片，弥足珍贵，让人爱不释手。

深信它的出版，一定会受到广大读者的热烈欢迎。

2016年5月1日

（潘颂德，上海社科院文学研究所研究员、中国作家协会会员，著名诗歌评论家）

# 目录


序一：永葆真情　任丽青　1

序二：别开生面，意蕴丰沛　潘颂德　1

## 诗　人

贺敬之与“涛声依旧”　3

既能“婉约”又能“豪放”的诗人
——记沙白　7

“中国的名老头儿”
——我与忆明珠的交往　13

梁上泉与“小白杨”　19

我和雁翼　24

他是一条流淌的河
——记于沙　27

“解放区的孩子诗人”
——记苗得雨　31

童心未泯的高洪波　33

我与李瑛、李小雨的友情 36

“风华不老,涛声依旧”
——记赵丽宏 42

能诗能画的宗鄂 45

诗人徐刚 48

在钢丝上舞蹈的诗人
——记子川 54

## 作　家

我所认识的铁凝 61

他与共和国同龄
——记叶辛 68

芦芒与王小鹰 71

峻青病愈赠墨宝 76

爱抽烟斗的杜宣 79

神交鲁光 81

樊发稼的笑容 88

与邓伟志交谈 91

丁锡满为我作序 93

他在上海当区长
——记李伦新 97

混进课堂听他讲课
——记吴欢章 102

紧扣时代脉搏的俞天白 105

多年后方知他叫沈扬 109

我与“父子作家”的情谊
——记胡宝华、胡永明 114

“阿桂”与“老刘”
——记桂国强 123

西施故里的文化人
——记钱汉东 126

作家中的书法家
——记管继平 130

## 词　家

会唱歌的丹青
——记石祥 135

陈小奇与“涛声依旧” 138

珊卡的手抄曲谱 142

## 书画家

程十发说我是“老实人” 149

我的邻居张森 153

海上画坛一君子
——记毛国伦 157

我读刘一闻 160

“玩”出来的“玩家”
——记苏位东 165

识宝人宣家鑫 170

我的战友赵竹鸣 173

多才多艺的李振东 176

他从乡间小路走来
——记华续先 178

郑树林与他的花样经 180

龙潜于渊
——记孙庆生 183

来自基层的丹青手
——记孙永生 186

## 名　家

臧克家为我题集名 191

让我们一起欢度新春
——记贺绿汀 194

瑞草芳华
——记张瑞芳 200

我采访过费孝通先生 209

我认识的陈从周先生 214

中国新诗的成熟，尚待一百年的努力
——记王辛笛 218

深深地三鞠躬
——记罗洛 221

百八书翁
——记苏局仙 224

梅葆玖赠我的题词和剧照 227

"小刘，继续努力啊！"
——记谢泉铭先生二三事 231

《涛声依旧》书法集锦 235

## 附　录

“钢铁诗人”和他的“涛声依旧”
——记工人作家刘希涛　郑长埠　249

风骨诗人刘希涛
——读《“钢铁诗人”和他的
“涛声依旧”》　沈世坤　254

执着与多情
——散记诗人刘希涛　王慧骐　257

清亮如一道山泉　邵天骏　260

有诗情永远不会老　刘潇鸿　266

涛声依旧
——赠希涛兄　潘培坤　270

后　记　272

# 诗　人

文化名人与"涛声依旧"

1

# 贺敬之与“涛声依旧”

我珍藏的一幅“涛声依旧”，乃当代大诗人贺敬之所书。

一提到贺敬之，人们便会高山仰止，便会对其诗歌和歌剧的创作成就赞不绝口。其实，贺敬之不仅是我国当代一位蜚声中外、德高望重的著名诗人、剧作家，也是一位独具特色的书法家。

贺敬之，1924年出生于山东枣庄一户贫苦农民家庭，自幼天性聪颖，勤奋好学，七八岁时就在小学老师和村里人的指导下临池习书。他曾下苦功，临习过颜真卿和柳公权的楷书。不管是盛夏酷暑还是三九严寒，他都在一盏小油灯下苦苦坚持。夏天蚊虫叮咬，常常忘记扑打，冬天双腿冻得打颤，也不觉其寒。

贺敬之16岁奔赴延安，21岁因写出家喻户晓的歌剧《白毛女》而一举成名。在延安时，没有毛笔，没有宣纸，他就在陕北的黄土地上，在延河边的沙滩上练字。他以按捺不住的革命激

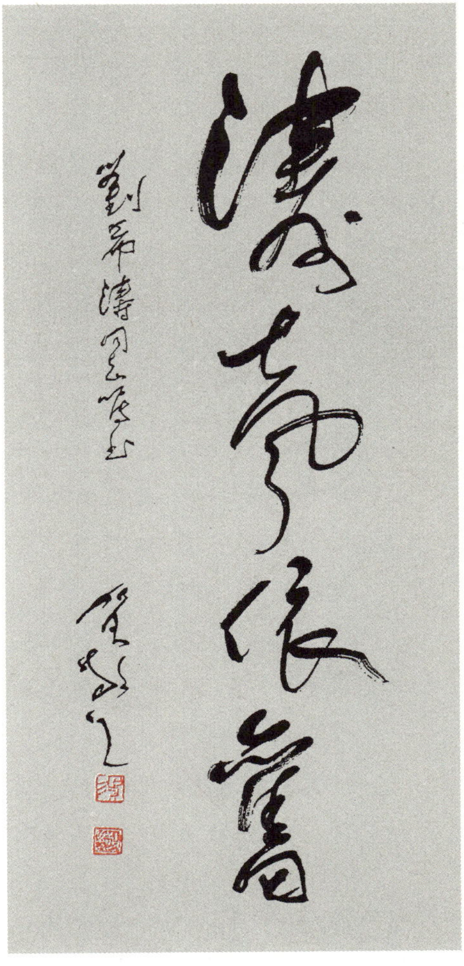

贺敬之题词

情和惊人的才华，一边从事诗歌创作，一边从事书法的学习和钻研。定居北京后，他精读和临习了篆、隶、楷、行、草等众多碑帖。他喜爱草书，尤其酷爱行草。他认为，行草最能表情达意，最能表现自己的个性和抒发思想感情。对中国历代的行草书法作品，他更是熟记于心，运用自如。王羲之的遒美劲健，风姿潇洒；王献之的云卷云舒，纵横自如；黄庭坚的萦绕自然，筋骨内涵；米芾的沉着痛快，风樯阵马；王铎的起伏跌宕，摇曳多姿；郑板桥的珠湖泻地，乱石铺街；怀素的惊蛇入草，飞鸟出林……贺敬之都看在眼里，爱在心上，心摹手追。几十年锲而不舍和临池不辍，博采众长而自成一家，使他的作品“刚健含婀娜，妙笔生气象”，独具鲜明个性，成为“有情的国画，无声的乐章，纸上的舞蹈，砚中的云海”。不管落不落款，盖章不盖章，一看就是其人的作品。贺敬之每每作书灵感忽来，胸有成竹，若有神助。这是因为他“胸中具有上下千古之思，腕下纵横万里之势”……此时，泼墨挥毫，便可看到他的气魄、精神和自己的面目。

我是读着贺敬之的《回延安》和《放声歌唱》参军的。在部队期间，又读到他的《雷锋之歌》和《西去列车的窗口》等广为传颂的优秀诗作。他那豪迈的激情和惊人的才华，让我佩服得五体投地。他的每一首诗，特别是他的政治抒情诗都是胸中波澜，笔底风雷，是心灵的呐喊，是感情的喷泉，是催征的战鼓，是时代的宣言，充满阳刚之气，令人荡气回肠，给人以鼓舞和力量。

贺敬之是一首诗。

一首读着读着就站起来的诗/一首吟着吟着就吼起来的诗/一首品着品着就蹦起来的诗/一首一口气读完自己也成了诗的诗。

贺敬之是一首诗。

一首蘸着泪与火写出来的诗/一首咬着爱与恨迸出来的诗/一首从骨子里冒出来的诗/一首从血管里流出来的诗。

贺敬之是一首诗。

一首为人民鼓与呼的诗/一首为时代吟而唱的诗/一首与民族同呼吸共命运的诗/一首与祖国同忧患共苦乐的诗……

这是歌曲《十五的月亮》词作者石祥先生写的《贺敬之是一首诗》中的片段。

贺敬之是当之无愧的人民诗人！我喜欢他的诗，也喜欢他的字，渴望得到他的题词，即使一册签名诗集也好。

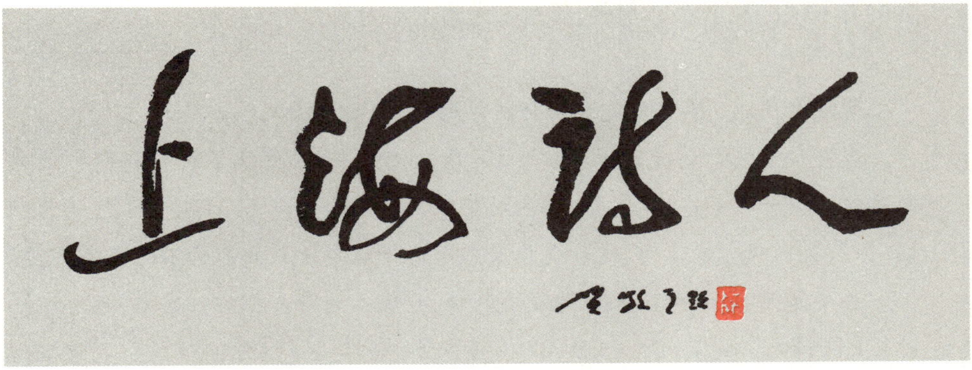


贺敬之题“上海诗人”

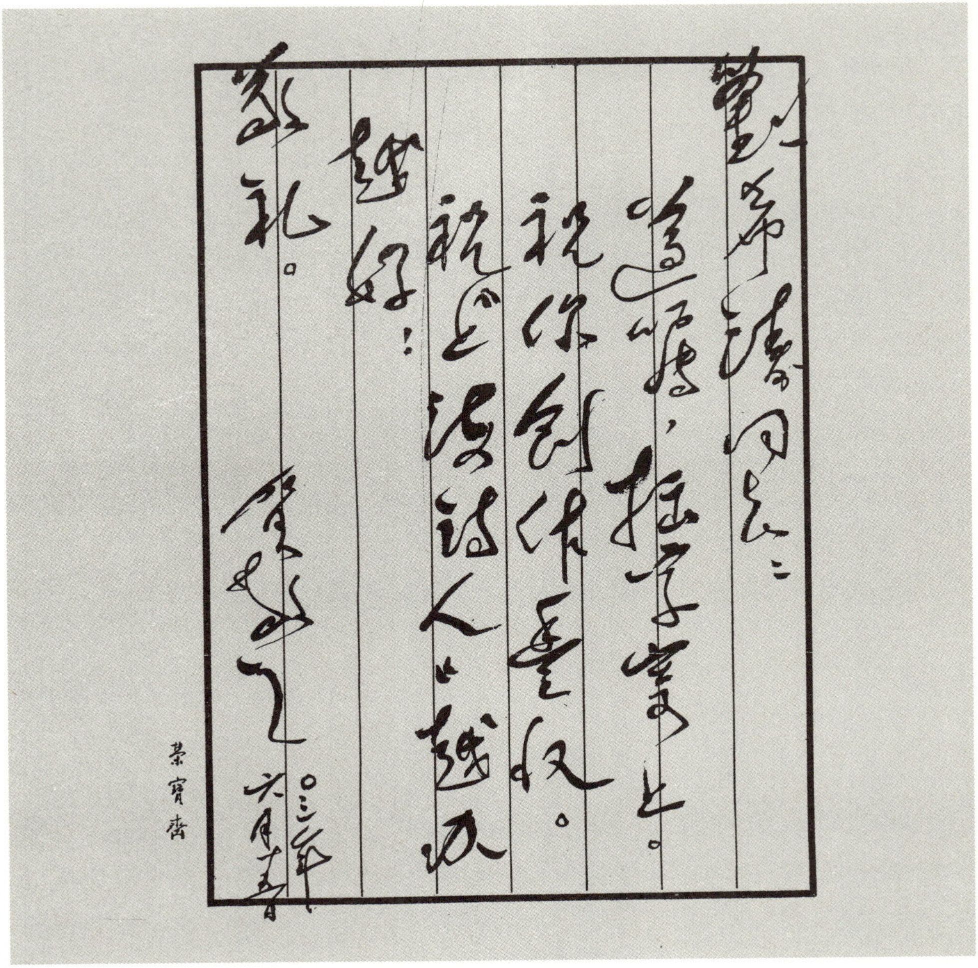

贺敬之给作者信函（2003年6月）

2003年6月6日，我鼓起勇气，给贺敬之写了一封信：

贺敬之同志：不用作更多的介绍，一握手就知道彼此的心灵。

我是读着您的诗走过来的：一本《朗诵诗选》和《放歌集》，从部队到地方陪伴了我几十年……如今，我已年届花甲，依然痴心不改，杜鹃啼血般地为祖国、为人民歌唱。我以为，这和受您及郭小川等前辈诗人的影响不无关系。

去年夏天，我和沪上几位诗友自筹资金，决心为诗友们办件实事，创办了一张《上海诗人》小报，已出5期，现一并寄上，好坏逃不过您的眼睛。在诗报出刊一周年之际，想请您为它题个报名。另，我本人也想请您写个"涛声依旧"的条幅，以室中悬挂，子孙相传耳（恕我有点"得陇望蜀"了）。

2003年6月20日，我收到贺老的回信，以及为《上海诗人》题写的报名和"涛声依旧"的条幅：

刘希涛同志：

遵嘱，拙字寄上。祝你创作丰收，祝"上海诗人"越办越好！

敬礼。

贺敬之

二○○三年六月十五日　北京

如今，大诗人贺敬之的草书条幅在我家中悬挂，它是那样的气韵生动，气度不凡；它是那样的龙飞凤舞，风神潇洒。

贺敬之笔走龙蛇的书法作品，乃当代诗人书法之神品。

2003年7月1日于涛声斋

# 既能“婉约”又能“豪放”的诗人

## ——记沙白

有长江明珠、长绿宝土、长寿古邑之称的江苏历史文化名城——如皋，位于经济发达的长三角上海都市圈内。她南临长江，与苏州、张家港隔江相望。这里四季分明，气候温和，雨水充沛，日照充足，是江海平原最早成陆的地区，长江三角洲最早见诸史册的古邑，民国时期的中华第一大县，我国沿海最早对外开放的县（市）之一。

如皋有着悠久而深厚的人文积淀，三国军事家吕岱、北宋教育家胡瑗、明末文学家冒辟疆（人们熟知他与董小宛的故事）、清初戏剧家李渔等，是古代如皋星空中耀眼的星座。

对如皋，我情有独钟，皆因我娘舅家在如皋之故，我的表弟、表妹都是如皋生人。小时候，母亲常带我去那儿住上一段日子，那儿的大街小巷，留有我儿时的脚印……

我国当代著名诗人沙白，1925年就

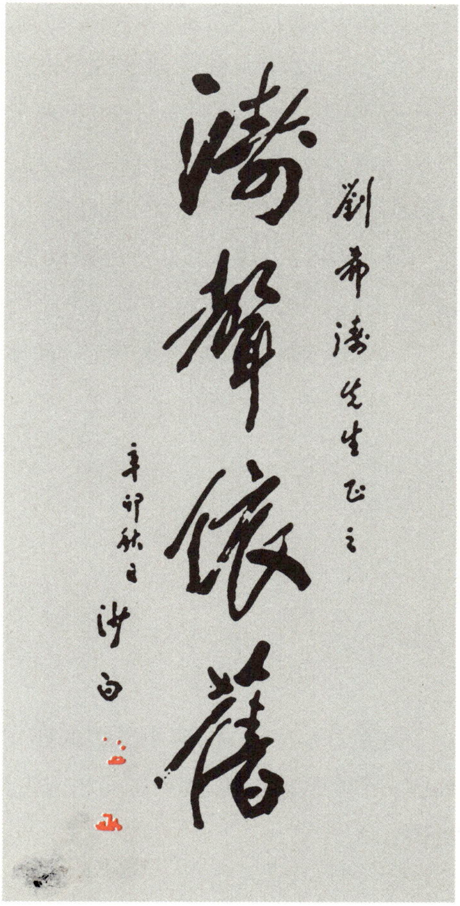

沙白题词

出生于此。

沙白，原名李涛、李乙，后更名理陶，笔名鲁氓（鲁氓，粗鲁的草民也。1956年他曾以此名出版过一本反映纺织工人生活的诗集《走向生活》。后在《萌芽》任诗歌编辑期间，和诗人芦芒"撞车"，常使来访者找错人，闹出不少此"氓"非那"芒"的笑话，遂弃之不用，改名沙白）。

沙白早在20世纪40年代在校读书时，就开始写诗并有作品见报。1958年，他在沪任诗歌编辑期间，我还是个学生。因爱好诗歌，订了本《萌芽》，那上面的诗作常让我痴迷，便开始投稿，收到的多是铅印退稿信，偶有附言，便视若至宝。有一年暑假，我问清去巨鹿路675号的乘车路线，便去《萌芽》编辑部拜访诗歌编辑。接待我的正是沙白，他个头不高，操一口浓重的如皋口音。他鼓励我课余时间多读点书，不光读诗，还要广搜博采，为今后写诗打好基础。

沙白1962年调南通市文联（他在信中告诉了我这一消息，当时我在福建部队），历任秘书长、副主席，1980年调至江苏省作协从事专业创作。著有诗集《杏花春雨江南》《大江东去》《砾石集》《南国小夜曲》《沙白抒情短诗选》《独享寂寞》等。《独享寂寞》获中国诗歌学会主办的"中坤杯·首届艾青诗歌奖"。

在中国当代诗人中，沙白是既能"婉约"，又能"豪放"，并都留有代表作的诗人。

"豪放"如《大江东去》，婉约如《水乡行》：

水乡的路，
水云铺。

进庄出庄，
一把橹。

这是《水乡行》前两小节中的四句诗，极富诗情画意。整首诗仅五节，押一个韵脚，节奏舒缓平和，读来音韵和谐优美，展示了一幅宁静恬美、秀丽淡雅的江南水乡图：

要找人，
稻海深处：

一步步，

踏停蛙鼓……

这些誉满诗坛、清新迷人的诗句，50年后我依然能脱口而出。我仿佛又跟着诗人走进那烟雨迷离的江南水乡，再次获得美的享受。

法国诗人瓦雷里曾说：“我宁愿我的诗被一个人读了一千遍，也不愿被一千个人读了一遍。”

一个人读一千遍就是经典，一千个人读一遍只是流行。《水乡行》是在广泛流行中成为经典的，几百年后就会被人称为古典。

大江东去……

雪浪万里，

惊涛万里……

我最早读到这首《大江东去》，是在1963年11月号的《诗刊》上，那震撼人心的诗句让我热血沸腾。当时，我正在战士演出队创作辞旧迎新的节目，当时就决定精选这首长诗进行朗诵：

浪追着浪，

浪挤着浪，

浪拽着浪，

浪推着浪，

向东呵向东，

大海在前，

旭日在前！

在滚雷般的音乐声中，一个集体造型，台下响起了雷鸣般的掌声……

大气磅礴的《大江东去》，让广大指战员受到一次艺术的熏陶和心灵的洗礼。

2005年11月16日，由江苏省作协、南通市文联、南通市作协共同主办的沙白诗歌朗诵会在南通举行。40余名诗人、作家及上千名观众聆听了朗诵。我是在朗诵会后去的南通（因故未能赶上盛会）。在江苏诗人黄东成兄陪同下，去新桥新村看望诗翁沙白，为他80岁生日祝寿！这天下午，天气晴好，阳光和煦，沙白脸色红润，谈笑风生……握别时，他送我一册《沙白诗歌朗诵会作品选》，我至今依然珍藏在身边。

“沙白为当代中国文学提供了经典之作，是位做出杰出贡献、产生深远影响的诗人。”这是江苏省作协原主席王臻中先生，在沙白诗歌研讨会和《沙白文集》首发式上说的话。

沙白一向低调，他谦虚谨慎，淡泊名利，他的为人为文都深受大家敬重。

他的不少小诗也颇得读者青睐。

其诗集《南国小夜曲》中，有一首《秋》收进苏教版六年级上学期的语文教材：

湖波上/荡着红叶一片/如一叶扁舟/上面坐着秋天……

风把红叶吹到诗人脚边，经霜后，他才发现，绿色的生命里也有热血，霜打后的红叶更具生命力和活力……不必为生命的逝去而烦恼，诗人就像这片红叶，愈挫愈勇！

此是借景抒情、托物言志了。

仿写沙白《秋》的甚多，如“柳树上/垂着嫩枝一条/如一个秋千/上面荡着春天”；“田野里/长着一片麦子/如一田金子/上面坐着夏天”；“树枝上/有一只小鸟/如一位天使/带着春天来到人间”……

显然，这样仿写可培养学生提取、梳理信息的能力，也可激发他们的灵感与创造。

沙白的《八十初度》共分三组，分别在《诗刊》《中国诗人》等处发表，共15首，以短诗为主，长者也不超过40行，主题为自审、回归和追寻。

印象最深的，就是诗人对生命意义的积极“反刍”。沙白以一个真诗人的博大与睿智，对人生、对自我、对价值意义进行着诗性而智性的审视，并以此来实现诗人对人生、对生命、对命运的急切而焦躁的拷问。这些诗作明显区别于诗人早期和中期的诗作，表现出震撼人心的深郁和沉雄。

诗人善醒，诗人尤其善醉：“要记住的/未必能记住/要忘记的/又何尝能够忘记。”



沙白是醉的，也是醒的。清醒的迷茫，迷茫的清醒，是诗的境界，也是哲学的境界，是睿智者超逸尘俗的反思境界。这种境界促生出一种坦然而豁达的面对，一种洞透生命奥义的精神烛照，一种沧桑而从容的语势。

沙白“文革”后开始写散文。《沙白散文选》共分三部分：一类是随笔杂感，多缘于生活中的一事一物触发的感想，如《自题三杉斋》《有感于厚黑学的兴起》《病榻随想》；一类是诗话书话，多是平时读书作文偶有所得，如《为诗神造像》《李贺与济慈》《青史凭谁定是非》；第三类是游记、杂谈，如《金陵王气》《西施殿遐想》《北国红豆辞》等。作者用典讲史，文采斐然，读来可以致知，亦可怡情。

为《沙白散文选》作序的是忆明珠（沙白、忆明珠，是江苏最有成就的两位诗人）。忆明珠小沙白两岁，他俩几十年知交，请看忆明珠笔下的沙白：“说起沙白，在我的印象中就会浮现出一幅杏花初燃、春雨潇潇的画面，他是从杏花春雨中向我们行吟而来的。这是因为他最初引起读者惊喜的那本诗集，有着一个《杏花春雨江南》的美丽名字。而其中发表于1963年的《江南人家》诸短诗，以明媚轻快的抒情色调，为当时被政治高温炙烤得干枯欲裂的诗歌园地，带来了一种杏花春雨般的潮润与温馨。”

忆明珠认为：“诗与散文都是思想感情的结晶。思想感情之间虽然并不存在着一条不可跨越的鸿沟，却不是一码事。两者各有门户，各自为政，而又相互渗透，互为表里，难分难离。约略言之，诗以感情打动人，但它必须以思想为后盾，这感情才有震撼力。散文以思想启示人，但它必须有感情流动其间，这思想才具有生动的活力。年轻人思想单纯而感情丰富，大都曾与诗同行过一段路，故有‘青春作赋’之说，乃至年齿渐增，阅历渐深，感情活动渐趋平和稳定，这时候思想就活跃起来……宠辱荣枯，升沉起伏以至治乱兴衰，公道天理，都想来个寻根究底，否则，稀里糊涂被人牵着鼻子走了一辈子，还以为是在完成一桩神圣使命，岂不悲乎！这就是所谓‘皓首穷经’了。”

沙白的这些散文，便是他“穷经”之所得了……

非大手笔，写不出这样的序言。

沙白的记游散文，是诗的散文：细腻、恬淡、流动、典雅……我十分爱读。

诗人沙白除在诗歌创作上有杰出成就外，他还有个会写诗的儿子。

中国诗史上常出现父子诗人和父子文学家，如著名的“三曹”“三苏”等。当代诗坛上也有不少父子诗人，如《诗刊》老主编邹荻帆和其子邹静之（还是位编剧，随着他编的《康熙微服私访记》和《铁齿铜牙纪晓岚》的热播，可谓家喻户晓）。

邹氏父子是一对，而沙白及其长子李曙白也是一对父子诗人，其诗可与其父平分秋色，甚至有人说，可比汉代枚乘、枚皋父子（均为汉赋名家，父子均为汉武帝名臣）。

自然，当代要说名气最大的父子诗人，当算顾工与顾城了。

顾工乃老军旅诗人，我在部队期间就读过他的诗集《喜马拉雅山下》《火光中的歌》等多部。另有散文、小说多种。1956年秋，顾工得一子，即为后来以朦胧诗驰名诗坛的顾城。顾城性早慧，好幻想，诗多想象力。他从1977年开始发表诗作，其代表作有《一代人》中的“黑夜给了我黑色的眼睛/我却用它寻找光明”成为中国新诗的经典名句。

可是顾城结局很惨，最后绝望发疯，杀妻后自杀，造成轰动性悲剧，令人唏嘘不已……

除父子诗人外，自然也有父女诗人，如被誉为“诗坛常青树”的李瑛与其女《诗刊》常务副主编李小雨。

台湾也有一位诗人叫沙白（本名涂秀田，1944年生，屏东人）。他的职业与作家余华从事写作前一样，是位牙医。他以沙白笔名写诗，以涂秀田本名看牙。曾创办“南杏”诗社，任社长，诗作多次获奖。

日前，我收到诗翁沙白的“涛声依旧”条幅，一位87岁高龄老人在常年手抖的情形下，还能写出兼容婉约沉雄之风的书法，不由人浮想联翩起来……我想起江珊的歌曲《梦里水乡》：“春天的黄昏/请你陪我到梦里的水乡/让挥动的手/在薄雾中飘荡/不要惊醒杨柳岸/那些缠绵的往事/化作一缕青烟/已消失在远方”……想起水清沙白的芭堤雅海滩，那沙白如银、海水清净、阳光灿烂的海滨浴场……

沙白诗翁，道德文章，影响遐迩，炙我良深，感佩多多，特行此文，留当存念耳。

2011年11月26日于涛声斋

# “中国的名老头儿”
## ——我与忆明珠的交往

对当代诗坛稍有了解之人，对诗人忆明珠的名字不会陌生。

20世纪50年代我开始学诗，在贪婪阅读、摘抄名家诗作时，便记住了忆明珠的名字。

50多年过去了，我依然能一字不漏地背诵《跪石人辞》里的诗句：

我是块石头，
我是块有生命的石头，
我是块有名有姓的石头，
我是块有血有肉的石头！

还有《狠张营歌》《唱给蕃瓜花的歌》……

这些诗作，在当时之所以能引起很大轰动，如磁石般吸引文学青年，并非全然是特定历史条件下的审美趣味和氛围所致，而是诗人充沛的激情和独特的发现、独特的感受，如刀子般地刻在了读者的心上！

忆明珠早期诗集《春风啊，带去我的问候吧》中五六十年代的诗，若干篇至今仍可使我们领略到某种虽属不可复返，亦无可争议的诗的特有魅力。

忆明珠，姓赵，名俊瑞，1927年出生于山东莱阳。参加过解放战争，去过朝鲜战场，后下放仪征近30年。1979年调江苏省社科院，1980年调省作协，从事专业创作，一级作家。著有诗集《春风啊，带去我的问候吧》《沉吟集》《天落水》；散文集《墨色花小集》《荷上珠小集》《小天地庐漫笔》《落日楼头独语》《白下晴窗闲

与诗翁忆明珠在一起
马鸣玉2015年3月28日摄于南京

笔》《中国当代才子·忆明珠卷》等。《荷上珠小集》获新时期全国优秀散文奖。

早年写诗，50岁写散文，65岁习画，为诗、文、书、画四绝之当代才子。

赵俊瑞以笔名忆明珠行世，背后隐藏着一则悽婉绝伦的故事……（因怕触动老人胸中的痛楚，遂删掉了这段文字）

忆明珠是我学诗路上最崇拜的诗人之一。他20世纪五六十年代的作品，曾让我这个痴迷于学写新诗之人如痴如醉……

我敬重忆明珠，敬重他有一颗真诚坦荡的诗人之心！他不是那种春天来了唱布谷，夏天来了唱黄莺的诗人；也不是怀揣几首应景之作择时抛出，以赢取当政的口彩，像投机者那样随行就市、获取干禄之人。

忆明珠写诗作文动的是真性情，那是灵魂的叫喊，心潮的涌动……所以，他的作品才那样地隽永耐读，才那样地真切动人。

所以，尽管至今仅有匆匆一面之缘，却毫无陌生之感，概因神交久矣！

我和他的亲近，还有一个原因，那便是家乡情结。我出生在江都嘶马（俗称五圩），他的第二故乡在仪征（俗称十二圩），同属长江水系，都在扬州地区。家乡的文朋诗友和他都熟，我因回乡匆忙而与他多次失之交臂（只有一次在江都车站与他邂逅，因彼此所乘车辆即将开动而匆匆握别）。然“飞鸿留声”，每每捧读他的信札，如闻其声，如见故人。

朋友们说，忆明珠是个怪人。一是脾气怪，不肯流俗，爱走偏锋，他是一朵“不肯红的花”（了解他的人都明白，他不是不能红，而是不肯红啊！）；二是生活习性与众不同（众人皆知睡前不宜吃茶，茶能提神，兴奋大脑，影响睡眠。忆明珠则相反，睡前必泡一壶浓茶，喝之方能入睡；半夜醒来继续喝，否则口干舌燥是断难再睡的）；三是无师自通，歪打正着。长江文艺出版社早年推出的“古今四大才子”一书，将才子标准定为“诗、书、文、画”四绝。根据这一标准，泱泱华夏众多诗星文魁中，遴选出贾平凹、冯骥才、汪曾祺、忆明珠为当今四大才子。

对扬名美事，忆明珠毫不动心。

当今世界，乃信息社会，大家都耳聪目明起来。可忆明珠仿佛看不到这一切，淡然处之。他不喜欢社交，也极少出门，几乎把自己封闭一隅。面对美丑杂陈的开放社会，他心如止水，寂寞地活在自己的天地里，不为物喜，不以己悲。他认为：“人活在世上真正属于自己的只有心这一方寸之地。唯有作品是自己的，其他都是身外之物。”当出版社找上门来要为他出书扬名时，他毫不动心，编者再三恳求，他坚持不受，让登门者十分尴尬……忆明珠听不得闹市喧嚣，看不得俗世浊尘，静静地栖守着心的“方寸之地”，写着宁静而纯美的诗和文章。

忆明珠集诗书文画于一身，可他归根结底是个诗人。他是区别于一般“写诗人”的“诗人”！

诗常有，而诗人不常有，时下尤甚！

读忆明珠的文章，便可领略那种属于民族文化的根底，如先秦之简约朴素，魏晋之思辨通脱，唐之心与物游，宋元之风致韵味以及明清的自然平淡等等；读他的诗，更能触摸到一颗属于诗人的挚爱心灵！有了这份爱，心灵才有了家园，诗人才在终极意义上，成为献身而不委身的诗人！

感伤乃爱之派生，悲愤是爱的极致。读者不难从他的诗文中品味到多重意义上的心灵炙痛——这个山东硬汉生命历程上的几度失声：恋人坟前的伤怀大哭；战友肩头的痛心号哭；小天地庐内无法抑制的仰天长哭……这些属于人类良知、饱含生命震荡并历史意绪的哭泣，当为诗人情感的一种注疏：诗人，就是把希望和绝望的心灵跋涉化为声声歌哭的人，它是对于人生的大悲悯，更是对于人生的大觉悟。

大悲悯和大觉悟造就了忆明珠的诗性，成就了饱含智性的心性写作。他流连于诗国，从朴素的生活依恋，到人文的历史叩问；从浩茫的心灵独语，到曼妙的画边沉吟，字里行间，涌动的是智者的灵慧，勇者的抗击，更是仁者遍披普世的爱心……

我为50多年写诗路上情系诗人忆明珠而暗自庆幸；我为漫漫人生途中，心仪师长忆明珠而深感荣耀……今天，我又收到他寄自南京的大札：

希涛兄：

久疏音问，接惠函不胜欢跃之至，遂即导示写上“涛声依旧”四字，笔墨丑拙，望不吝指正。

所谓“涛声依旧”者，当激荡着一种诗情和友情的吧，这确实值得珍惜。

即颂

吟安！

忆明珠

十一月八日于宁

谢谢诗翁，谢谢他给予我的这番情意！我渴望有一天能轻轻叩开他家的门扉，一杯清茶，便有耄耋诗人意气风发而又推心置腹的长谈……

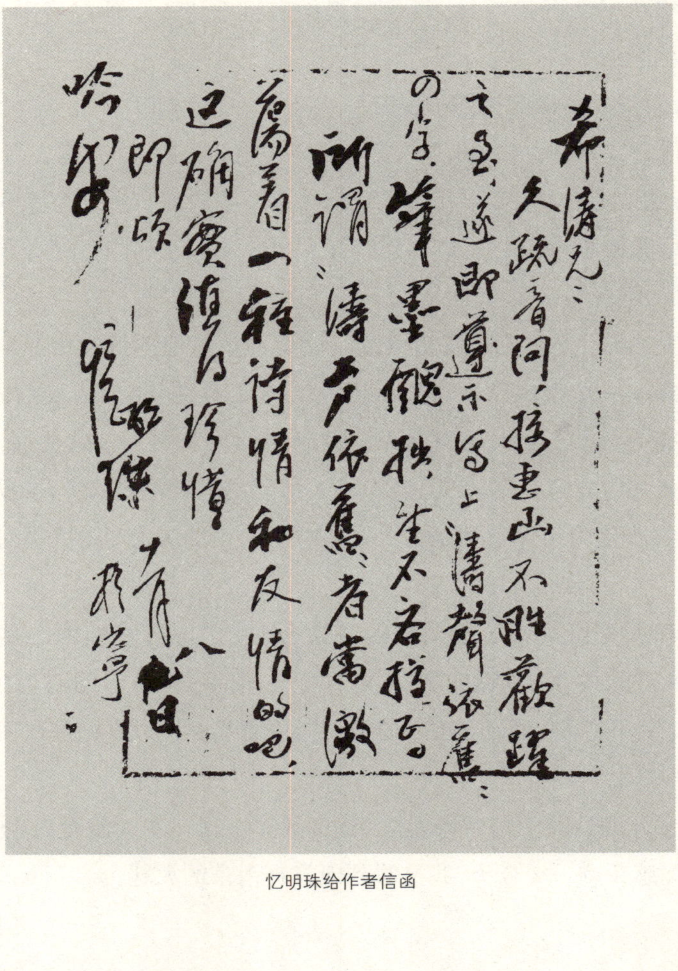
希涛兄：久疏音问，接惠函不胜欢跃之至，遂即遵示写上涛声依旧四字，笔墨丑拙，望不吝指正。所谓涛声依旧者，当激荡着一种诗情和友情的吧，这确实值得珍惜。即颂吟安 忆明珠 十一月八日于宁

忆明珠给作者信函

上述文字写于2011年深秋。冬去春来，三年后的春天，我在南京老作家马鸣玉（路桦）先生的陪同下，在位于黑龙江路上的汇林绿洲小区，拜望了诗翁忆明珠。

那天阳光很好，小区很安静，桃花开得正盛。迎面吹来微微的熏风，将沁人心脾的花香送入心田……

老人住在十楼，有电梯。门铃一揿，诗翁已在门口迎候。穿一件薄薄的大红滑雪衫，他那长得酷似达摩的脸上，堆满了笑容。老人的手温暖，有力，他居然还记得当年江都车站邂逅的情景。一位89岁的高龄老人，记忆力如此鲜活，让人十分地惊讶。

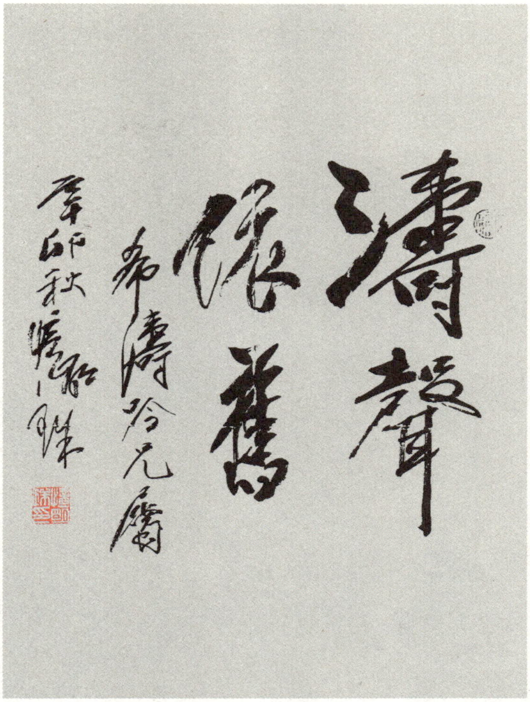


忆明珠题词

诗翁家的客厅宽敞明亮，先生坐在一张藤椅上，满心欢喜地摩挲着手中的“一把抓”（是路桦兄送他的一把小茶壶）。不一会儿，便让夫人放上茶叶，嘴对嘴地喝了起来……先生的话语很风趣，无遮无碍，俨然是对知根知底的挚友一般。先生算不得健谈，但话语中听、中的。曾听家乡老友苏位东说过：“忆明珠的诗好，比不上他的散文好；他的散文好，比不上他的谈吐好。”果然是脱口珠玑，浸润肺腑……倘若无缘与诗翁面晤，决难有这样真切的感受。

这天，诗翁谈兴甚浓，让我们如沐春风。夫人从书房捧出两本厚重的《抱叶居手函墨迹》，诗翁签上名后交到我俩手上。这是一本由青岛出版社编辑出版的忆明珠手函墨迹影印集，收有数十封他写给友人、亲戚的毛笔手书信函。这在电脑、网络、伊妹儿、手机短信、微信铺天盖地的当下，实属稀罕之物。“见字如面”，让人倍感亲切。这些手书信函中的墨迹，闪烁着灵性与人性的光芒，凝结着情感与哲思的交融……试想一下，当你收到一封连名字都用电脑打印的信函，与收到一封毛笔手书的信函时，给予你的触动和感受能一样吗？更何况还是一封名家挥洒自如的信函呢！

与诗翁忆明珠共进午餐
马鸣玉2015年3月28日摄于南京

在先生的书房，我们看到了更多的书画作品（诗翁送我们各两幅字）。那一摞摞的册页中，随处可见他对中国毛笔手书的情有独钟。唯知有我，锲而不舍；书来信往，搦管垂毫；直抒胸臆，一任纵横……已近90高龄的耄耋诗翁，世事沧桑，墨砚勤耕不辍。他远离尘嚣，甘耐寂寞，守砚伏案，墨函畅言，儒雅书卷之香满笺，无不散逸着醇厚清隽之气……

此时，我望着身边这位被人们亲切地称为“中国的名老头儿”，比之那些“嘴尖皮厚”的“大师”“名流”，不是更可爱么！一位被誉为“四大才子”的人，在当今世界不是不能红，而是不肯红！这种“俏也不争春，只把春来报”的精神，比之那些靠“炒”、靠“吹”而走红者，不是更值得人们尊敬么！

2015年3月28日于南京—上海途中

# 梁上泉与“小白杨”

我买的第一本诗集，是诗人梁上泉的《寄在巴山蜀水间》。

那是1958年，我在上海凤城中学读初二，14岁，刚刚在学校黑板报上发表诗歌……放学后去新华书店，看到一本薄薄的窄窄的小书，书名叫《寄在巴山蜀水间》。那是一本诗集，一翻便放不下来，一看定价2角8分。翻遍身上口袋只有1角8分，差一角钱哩。当天买不成了，又怕被别人买走，便怯生生地和服务员商量，能否帮助保存一下，我明天放学来买。营业员答应了，把书放了起来。第二天，我凑足了钱，买下了这本书。

书不厚，一口气就读完了，好像喝新摘的龙井茶，第一口就清香扑鼻，于是茶杯就放不下来，喝完一杯，再冲第二杯……其中的《朱德故里》《山中有雾》，尤其是那首《祖母的画像》，都给我留下了深刻的印象：

> 我的祖母/生在山谷/长在山谷/老了还在山谷/周围三十里/困住了她的脚步/从小屋走向田间/从田间走向小屋/这便是她一生的道路/就是充满幻想的梦/也没飞出过这狭小的乡土……

这是一位忠厚、勤恳、正直、善良的妇女，她不仅是作者祖母的形象，也是我国广大农村劳动妇女的形象，也是我们伟大祖国的形象：

> 祖母和祖国，
> 对于我是同一个名字……

作者真是把她作为祖国的象征来写的。

50多年过去了，这首诗依然刀子似地刻在我的心上，每每诵读，常禁不住泪流满面，我想起了从小把我带大的我的祖母……

1963年，我在福建当兵。部队驻扎在梅山地区，那儿山路崎岖，交通不便，只有星期天和节假日才有机会上街（那儿有个小镇，来回要跑十里路）。镇上有个新华书店，两开间的门面，那是我常去的地方。就在那年的9月，我在进门的一排书架上，看到了由作家出版社出版的当时闻名全国的“五大青年诗人”（李瑛、张永枚、雁翼、严阵、梁上泉）的诗集，如获至宝，当即决定全买下来（五本书总价近3块钱），可掏空口袋还是凑不够这个数（当兵的每月津贴才6块钱）。我急忙奔到街上找战友，无论如何要把这五本诗集买下来！还好，碰到连队的司务长，他正上街采购，我向他借了1块钱才如愿以偿。

梁上泉的《山泉集》，是从他已出版的七本短诗集：《喧腾的高原》《开花的国土》《云南的云》《从北京到边疆》《寄在巴山蜀水间》《我们追赶太阳》《大巴山月》中挑选出来的精品（长诗《红云崖》因篇幅关系没能收进去）。读了这些诗，让我仿佛刚从诗的彩色的河流上走过，两岸繁花似锦，叶影婆娑，五彩缤纷，目不暇接，让我着实喜悦、兴奋了一阵子……

时间过得真快，日历翻到20世纪80年代，在那年的春节晚会上，我听到了一首由总政歌舞团英俊潇洒的青年歌手阎维文演唱的《小白杨》：

> 一棵呀小白杨/长在哨所旁/根儿深，杆儿壮/守望着北疆/微风吹，吹得绿叶沙沙响罗喂/太阳照，照的绿叶闪银光/唻唻唻……/小白杨呀小白杨/它长我也长/同我一起守边防！……

这首叫《小白杨》的歌曲，歌词作者正是梁上泉。

20多年过去了，每当听到这熟悉的歌词，就情不自禁地跟着阎维文哼起这分外亲切的旋律来……从1985年传唱至今，依然不衰。

许是当兵的缘故，我对这首《小白杨》更是情有独钟！这首歌词是怎么写出来的呢？终于，我从一位和梁上泉交往甚密的诗友处，知道了他创作这首词的全过程。

从大巴山走出来的梁上泉，1931年出生在四川省达县北山乡。在巍巍的大巴山度过了童年，听惯大巴山的民歌和红军的歌谣。1950年，高中即将毕业的梁上泉加入中国人民解放军，因有写作特长，分至文工团，当上了一名创作员……火热的生活为他提供了广阔的创作天地，那种血浓于水的感情，就像母亲连着婴儿的脐带。

正是出于对部队的爱，他先后创作了歌词《一根扁担》，新诗《牦牛队的姑娘》，成名作《祖母的画像》《阿妈的吻》以及大型歌剧《红云崖》。1957年转业到地方，依然以一个老兵的身份深入山区、边疆、海防，为战士写作。

80年代初，梁上泉随部队作家代表团到新疆部队体验生活。先到乌鲁木齐，恰逢建军节，赶上部队大检阅，一色的草绿军装，远看活像一排排守卫边疆的白杨树，蔚为壮观……

当时，梁上泉心潮澎湃，很受震动，觉得这意境真是太美了。

有一次，梁上泉在南疆，换防的战士从帕米尔高原上下来，一看到白杨树，突然大哭起来……梁上泉终于明白了战士失声痛哭的原因："帕米尔高原上一片白茫茫……白杨树，这是生命的绿色呀！"……

这种感情的沉淀，时时敲击着诗人的心灵。

1983年，梁上泉来到北疆一个哨所，看到一个小战士正用自己的水壶给小树苗浇水……那儿的水很宝贵，战士省下壶中的水浇灌树苗，为的是让新栽的小树存活呀！树苗来自战士的家乡。"什么树呀？""小白杨！"

犹如电流跳上了钨丝，"灵感"这个娇客突然来敲打诗人心灵的门窗，记忆的闸门"哗"地一下打开了……很快，《小白杨》就如同泉水一样"哗哗"地流淌了出来：

> 当初呀离家乡/告别杨树庄/我妈妈，送树苗/对我轻轻讲/带着它，亲人嘱托记心上罗喂/栽下它，就当故乡在身旁/咪咪咪……/小白杨呀小白杨/也穿绿军装/同我一起守边防。

仅仅20分钟，这首脍炙人口的词作就完成了……后来士心（作曲家刘志笔名）把它谱成了曲，阎维文首唱便获得1985年总政歌舞团优秀歌曲奖，又上了春晚。这一唱，20多年不衰，还将一直唱下去。

由于语言的简洁、生动和口语色彩，由于节奏的鲜明和多样，梁上泉的诗有很强的可唱性。他的好诗往往就是一首好词，他是一位既能诗又能歌的诗人和歌手。

> 他的眼睛是善良的，他的笔头也是善良的，他笔下的一切是那样的美丽、纯洁，他写景，写情，写大好河山，也写情景中的人物和故事，信手拈来皆是词，人间何处无歌声……他永远吟唱着大美和大爱。

这是一位资深记者采写梁上泉的一段话。

成长中的青年诗人。

这是已故老诗人、诗评家沙鸥早在1956年对梁上泉的评价，沙翁可谓慧眼识人。

大巴山的儿子。

这是28年以后的1984年，胡世忠作为一个诗坛晚辈对梁上泉的评价。

大巴山的守望者。

这是21世纪初，陈军论文的主题词。

诗意人生的坚守者。

这是日本学者蒲健夫从另一个角度，为梁上泉所冠之名。这让人想起荷尔德林的名言："人，诗意地栖居。"

一个长跑者。

这是送给梁上泉的一个雅号，道出了梁上泉的一个显著特点，在诗歌道路上，长途奔跑，从不懈怠。

梁上泉从1948年在上海一家叫《现代农民》的杂志发表处女作算起，诗龄已达64年（已出版诗集30多部），这在中国当代健在的诗人中，应该排在前几位了！对诗的热爱、忠诚、执着、坚守，能不令人为之动容吗？！

集诗人、词家、剧作家、作家、书法家、编剧于一身的梁上泉，还写得一手好字。

2002年，我创办《上海诗人》，自然要请梁上泉前辈指教。梁老不仅寄来热情洋溢的贺信，还为诗报题词："人要铁性，诗要血性"（刊《上海诗人》2003年10月1号第7期头版）。今年7月，我和夫人携孙儿刘诗辰"长江三峡游"，最后一站到重

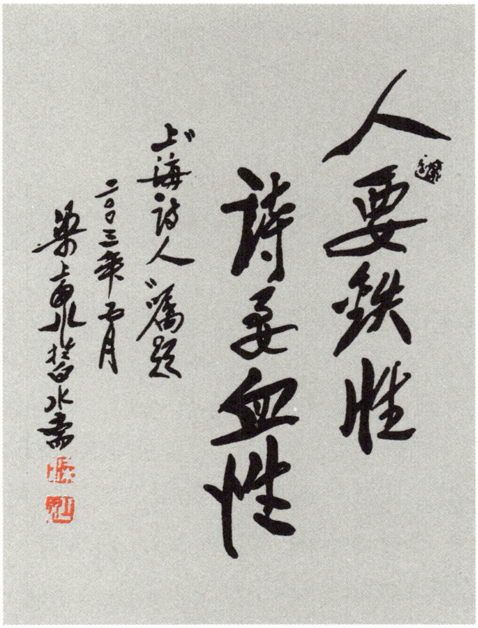

梁上泉为《上海诗人》题词

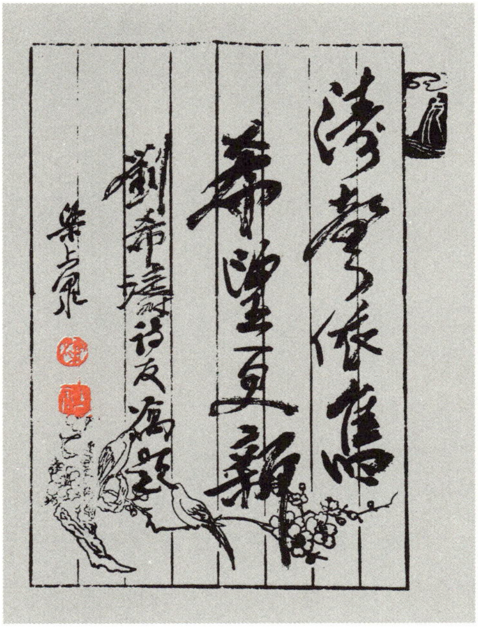


梁上泉题词

庆，我与梁老通话，得知他要上山避暑，声音依然洪亮。我请他赐“涛声依旧”的条幅，他一口答应。回沪不久，我就收到他的题词和附言：“希涛诗友：谢谢寄赠的诗报！因即去山上躲避酷暑，匆匆嘱题，又加了四字，未知妥否？握手！梁上泉 2012.8.3 于渝。”

“涛声依旧，希望更新。”现将梁老题词，奉献给读者诸君共享之，共勉之。

2012 年 9 月 15 日于涛声斋

# 我和雁翼

20世纪50年代，我在读中学时开始学诗，便知雁翼之名。因立志当诗人，便投笔从戎。在部队期间，每逢节假日上街，总是一头扎进新华书店淘书。那是1963年，作家出版社为五位优秀青年诗人各出了一本诗选，其中就有雁翼的《白杨颂》。就这样，48年过去了，雁翼的这本诗集依然珍藏在我的书橱里。

雁翼题词

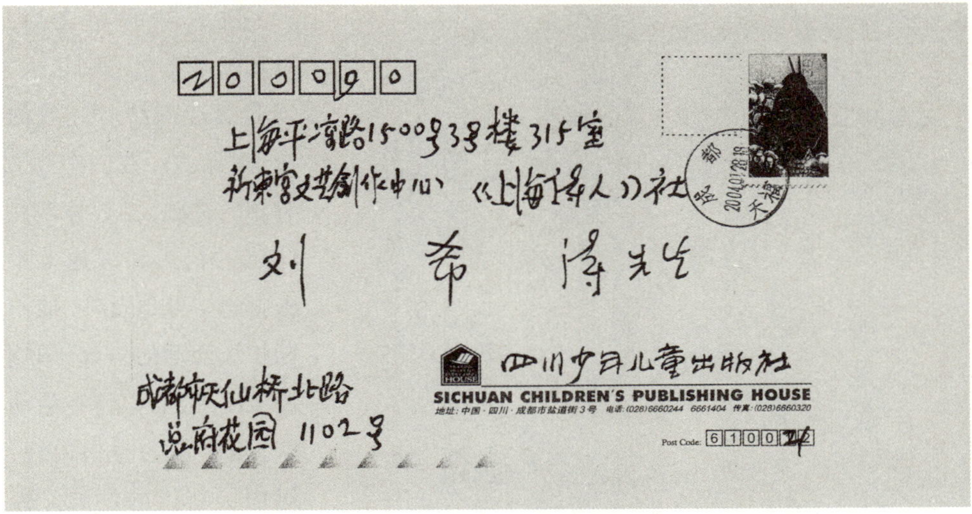


雁翼寄给作者的信封

慕雁翼之名久矣，直到20世纪80年代初，我才在上海作协见到他：方脸盘，浓眉大眼，敦敦实实的个头，操一口北方话和上海诗人谈诗。他说，写诗一定要勤奋、刻苦，见缝插针。他几乎每天写一首诗，或采一片花瓣，或摘一张绿叶，或掬一捧心潮……少至一两句，多至上百行，情之所至，有感而发。多年坚持，如今已是硕果累累，坠弯了枝条……

生于1927年的雁翼，原名颜洪林。许是想让诗情化作鸟儿的羽翼吧，便有雁翼之名。他1942年参加八路军，1949年写诗，曾任《星星》诗刊和《四川文学》的主编。他对新诗的贡献是多方面的。

以新诗反映新中国工业建设题材，雁翼是位先行者。其代表作（也是成名作）诗集《在云彩上面》，为各种新诗史所肯定。诗评家骆寒超在《20世纪新诗综论》一书中认为，雁翼的诗中“有一股把青春生命奉献给祖国伟大建设事业的理想激情洋溢着”，“使一代开拓者的灵魂染上了健康而亮丽的色彩”。

新中国成立以后，有意识借鉴十四行诗形式进行创作的诗人，当首推雁翼。为此，他也付出了沉重的代价，遭到一场暴风骤雨式的批判……但历史是块明镜，照出了他是位勇敢的探索者的身影……

雁翼的儿童诗也让人刮目相看，这在其代表作《雁翼儿童诗选集》中得到了印证。其叙事诗《东平湖的鸟声》，竟于1960年和1980年前后相隔20年两次获得全国儿童文学优秀奖，这是极为罕见的。其儿童诗创作上的成就之高，可见一斑。

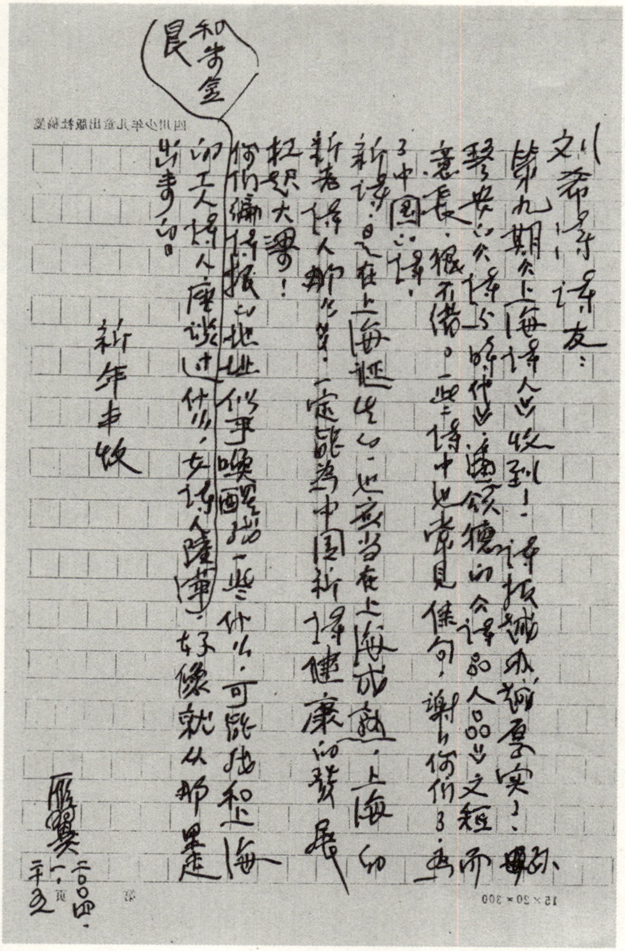

刘希涛诗友：

第九期《上海诗人》收到！诗报越办越厚实了！琴安的《诗的时代》，涵领德的《诗品人品》之短而意长，很不错。一些诗中也常见佳句，谢谢你们了。要了中国的诗，新诗，是在上海诞生的，也应当在上海成熟，上海的新老诗人都努力，一定能为中国新诗健康的发展扛起大梁！

你们编诗报的地址，似乎淡化了一些什么，可能把和上海的工人诗人座谈过什么，女诗人陆萍，好像就从那里走出来的。

新年丰收

雁翼 二〇〇四.一.元.

雁翼给作者信函（2004年1月）

进入新时期之后，雁翼已是年过七旬之人，不但继续保持着旺盛的激情与活力，在创作上又有新的突破，主要体现在向诗的精短和深邃上不断掘进；与此同时，他不断扩大活动的舞台，影响及于海外，且以诗歌活动家、编辑家的身份出现，对中国新诗的发展又作出了新的贡献。

我因2002年，率先在沪创办《上海诗人》报，发表了《老诗人辛笛一席谈——中国新诗的成熟尚待一百年努力》等重要文章，而深得雁翼的赞赏。他在为《上海诗人》的题词中说："中国新诗始于上海，有理由希望，她应当首先成熟于上海。"他同时赠我"诗海帆飞，涛声依旧"的条幅，我凝视良久，不禁潸然泪下……我想到了2009年那个秋天，让我最为伤感的消息，便是雁翼的离去……我在心海深处，为他献上一束纯洁的崇敬与深切的怀念之花。

是的，他走了，灯亮着，是我们前行的北斗；他去了，诗活着，是我们努力的方向……

2011年3月19日于涛声斋

# 他是一条流淌的河

## ——记于沙

2003年5月，我收到诗人于沙从湖南长沙寄来的《穿过诗林》一书。

这是一本诗人与习诗者交流写诗心得的书。不仅对初学者有启蒙引领作用，就是对写诗多年之人，也有很好的启迪借鉴作用。

我国是一个诗国，从诗经、楚辞、汉魏乐府到唐诗、宋词、元曲，历代名家辈出，那些传诵千古的名篇，更是家喻户晓，妇孺皆知。

我国不仅有灿若星河的诗歌遗产，论诗的著作也十分丰富。

“五四”以来的新诗，出现了不少名家，也有大量的诗歌理论著作。如艾青的《诗论》；臧克家的《我的诗生活》《学诗断想》；还有谢冕、吕进等人的论述，都曾是脍炙人口之作。

然而，过去此类文字，基本上侧重于个人感受的反刍与总结，未能直面诗坛现状，也不回答读者所关心的问题。

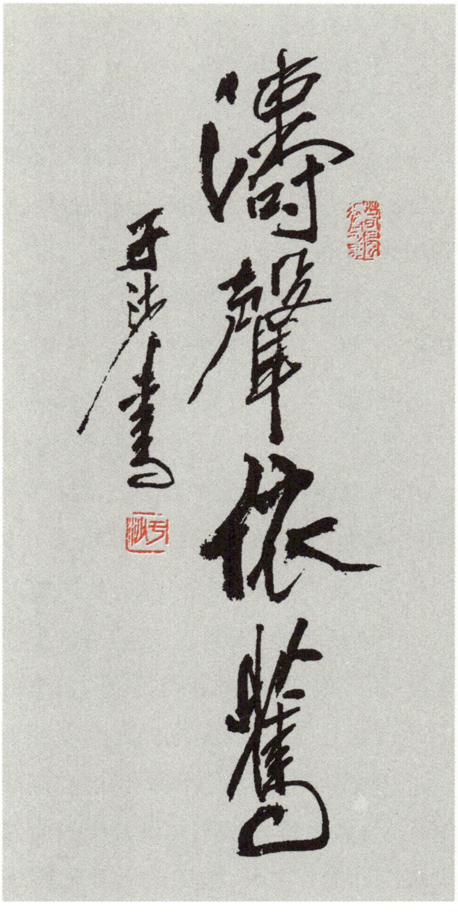

于沙题词

于沙的《穿过诗林》，却截然不同。

书中第一辑《说说写诗》45题，第二辑《我的诗生活》29章，都展示了作者面对现实的勇气，与读者平等交流的坦诚和面对当今诗坛的态度。从谈诗切入，深及诗人的品德和心灵。其中的论点不仅是个人经验的总结，同时又极具针对性，是针对当下诗歌创作中的某些现象和诗人创作中的某些通病，有感而发。

20世纪80年代后期，中国诗坛刮起一股“四背离”阴风（背离传统，背离现实，背离读者，背离诗歌自身），一时间“先锋”四出，随着“现代派”“后现代派”的突起，空虚古怪、晦涩艰深之作，让广大读者不知所云，惊疑莫名，连许多写诗多年的诗人一夜间也变成了“诗盲”。与此同时，人们寄望的诗评界也出现了“三失”现象：一曰“失语”。对于诗坛重病不置一词，金口难开，全身免祸；二曰“失重”。新诗评论自身飘忽不定，立足不稳，对一些“皇帝的新衣”唯恐落伍，勉力捧场；三曰“失魂”。即失掉思想灵魂，这既是某些诗论的痼疾，又是“失语”“失重”的病源。

于沙这些谈诗的篇章，正是在诗风亟需拨乱反正的背景下，写成并出书的。面对诗坛滚滚逆流，他仗义执言，旗帜鲜明地维护现实主义和中国诗歌优良传统，坚持“二为”“双百”方针，指名道姓驳斥“鬼话”，不能不令人肃然起敬！他诗人的品格和胆识，不能不令人佩服！

我从20世纪50年代起就读于沙的诗，已读了半个多世纪。他1956年开始发表诗作（已发表诗作千余首）。崇尚并实践平易、隽永、深刻、凝炼的中国诗风。作品切合时代脉搏，呼唤爱与真诚，多具人生真味。

于沙，本名王振汉，湖南临澧人。1927年9月生，1953年毕业于湖南大学。曾任《湖南文学》《湘江歌声》编辑，湖南省作家协会专业作家（创作一级）。已出版诗集《第一行足迹》《在密密的森林里》《于沙诗选》《文艺湘军百家文库·诗歌方阵·于沙卷》以及散文诗集、散文集、歌词集多种，《穿过诗林》是他的第十本著作。

中国新诗研究所所长、著名诗论家吕进教授，著文称他是“诗与人生浑然一体”，“有大技巧”，“有智者的敏锐与深沉”，“的确是属于时代属于人民的真诗人”。并进而指出：“正是于沙这样的审美取向的真诗人，组成了我们时代主要的和最高水平的艺术流派。”

1984年以来，于沙致力于散文诗的创作，已发表散文诗近千首。著名散文诗作家柯蓝、著名诗评家李元洛教授认为他的散文诗“已经形成自已独特的风格”，“绝无艰深和卖弄之处，精炼亲切而真挚，绝不是一眼见底的浅水沙滩，也不是一览无余的直布口袋，而是可使读者得寻幽之乐和回味之甘”的真诗。

于沙先当诗人后当词家，他深谙为诗为词二者之佳妙。写诗时，将词的明朗，融

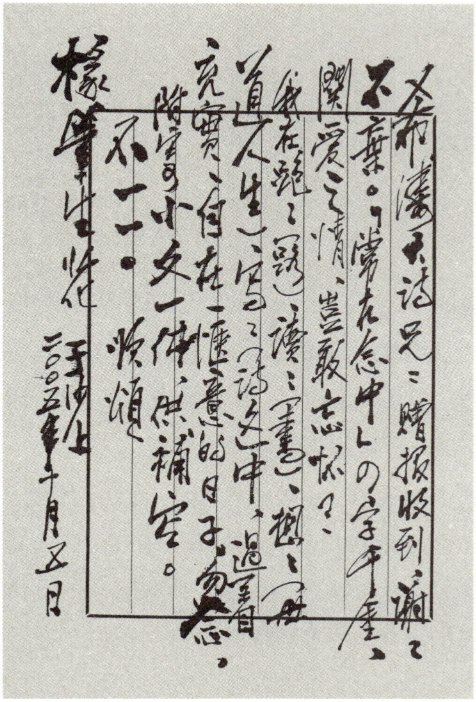

于沙给作者信函（2005年10月）

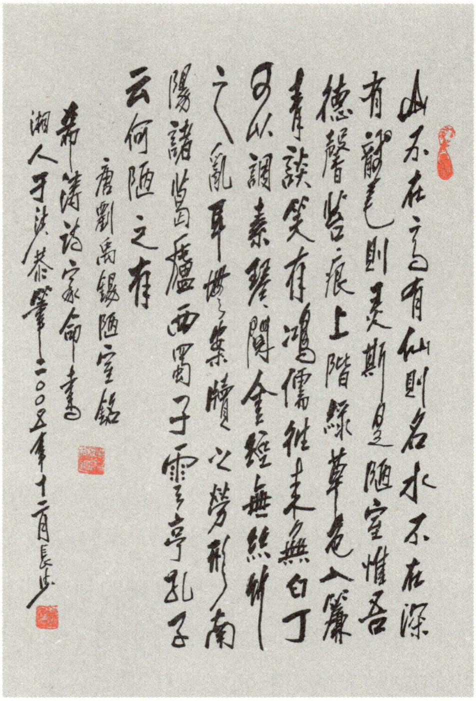


于沙赠送作者的书法

于诗的含蓄之中；写词时，将诗的含蓄化于词的明朗之内。因此，他的歌词既有诗味，又有歌味。自1978年以来，他发表抒情歌词140余首，经著名作曲家施光南、姜春阳、屠巴海等人谱曲，经著名歌唱家刘秉义、胡松华、关牧村、殷秀梅、宋祖英等人演唱，制成唱片或录制盒带广为流传的就有《八百里洞庭美如画》等20余首。

爱诗、爱酒、爱朋友、爱大自然的于沙，不但写抒情诗、写散文诗、写歌词，而且陶醉于音乐，寄情于山水，潜心于书法，他的生活处处抹上诗的绚丽色彩（他写信多用毛笔，我们多有书信往来。他赠我的刘禹锡的《陋室铭》条幅，是我常年赏读并能全文背诵的书法珍品。日前，我又收到他寄赠的“涛声依旧”条幅，一位耄耋诗翁，依然能写出这样刚劲有力的书法，真让人欢欣鼓舞）。

在文学范畴内，诗是内视艺术，是心灵现象，主观性是诗美的主要特征，诗人要拥有一个富于诗意的人生。诗人自己要有美好的情怀，深刻的悟性，他才能成功地化世界万物为诗，才能成功地与时代同步，与读者新的审美精神实现内在的和谐。

于沙的诗行是从诗意的人生中流淌出来的。纵观他一生的诗作，是一条流淌的河，而不是沉滞的水潭，它们是有人生真味的诗。

唯其是有人生真味的诗，所以它不需雕琢装饰，不屑故作深奥，而有朴实无华的风度。

朴实无华是一种很高的艺术境界。于沙在快乐的磨折中走向这种境界，走向艰辛的愉快。

“落其纷华”，是诗人成熟的标志。一部《于沙诗选》，向人们诉说着这个艺术的真理。

自然，于沙的诗并非都是精品，我赞赏他的《穿过诗林》和朴实无华的诗篇，赞赏他平易通俗、深入浅出的诗风，让学习写诗之人领略写诗的基本要素，懂得掌握写诗的基本规律，把被一些人搞得玄之又玄的诗艺，还其本来面目：诗歌本身并不神秘，因为诗是从生活中来的，人民群众创造性的生活本身，就是诗歌创作最肥沃的土壤。

时下，有些人还热衷于在诗的表现形式上玩花样，在艰涩古奥上玩文字游戏；有些人还在拿腔拿调地喊叫“我是什么派”，病态地自怜自爱，并以此作自己诗人身份证明的时候，我愿意将敬重的目光投向于沙、投向沙白、投向忆明珠这样的真诗人！我想说，属于时代，属于民族，属于人民的真诗人，才是诗的财富与骄傲！才是我们诗人至高无上的光荣！

2011年12月11日于涛声斋

# “解放区的孩子诗人”
## ——记苗得雨

诗人苗得雨1944年开始写作时，我还是个刚出生的婴儿。

那时的苗得雨已是一名儿童团团长，肩扛红缨枪，站岗放哨，警觉机灵，俨然是个小解放军战士。

如苗得雨，似花初开。这位1932年出生于山东沂南县苗家庄的农民之子，在泥土中生根，在自然间成长；苗诗苗文有苗味，那是泥土的气息，庄稼的味道。

到1946年，报纸上几乎天天都有苗诗或苗文。战争熔炉锻造人，苗得雨如旱苗得雨，他的诗越写越多，也越写越好，《解放日报》称他为“解放区的孩子诗人”。

就此，一发不可收。他随身带着小本子，走到哪写到哪，这一写就是60多年。

有血有肉的作品，总离不开时代，离不开群众，更离不开火热的生活。

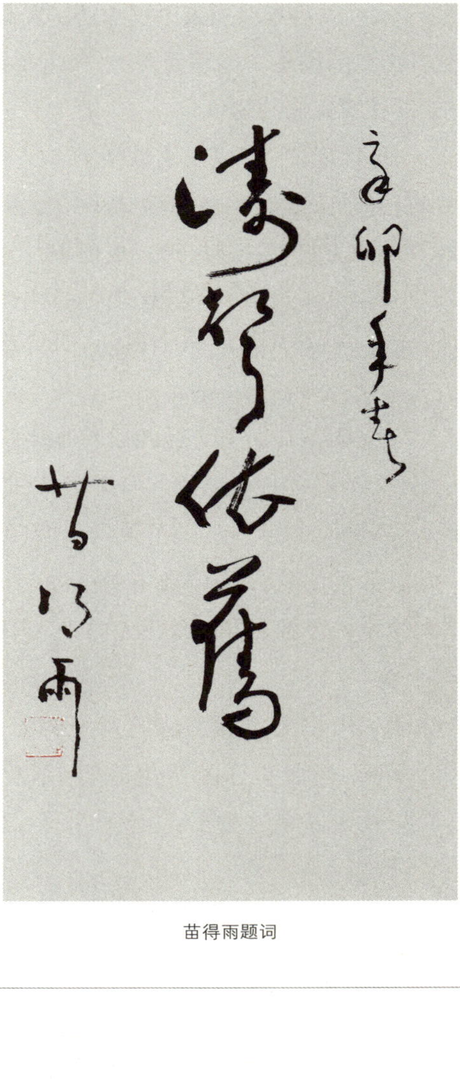

苗得雨题词

吹尽狂沙始见金，苗得雨认为：“世上，好像只有沙子最不值钱，然而，最宝贵的东西——黄金，就在它的里面。”

“什么叫诗，跳进生活的海吧，尔后上来沉思。”没有生活，没有碰撞，没有激情写出来的诗，苗得雨说，那准是无病呻吟、苍白无力之物！

多以口语入诗且富于哲理，诗味醇厚，诗意隽永，是苗得雨作品的一大特色。

写了一辈子乡土诗的苗得雨，连名字都离不开泥土，离不开庄稼。

作为战争年代出现的诗人，苗得雨的诗歌风格，在中国诗坛上独树一帜。

忘不了2004年10月18日，苗得雨原汁原味的诗句，回荡在济南市南郊宾馆的会议室里，100多位省内外学者、诗人、作家聆听他动情的朗诵……人们听得是那样津津有味……

早在1956年就加入中国作协的苗得雨，著作等身。他在写诗作文的同时，也享受着临池的快乐。他喜爱书法，几十年挥毫不辍，书艺日渐成熟，并逐渐形成他刚柔相济、朴实流畅的书风。

“笔性墨情，皆以人之性情为本。”苗得雨深谙此理。他的字，寓刚健于婀娜之中，行遒劲于婉媚之内，简洁疏朗，含蓄蕴藉，“纳古法于新意之中，生新法于古意之外”，陶铸万象，隐括众长，自成面貌。

辛卯兔年新春，我收到诗坛前辈苗得雨先生从山东济南寄来的“涛声依旧”和他托我转交沪上诗人的书法作品……字里行间骨肉丰盈，神气饱满，典雅意趣，流露出诗人的灵气和鲁人的雅韵……

春光明媚的季节，细瞅细赏八秩诗翁的书法，不啻是件赏心乐事。

2011年3月12日于涛声斋

# 童心未泯的高洪波

20世纪七八十年代，我曾两次借调到上海少年儿童出版社帮助做编辑工作，阅读了不少儿童文学作家、诗人的来稿及他们的著作，这其中留有较深印象的就有樊发稼和高洪波等人。

高洪波早年广为人知的身份是儿童文学作家和诗人。孩子们大都读过他的童话，他的诗被众多纯真的童声念诵过……这是一位大手牵小手把知识和快乐带给孩子的诗人和作家，是一位引领孩子、让他们感知大千世界的神奇与大自然美好的诗人和作家。

我读过他的《大象法官》《吃石头的鳄鱼》以及《种葡萄的狐狸》等儿童诗集，我曾把这些儿童诗念给我的儿子听（多年后又念给我的孙子听），儿子和孙子都被关在笼子里的大灰狼，那个曾经威风八面，在传说中吃了这个那个，但是现在被关在笼子里，可怜巴巴的大灰狼所吸引……还有吃石头的鳄鱼，在山中素食种葡萄的狐狸，我想孩子们都会记住，我也不会忘记。

写儿童诗，其实不易。以单纯而得深趣，以原始而得率真。“寓天下之大奇，言平凡之微妙”，这是一种很难达到的境界。

我常感动于儿童心中那份自在如蝴蝶、天真似蜜蜂般的诗情，她是如此真挚、如此优美、如此透明；我也常感动于儿童心中那缕没有一丝做作、没有一丝矫情的诗趣，她是如此灿烂、如此葱郁、如此清新……瓦莱里曾经赞美“从歌唱的乐趣中自发诞生的作品”，它与我们那些用技巧组织、用华丽辞藻堆砌起来的诗歌截然不同！所以，我更感动于那些优秀的儿童文学作家、诗人，胸中那颗诗意般生活、诗意般创作的童心和诗魂，他是如此醉人、如此悠然、如此温馨又如此绵长……

一个人，童心不泯，他的创作生命才会焕发诗性的光芒；一个人，童真常在，他

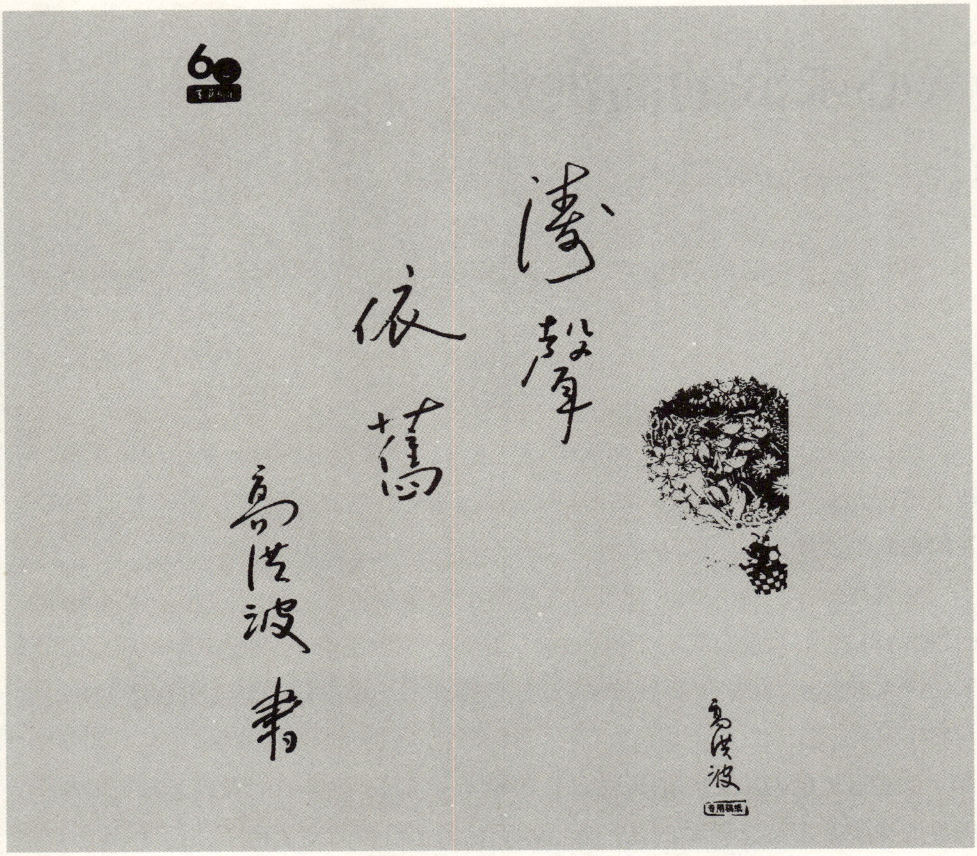


高洪波题词

的内心世界才会充满诗意的芳香。

而现在，我们的诗作，有太多的机心和技巧，有太多的造作与古奥。返璞归真的路成了艰难的路，像高洪波那样的儿童诗，反而十分难得。

童心即诗心，童真即诗魂。

自然，这是高洪波早期的童话和儿童诗。他是个多面手，除写诗外，也写散文、随笔，写评论。

1951年12月出生于内蒙古的高洪波，毕业于鲁迅文学院、北京大学和中央党校。曾在云南军营当兵十年，在《文艺报》当记者十年。现任中国作协副主席、书记处书记、《诗刊》主编。

高洪波还写得一手好字。我因要出一本与“涛声依旧”有关的书，于今年8月，一个酷热难耐的季节，给他写了一封短信，全文如下：

洪波诗友，您好！

我比你年长几岁（1944年生），也当过几年兵（1961年入伍），读过您几本儿童诗集，如《吃石头的鳄鱼》《种葡萄的狐狸》等。您的评论集《说给缪斯的情话》，是我钟爱的一本书；您的《心帆》也让我心动，不仅听到了海的喧响，更闻到了缪斯的琴鸣……给您写信，并非是想说几句恭维的话，而是想向您索“涛声依旧”四字；因我喜欢您的书法，打算出一本书留个纪念，盼望得到您的支持，特致谢意！

刘希涛

2011年8月25日于上海

信发出没多久，我就收到了他写在洪波诗笺上的“涛声依旧”。

今年9月，我在中国作协北戴河创作之家度假，听北京朋友谈及高洪波，方知他不仅写诗写散文，也做报告和讲话，都写得好做得好。他长期从事文学编辑和组织工作，同时也是一位收藏家，一位业余乒乓球高手，一位正努力成为书法家的人，一位足迹遍及天下、朋友遍于神州的人。

洪波的散文随笔常有古人之风，随地而出，自然成文，饶具天趣。他为人和为文的风格皆是自然随意，看似不显大力，其实内力深藏。在这次茅盾文学奖的评选中，他是雄狮搏兔，愚公移山，看了大批作品，写有大本笔记，方能谈笑风生、议论中肯，皆因腹有学养、胸有成竹耳。

2011年12月23日于涛声斋

# 我与李瑛、李小雨的友情

诗人李瑛在1942年读中学时开始写诗，那时我还没有出生。

如今，李瑛已在中国诗坛行走了70余年，出版了70余部内蕴丰盈、情思美妙的诗文集。他的勤奋和刻苦，他对诗歌的挚爱与痴迷，都让我肃然起敬。

李瑛是我读中学时，就十分崇拜的诗人。那是20世纪50年代，我读到他走出大学校门，走进硝烟弥漫的朝鲜战场写下的诗篇。在《最后一个人里》，我们看到了一个班的战士，坚守着一座高地，“山，完全消失了”，阵地上，“只剩下一挺机枪/一位副射手”……最后，“我们的射手站起来/摸着他打穿了三个透眼的/乌黑的帽檐/从眼前飘着的硝烟里/望出去/在那儿/到处都堵塞着坦克扭曲的铁板/在那儿/到处都仰卧着侵略者可耻的尸体”……这就是在抗美援朝战场上，展现在我们眼前的志愿军战士那伟岸的身影……

尔后，李瑛作为一名随军记者，随着《行进的兵团》，走向大西南……他一路行进，一路歌唱，在这些军事题材的诗作里，努力捕捉动人的场景，描绘感人的画面，或清丽典雅，或庄重生动。请看，在《山地演习》里这样的诗句：“满山满谷的野草/满山满谷的竹林和树林”……在《历史的守卫者》里，我们见到了这样一幅人物构图：

夜晚，在接近炮火的前方/我看见我们的哨兵/守卫在一棵大树的隐蔽下/那一幅闭着厚厚嘴唇，收着下颚的/庄严的面容/像一座古希腊童话里青铜的铸像/整个地球都旋转在他的脚下/他铁山一样地屹立着。

这就是李瑛的军旅诗，不仅兵戎相见，我们看到的，分明是一幅幅层次鲜明而壮美的油画。

20世纪60年代，我在部队期间，又陆续读到他的《红柳集》《枣林村集》《红花满山》和《静静的哨所》等诗集。这些富有生活气息的诗，把我带进那炊烟袅袅的村庄，那枣花飘香的村舍，那亲切朴实的乡邻……还有那富有诗意的大山，那大山中的哨所，那林中的溪水，那枝头的小鸟……都让我的心，久久地沉浸在深深的感动之中……

在大话、白话乃至昏话都被称为"诗歌"的年代，李瑛同样以一种清新、明丽的诗句和意象，来抒写他熟悉的军旅生涯和广袤神州……70多年来，李瑛和着时代的脉搏，踏遍祖国大地。从大西南到大西北，从东部到西部，从战火纷飞的战场到少数民族的村寨，从乌蒙山贫苦山民的小屋，到贺兰山山洞的岩画寻古……他为人民歌唱了数千首感人肺腑的诗，这些诗，具有深刻的时代感和厚重感。

我忘不了腾格里那"踩着自己的影子/生长的小树"，因为小树"在痛苦中/勇敢地长大了"；忘不了那间黑洞洞的茅屋里"一个老人独对一堆火的余烬/苦涩中，两只混浊的眼睛/用逼人的力量拷问我/你是谁？"；更忘不了面对乌蒙山峡谷里"饥饿的孩子们的眼睛"，诗人那无比沉痛的诗句："我不认识他们/但我认识饥饿"……这就是李瑛留给我们的令人潸然泪下的诗歌。

李瑛写过各种类型的诗，但写得更多的还是政治抒情诗。从表现焦裕禄事迹的《一个纯粹的人的颂歌》到怀念伟人周恩来的《一月的哀思》；从纪念彭加木的《罗布泊的石子》到探讨人生价值的《我骄傲，我是一棵树》，直至纪念唐山大地震20周年、香港回归的长诗《我的中国》……诗人把自己放到了诗里面，用真情说了自己内心真切的感受，所以他的诗总是那样脍炙人口、感人肺腑。

我读李瑛的诗已近一个甲子，依然如饥似渴地在拜读。这期间，我给他写过信，寄过稿，有的被《解放军文艺》采用了。2002年，我在上海创办了《上海诗人》，便按期给他寄报。李瑛很高兴，欣然回信：

刘希涛同志：您好！《上海诗人》收到了，上海做为祖国的骄傲，应该有一份诗刊或诗报。看到你们的执着追求和取得的成就，着实感到高兴。匆匆，遥祝编安。

李瑛

三月廿八日

还为小报题词：

祝“上海诗人”花繁果硕

李瑛

2004年三月

去年冬天，我又去信，请他写“涛声依旧”四字。信发出后又有些后悔，我知道他的手一年比一年颤抖得厉害，甚怕老人为难。谁知没过多久，我就收到了他的题词和信札：

希涛同志：您约我写字，感谢您的盛情。我写不好，毛笔字就更写不好，怕被人耻笑了。拖了很久，祈谅！

新年到了，向您贺年。匆此，遥致祝福！

李瑛

2015.1.26

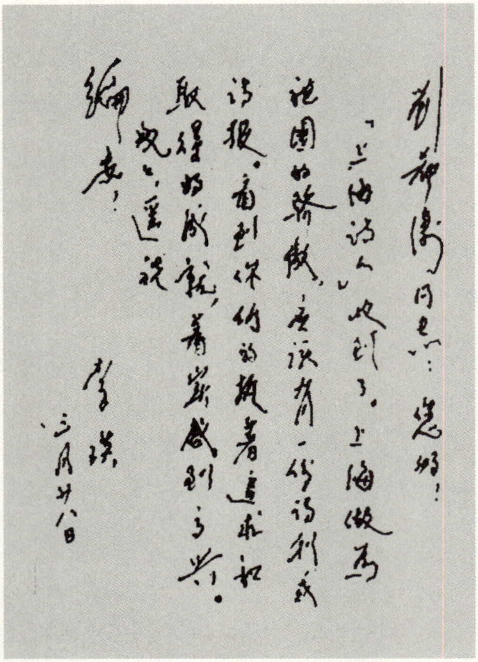
刘希涛同志：您好！

「上海诗人」收到了。上海做为诗国的骄傲，应该有一份诗刊或诗报。看到你们的执着追求和取得的成就，着实感到高兴。欢欢，遥祝编安！

李瑛
三月廿八日

李瑛给作者信函

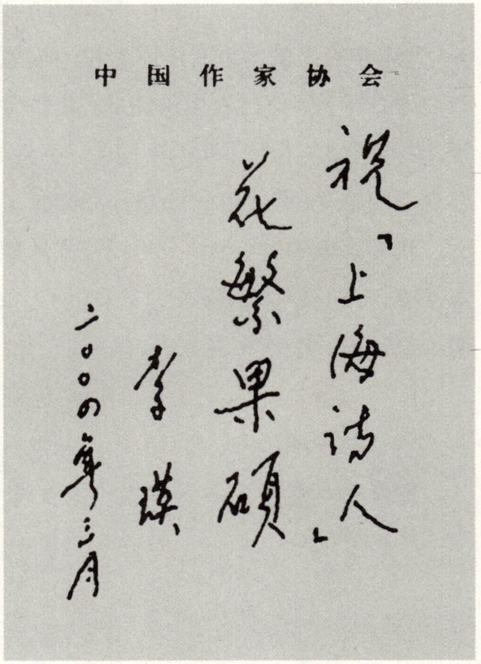
中国作家协会

祝「上海诗人」花繁果硕

李瑛
二〇〇四年三月

李瑛为《上海诗人》题词

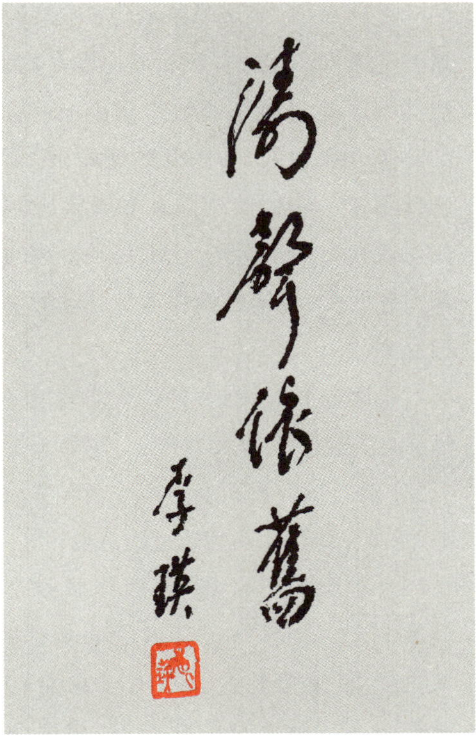


李瑛题词

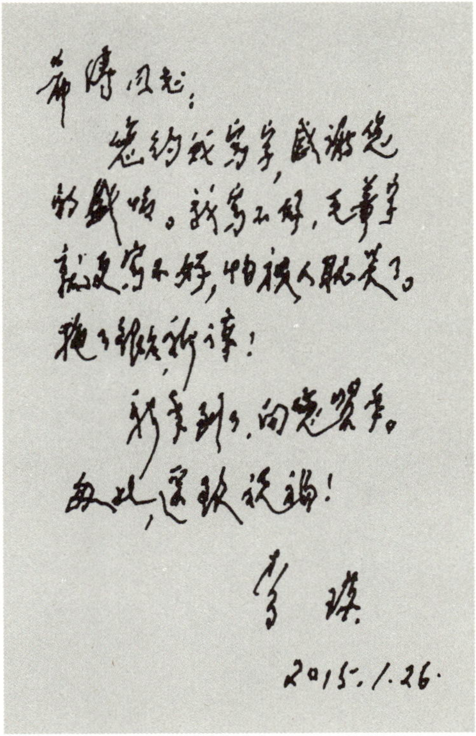


李瑛给作者信函（2015年1月）

就在我收到李瑛信札并题词后的半个月时间里，他唯一的女儿李小雨，于2015年2月11日突然离他而去，年仅64岁。白发人送黑发人，世间还有什么比这更沉痛的悲苦！

小雨去世，令人扼腕（诗界三年痛失雷抒雁、韩作荣、李小雨三大员，无不让人痛惜）。我和小雨联系虽不多，却不时听到诗友们在背地里说到她的好……她是一位经常提一袋沉重的诗稿，行走在家和单位之间的诗歌编辑；是一位常年肯把个人时间消磨于刊物和作者之间的诗人。小雨在《诗刊》长达38年的诗歌编辑工作中，她把自己的生命完全融入了一代代年轻诗人的成长之中。她一生与各式各样的诗稿为伴，不仅在编辑部，即使出差和参加笔会，箱子里装的也多半是待审的诗稿，她睡的床总是被稿件淹没，她睡在一沓沓的稿件之中……

在她主持《诗刊》编辑部工作期间，不止一次地签发过我的稿件，尤其是2005年7月上半月刊，在她的主持和周所同编辑的推荐下，我有幸登上了《诗刊·当代诗人群像》的大雅之堂。

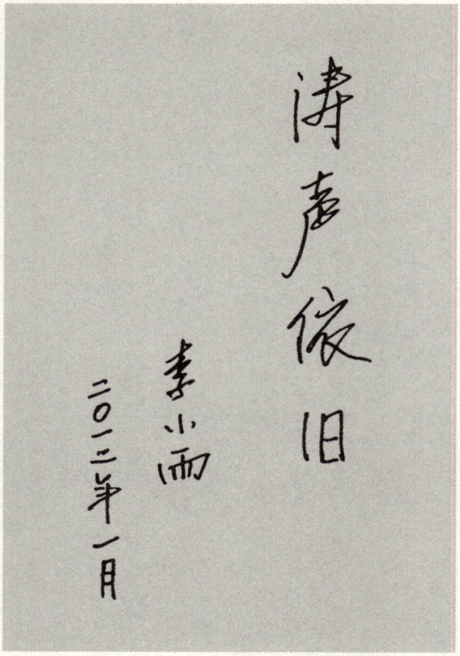

涛声依旧

李小雨

二〇一二年一月

李小雨题词

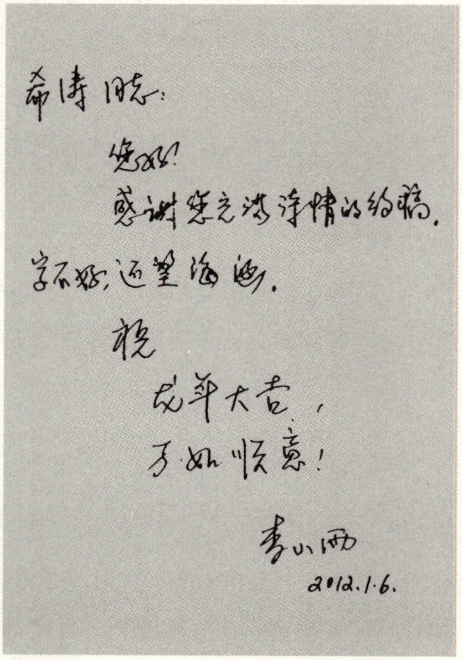

希涛同志：

您好！

感谢您这样热情的约稿。字不好，还望海涵。

祝

龙年大吉，

万事如意！

李小雨

2012.1.6.

李小雨给作者信函（2012年1月）

在治疗中，她数管插身，却依然幻想着和家人一起去非洲看草原和动物，依然兴趣盎然地背诵她的新作……直到呼吸开始急促，舌根开始僵硬，说话已经困难……依然用眼神和微笑跟她的女儿和丈夫开玩笑，让围在她身边的亲人和朋友，沐浴在她那清澈晶莹的小雨之中……

小雨走了，她88岁的诗人父亲很坚强。老人说："马上要过年了，不要干扰大家，就通知为数不多的一些亲友参加吧，这也是小雨生前表达过的意思。"

对小雨的不幸辞世，我本想给李瑛写封信，表达自己哀痛的心情，可又怕再次触痛老人心中尚未愈合的疮疤……我听北京的朋友说，老人飞泪痛哭之时，写下长诗《挽歌：哭小雨》……此后悲恸之中，一度搁笔，三个月之后，他才渐渐复苏过来……于是，我在《光明日报》副刊，又读到他的《春天三章》……

耄耋之年更觉孤独，忆旧可以疗伤，可暖心房……那村头的老井，那窗台上的油灯，就连野菜、风箱以及青蛙的叫声，都能唤起浓浓的乡愁和亲情……哪怕是一把油纸伞，一件儿时的衣裳，都留有母亲的体温……这种思念令人魂牵梦萦，既暖人心肺，又痛彻情肠。

只有经过岁月淘洗的老人，才能感悟这深沉而又悲怆的挽歌。

小雨走了，走得太过匆忙！没有告别，没有悲伤（生命对她太过短促，来不及悲伤）。她留给我的题词和信札，我将永久珍藏。她留给我们的《小雨》一诗，我仍不时在读：

雨水消逝了，星星在闪烁。
只有大地会留下一个悠长的记忆，
一片成熟的庄稼，
遍地金红的野果。
这时，人们便会望着深远的辽阔沉思，
说，看这怀抱中的一切吧，
它曾给予我们很多，很多……

李瑛在悲痛之后，又有《游景山》《白菊花》《一条花围巾》等新作问世。以情歌与挽歌的交融，重塑了这种人类最深挚的情感。

我又一次捧读李瑛的信，一横一竖，曲曲折折，每一个字都好像尽了全身的力气……李瑛说："人生像一条河，不舍昼夜的河水滔滔流去了，只有河床和两岸留了下来。"……李瑛留给我们的不仅是诗，还有他的素常习惯，还有他的一身修为……

2015年6月15日写于河北兴隆雾灵山中国作家协会创作之家

# “风华不老，涛声依旧”

## ——记赵丽宏

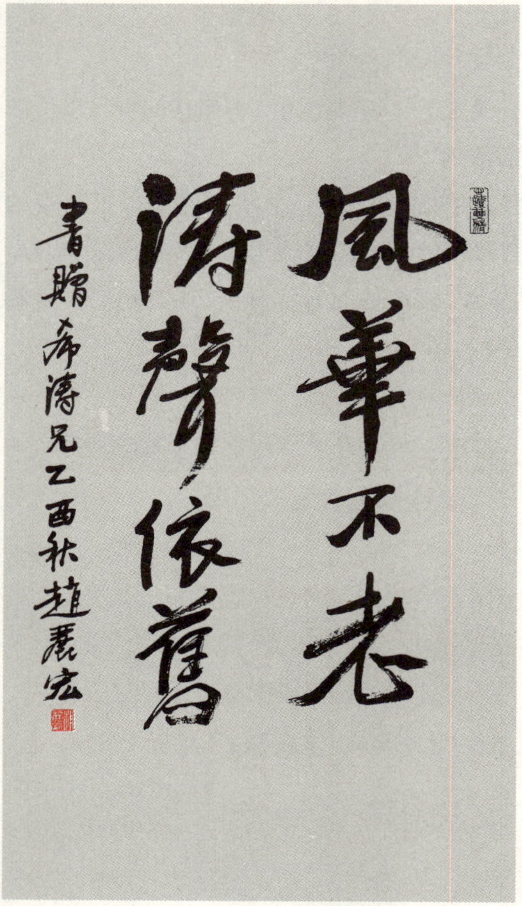


赵丽宏题词

我和赵丽宏相识于20世纪80年代，他从华师大毕业后，在《萌芽》杂志当编辑。国字型的脸盘，说话儒雅，给人一种谦和的印象。

80年代前期，上海青年曾掀起一股写诗热。我所在的东宫诗歌组，更是一派红红火火的热闹景象。当时，黄浦区文化馆编印了一份《城市诗人报》，由上海城市诗人社主办，赵丽宏做过那儿的社长。也许他曾是学校诗社领军人物之故，那份诗报不断刊发学校诗人的诗作。年轻和意气风发，使莘莘学子对诗有一份天然的亲近，他们渴望表达，渴望吐露，诗成了他们开启心灵的窗口……

这一时期的赵丽宏热情高涨，诗兴勃发，他频频出现在诗歌大赛诗歌朗诵会和诗歌讲座的现

上海作家2007年9月水产大学采风（前排左六为赵丽宏、二排左二刘希涛）

场……我至今依然记得他在一次青年诗人座谈会上说过的话："希望不断有年轻人来敲响诗歌的大门……"

又过了十多年，社会发生了翻天覆地的变化。和80年代诗坛的热闹相比，到了90年代后期，昔日的热闹已不复存在。一批曾执着于诗的年轻人，纷纷弃诗而去，诗歌活动搞不起来了，不少诗社已名存实亡。

此时的赵丽宏，依然是一个对诗歌执着、对生活充满热情之人。他除写诗外，更多的是写散文。儒雅的静气，真诚的写作，是他这一时期留给我的又一印象……你只要走近他，和他聊天，你浮躁的心情便会安静下来，仿佛你面对的，是一本安静的书……只要你用心去读他的书，他的文章，便能感觉出他的憧憬、他的期冀和他的真诚……

赵丽宏欣赏这样一种境界，他视"宁静致远"为座右铭。生活中的他除喜欢听音乐，还喜欢书法和绘画，喜欢欣赏雕塑和建筑……他写过两本有关音乐和美术方面的书。他认为，用一颗平常心去欣赏音乐和绘画，对一个作家来说，便是一种享受。

赵丽宏早在崇明插队时，便是村里有名的知青画家。他的作品发表在农家的灶壁上，山水、花卉、五谷和蔬菜，都是农民喜欢的……对绘画的兴趣和热爱，至今没有消退。他给自己的书设计封面，画插图，他把对画的热爱，巧妙地融于那灵动的文字中。

书法和绘画是相通的。赵丽宏的书法，给人以清秀飘逸之感，静静地欣赏，能让人领略到“蓝田日暖玉生烟”般的清静……读他的书法，恍若面对一位长髯飘飘的仙家，让人神清气爽、俗气顿消；又仿佛步入一条通幽之径，不觉清风徐来，通体生凉……

前不久，赵丽宏用特快专递，为我送来一幅“风华不老，涛声依旧”的书法作品，果然笔力遒劲，韵味隽永，不失为一幅自成风骨、立意高雅的珍品之作。

2010年12月5日于涛声斋

# 能诗能画的宗鄂

在中国诗坛上，宗鄂是我神交已久的一位诗人。

高高的个子，白白的头发，儒雅而谦和……在院子里走来走去，没有高谈阔论，也没有趾高气扬，如同一位仁厚的大哥，来了，又走了……

这是当年在鲁迅文学院见过他的人，留下的印象。

宗鄂老师一眼看去，是那种浓眉大眼的帅叔型……虽已退休，依然健壮年轻，身子骨看起来特别的结实硬朗。

这是一位青年女诗人，对他的描述。

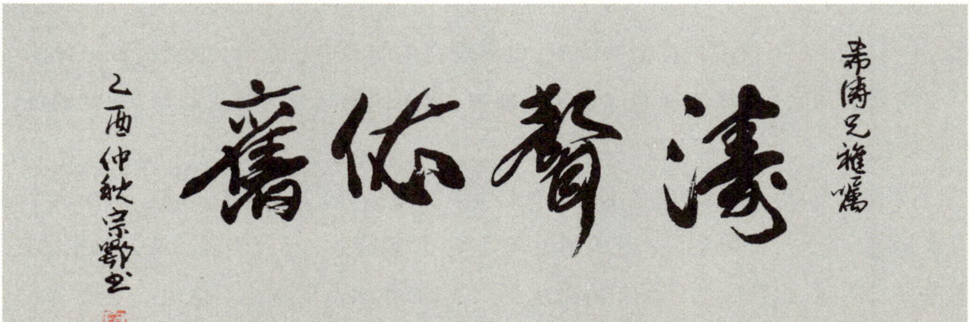

宗鄂题词

人很随和，对学员的诗稿基本不多改，对各种诗风都能接受，让手下弟子特感舒适。

这是参加过《诗刊》培训班的学员，对他的赞许。

今年夏秋之交，我在中国作协北戴河创作之家，听熟悉他的友人谈宗鄂，对他有了更多的了解。

宗鄂早年毕业于北京工艺美术学校，但他在20世纪60年代走上工作岗位之后，却以诗人冠名，并长期在《诗刊》工作，直至退休。

宗鄂是个光明磊落、爱憎分明之人。他在任何时候任何场合都不掩饰自己的观点，尤其厌恶那种工于心计、见风使舵、逢迎拍马的势利小人和“左”得令人可怖之辈……

“酒逢知己千杯少，话不投机半句多。”这两句古诗用在宗鄂身上是再贴切不过，谈得投机时他激情喷涌，让人想起刘克庄《一剪梅》中的词句：“酒酣耳热说文章，惊倒邻墙，推倒胡床，旁观拍手笑疏狂，疏又何妨，狂又何妨！”……

宗鄂对朋友一片赤诚，友人惨遭车祸，他千里奔丧；友人病故，他奉上丰厚奠仪，而他从不自诩为人仗义，总是悄悄地来，又悄悄地走……

宗鄂将诗人的傲骨和男人的豪性集于一身，与这样的人交友，不管“天有阴晴圆缺，人有旦夕祸福”，他都会肝胆相照，伴你同行。

2005年夏秋之交，我给宗鄂寄去由我主编的《上海诗人》小报，很快收到他的回信和馈赠：一幅“涛声依旧”墨宝；一本《宗鄂画集》，让我爱不释手，如获至宝。

我读过宗鄂的一些诗集，如《野蔷薇》《红豆》等，能感悟到诗中那些优美的意境、新颖的意象、绚烂的色彩、美妙的情韵和诗人独特的审美发现。能诗能画的宗鄂，才气、灵气，不仅展现在他的诗中，也展现在他的画中。绘画，他属科班出身，有厚实的笔墨功底，又将浓郁的诗意融入画中，遂使他的画成为具象的诗，视觉的诗，彩色的诗。

读他的画，除却那些带有寓言、杂文性质的小品外，越是大幅巨制，越少文字。山水画层次分明，浑厚华滋；花鸟画灵动飞扬，妙趣横生，充分体现了文人画家的艺术追求。同时，也清晰地印证了诗人忧患人生、心系天下的胸襟与抱负。笔墨语言、图式、基调无不透露出画家师法自然，营造“有我之境”的艺术理想。

以视觉接受和文字思维为不同载体的绘画与诗歌，毕竟各有所长，也各有局限，所谓画中有诗，重要的是画家笔下不仅有丘壑，还当有情采；所谓诗中有画，重要的是诗人笔下不仅有思考，还当有鲜活欲出的形象画面。

收录在这本画册里的作品，诗情画意得到充分融合，感染力十分强烈。如《九寨的初秋》《会唱歌的早晨》《平平仄仄的深秋》《红海湖》等多幅九寨沟题材的鸿篇巨制，以诗家饱满的情绪、浓烈的色彩描绘世间大美，这才是诗人画作里的主调，让人在这满纸淋漓的笔墨韵致中深深陶醉。

品读宗鄂的画与诗，我随着诗人那一叶诗舟穿越岁月的长河……从伫望着“月亮还是那张/黄皮肤的脸/依然很圆，却望不见另一面”的《他乡明月》，到倾听着“枫叶任意地红着/离枪口很远的地方/白鹭声声合鸣/像铜号/演奏/金色的交响”的《秋声》，到走近那高远的“风暴的背后/冰川訇然塌陷”的《春的高原》……画家由描写自然之形貌走向展示造化的神韵，赢得了心造的自由，浓妆淡抹，强化了层次感和整体感，使山川烟云、月色飞鸟、蓊郁杳冥，倍增幽渺机趣，笔墨意蕴里潜伏着一种缠绵悠远的人文情调和人格精神……

品读宗鄂兄的画作，画的韵味在凝思的眼神中弥漫；欣赏宗鄂兄的诗歌，犹如以清幽的心境品味人生。诗与画，画与诗，浑然一体，缭绕着缕缕清香，如饮醇酒，如啜香茗，这才是对欣赏者最好的回报啊！

2011年9月30日写于北戴河中国作协创作之家

# 诗人徐刚

认识徐刚，早在40年前，他从崇明岛坐船来市区，到《解放日报》送稿，我和他是巧遇。

记得那天，他光脚穿了双塑料鞋，黑黝黝的脸上挂着汗珠，急切地从黄挎包里掏出一摞稿子交给编辑……我一见他那军用挎包便觉眼熟，一问，果然他是1962年的兵（比我晚入伍一年）。就这样，我们是诗友，还是战友。

没多久，他去北京大学中文系读书。我不时在报刊上读到他那充满激情的诗篇；有热情歌颂工农兵上大学的，有描绘部队和农村生活题材的……至今，在我的书架上，仍可找到20世纪70年代他赠我的诗集《潮满大江》。

徐刚1974年北大毕业，先后在人民日报社和中国作家杂志社当编辑。这期间，为改变文学创作严重脱离生活的状况，我毅然放弃干部编制，从文化系统调至上钢二厂当上一名钢铁工人。我在钢厂生活十年，在化铁炉的火光中感受，在轧钢机的轰鸣声中思索；从铁与火中汲取诗情，采撷诗行……徐刚对我的选择表示赞赏，在1981年6月30日的《人民日报》上，编发了我的钢铁诗《火凤凰》。

之后，在中国诗坛上，徐刚渐渐淡出。

面对热闹的文坛和充满诱惑的社会，徐刚选择了“孤独”。那些曝光率极高的场合，很少能看到他的身影。徐刚有自己的主张，远离文坛，远离诗坛，走近大地，亲近江河……他决心用自己后半生的心血和精力，去注视人与自然的关系；去注视人类赖以生存的生态环境……

没有切肤之痛，就不会写出深刻的作品，更难以震撼人的心灵。说起成名作《伐木者，醒来！》，徐刚坦陈，直接原因是1987年大兴安岭的森林大火：“那场火烧痛了每一个中国人的心！”因此，他离开办公室，走进大自然，走进了森林，也走上了环境文学的写作新路。

饱蘸激情和忧患，徐刚成就了中国环境文学史上划时代的警世之作——《伐木者，醒来！》："无论在阳光下还是月光下，只要屏息静听，就会听见从四面八方传来的中国滥伐之声，正是这种滥伐的无情、冷酷和自私，组成了中国土地上生态破坏的恶性循环：越穷越开山；越开山越穷；越穷越砍树，越砍树越穷！"

在徐刚这部著作中，他说："我们的同胞砍杀的是我们赖以生存的肌体、血管，从这个意义上说，中国是一个天天在流血的国家。"

失去森林之后，黄河与长江的两种愤怒表现：或是让土地龟裂或是让洪水淹没了乡村和城市……

所以，"我仍要在地球上放号——无论我的声音多么细小微弱：'伐木者，醒来！'"

徐刚头顶四周的白发，随同他掷地有声的话语和刚劲有力的手势而微微颤动，不禁让人想起那浪迹江湖的侠士高人……他张扬着一位作家孤傲、狂放、不羁的个性，带给人以心灵的震撼！

1945年出生在崇明岛上的徐刚，小时候，那里每年都有几百万只候鸟，在长江泥沙堆积的沙滩上觅食、翔舞；芦苇郁郁葱葱，春生冬灭……这儿，是人和各种生物和谐共处的乐园，人们辛勤劳作，诗意地栖居……不仅是他的家乡，四五十年前几乎所有人的家乡都是这样的……

徐刚说起这样一件事："20世纪80年代后期，我有一次回崇明岛，记忆中的景象没有了，地表水已被污染，农药化肥流到了沟里、江里，芦苇枯萎了，鱼虾不见了，儿时的景象荡然无存……家乡的一条小河，儿时光屁股游泳、摘芦叶包粽子的地方，到20世纪90年代，水生植物几乎绝迹，但多了一个物种——小龙虾，一种可以倒行的怪物。"

"没有洁净的水，这样的发展就很危险！"徐刚的话振聋发聩："我们要正视河流的生命，我们需要自然生态的河流！现在大河小沟堵了，大江大河堵了，中国人正在用自己的技术和钢筋混凝土，在中国的大地上制造了一次又一次的'心肌梗死'……我们不是不要发展，但我们那样的发展，是以牺牲环境、牺牲子孙后代的利益获得的。"

徐刚告诉我们，这个世界越来越缺水，人们对水的浪费是惊人的！北京每年浪费的水相当于两个昆明湖，中国人每年喝掉的白酒相当于一个杭州西湖……在这种情况下，黄河断流，中国所有的河流在近20多年时间里几乎全被污染，我们就这样浊流滚滚地走进21世纪。

鲁迅先生曾在20世纪30年代写道："林木伐尽，水泽湮枯，将来的一滴水，将和血液同价。"不幸的是，半个多世纪前的谶语成了现实。

徐刚想用手中的笔，来遏制谶语行进的脚步。

自然，水利建设并非一无是处。都江堰，原本为战争所修，建成后，成为四川西部平原上千家万户最重要的水利命脉，润泽着2 000多年来数不清的川西百姓……宋太祖亲书"深淘滩，低作堰"六字诀并勒石于灌口，以"帝训"的庄严，规范着后人精心保护这个重要的水利工程。

宋太祖及古人们只想告诉后来人，尊重自然规律，顺应江河生态，江河湖海才能为人类造福，为人类文明生存发展做出贡献。徐刚多想把古人的遗训和经验，把最朴素最简单然而却最正确最伟大的真理，"乘其自然，因势利导"告诉所有的人们！

水资源可以利用，完全应该利用！但总要有个"度"，"度"在哪里？如何把握？人们在满怀豪情战天斗地改造江河湖海之时，可曾关注一点点这个"度"？人类"害"了河，"害"了水，最终人类必为其所害。

近年来，徐刚关注的重点已从鄂尔多斯草原、帕米尔高原转往太湖。2007年春夏之交，美丽的太湖水突然变得面目全非，打开水龙头，一股恶臭扑鼻而来，湖水中大量蓝藻在烈日暴晒下死亡腐烂，臭不可闻。

过去，在人们的眼里，太湖和无锡就是烟波浩淼、风光秀丽的代名词，用吴侬软语唱出来的一曲《太湖美》可谓风情万种："太湖美呀太湖美/美就美在太湖水/水上有白帆/水下有红菱/水边芦苇青/水底鱼虾肥"……可时下的太湖水变得如此面目全非，徐刚认为："太湖污染罪不在蓝藻，罪在我们自己！"（太湖流域每年排放废水高达60亿吨，高GDP增长速度在相当程度上是以牺牲环境、污染环境为代价的。）

20多年来，这个在退休之前没有薪水的作家，义无反顾地在祖国的大地上奔走，他没有找过任何一个单位报销过一分钱。有不少朋友愿意资助他，他婉言谢绝了："用别人的钱，用国家的钱，心里不踏实。"

现年67岁的徐刚为腰椎间盘突出困扰多年，左腿常常疼痛难耐，举步维艰。由于常年写作，视力相当脆弱，读书、写作常被迫中断。但眼前只要不是模糊一片，他就读与写，写完了，就走——荒漠、沙丘、江河湖海……他一直以叔本华的两句话警策自己："你可以做你想做的，你不能要你想要的。"



从《伐木者，醒来！》《沉沦的国土》《江河并非万古流》到《中国风沙线》《中

《守望家园》封面

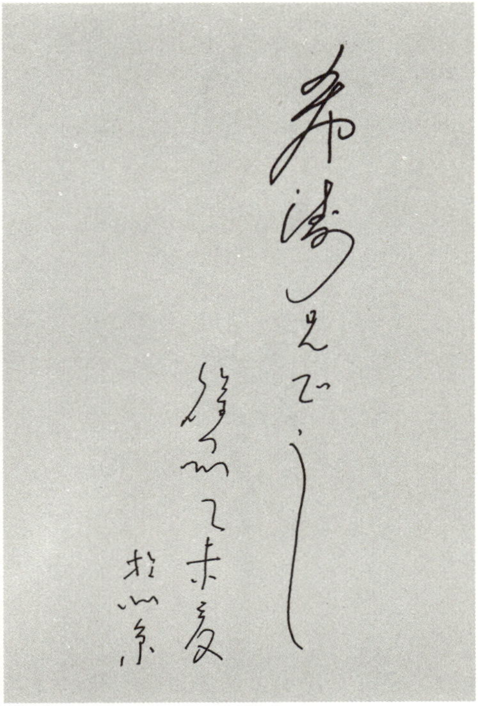

徐刚扉页题笺

国，另一种危机》《绿色宣言》《守望家园》《国难》《江河八卷》……曾获中国图书奖、首届徐迟报告文学奖、首届中国环境文学奖、第四届冰心文学奖、2010年度郭沫若散文奖……在徐刚一系列重量级的著作和奖项面前，我们肃然起敬！

秃发凌乱，又大又智慧的脑壳；书法出神入化，被法国人称为“抽象派”的画家；盛宴上从来吃不饱，半路溜出去吃地摊；不想干的事跟自己幽默，想干的事跟自己较劲……按理说，朋友们的这些调侃让人发噱，可我却一点也轻松不起来，因为徐刚的经历太长，沉重的作品太多，沉重的思考太深，让我不得不跟着沉重起来。

敬礼！一位用美丽凄楚、动人心弦的文字为祖国大地山川河流呐喊的普通人！

徐刚说，他是在江海边长大的，一个光脚丫子拾海的农民后代，是一个“拾荒草的苦孩子”。他不愧为“海之子”！他是如此珍爱水啊！有水才有生物，才有粮食，才有人类的生存发展，才有文明和辉煌！

水是蓝色的，梦也是蓝色的。老子有言，上善若水。水的自然流动，是最高境界。

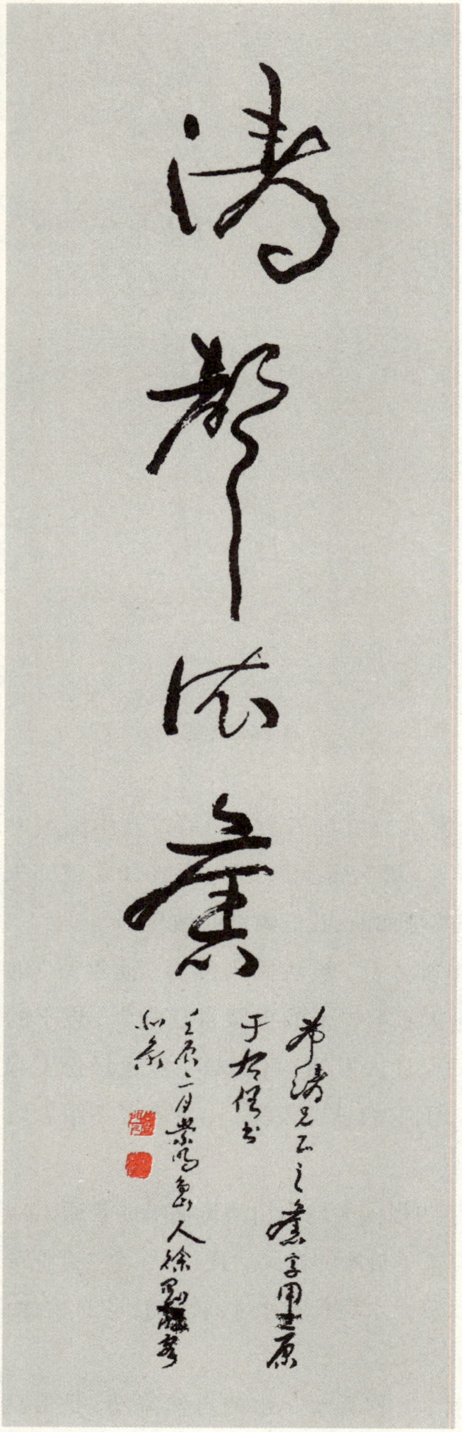


徐刚题词

“城市是最不适合人类居住的地方，是个疯人院。生活在其中的我们，成了带着钥匙的囚徒”……而他，只是“一个不会说假话的好老头”。

徐刚脚步不停地跋涉在山川江海之间，为地球呼号，替大地呻吟……当身心疲惫时，他便沉浸于历代的碑帖之中，辗转于书案之侧。从石鼓到二王，从张黑女到孙虔礼，但凡他赞叹的，一遍一遍地临写，一字一字地揣摩。临池的结果，汉字的形象与自然的心灵沟通了。徐刚的笔下出现了不同于书斋的书法，这是博览群书的学识修养、热爱家园、敬畏自然的秉性、悟性使然！

看徐刚的字，扑面而来的是一种源于自然的旷达，率真的气息，让你感觉到仓颉的灵魂，字的魅力，智慧的心灵。

徐刚学书，路数有别于常人。他跳过楷书行书，直接以《散氏盘》入手，一写三五年，写石鼓文、经文又是三五年，而后临孙过庭《书谱》《千字文》等竟不下百余遍，终成一家之风格。

徐刚笔下，碑气重，神定气足。行草线条遒劲，笔势跌宕欲飞，大有“万类霜天竞自由”之势；又如大风过竹林，一面风声雷动，一面端成有格。动与静的张力间，出大气魄，大格局。他师法自然，特别是对水的感悟，深深浸入他的美学追求！正如评论家尹汉胤的观察：“徐刚的书法，见人见性，其行草，万壑流泉，若水行迹……近年来放浪江河，写下

《江河八卷》水行大地，得道天然，对水的感悟，蕴藉笔墨，自然超迈一格。”

有境界，有文心，才有书画，这是文人书画的逻辑，也是徐刚做书画的逻辑。

徐刚自谦，始终说自己是“业余书画爱好者”。依我看，正是这“业余”两字，道尽闲情，才真正点中了文人书画的精魂。

作为中国自然文学的开拓者，他曾踏遍荒野，遍访林泉，胸中有丘壑万千……他忘不了秋林里枯涩的寒枝，月光下飞鸟惊动的树影，波光的水面上游鱼与晚钟，荒漠里沙丘起伏的弧线……大自然变化出万千种的面相，在他心里纷纷化成了点、线、面……有此三者，万物得以再生。

徐刚的字画美在恬淡从容，不会给人以强烈的视觉冲击，但它却会深深地打动你！请看他写给我的“涛声依旧”。

原本相约今年春花烂漫的时节，徐刚将来沪参加一部由诸多作家倾情回忆写就的怀念集《谢谢老谢》的首发式，因故，他未能到会，让我十分失落。老谢，谢泉铭也！他一生从事文学编辑工作，曾几十年如一日地编辑、改稿，提携文学新人，如今活跃在创作一线的沪上作家，大多曾在老谢的扶持帮助下，才迈出了通向文学的步伐。在老谢逝世12年后，一部《谢谢老谢》出版面市。我和徐刚40年前的相识，正是在《解放日报》编辑部老谢的办公室里……

巧的是，我和他的缅怀文章紧排在一起！读着他那饱含真情的文字，让我深深感动！时隔40多年，徐刚还是当年的徐刚：那个出生三个月就失去父亲，母爱便像长江水一样绵延万里……正是这种渗透到骨头里的爱，使徐刚对人类的家园爱得那样深沉；对师长、对亲朋、对好友爱得是那样真切！大凡和他有过交往的人，都能感受和领略他对生活所倾注的满腔热忱……

2012年4月1日写于涛声斋

# 在钢丝上舞蹈的诗人

## ——记子川

子川，原名张荣彩。1953年11月8日出生于汪曾祺的家乡——江苏高邮，和我老家江都一河之隔，都在扬州地区，所以，我们既是诗友，又是老乡。

认识张荣彩，早在1986年。当时，我在《中国城市导报》当记者，足迹遍及大江南北、长城内外……那年的春夏之交，我来到泰州市采访，在招待所的房间里，见《泰州报》副刊上，有张荣彩的一首《初雷》诗，一下子吸引了我的目光："整整憋了一冬/爽快的急性子老头/面对风的剽悍雪的飘逸冰封的伟岸/即使嗓子憋得直痒痒/决不！不与其对话/他有着嫉恶如仇的秉性"……

这憋了一冬的急性子老头，终于发出了吼声，那是惊蛰的一声春雷啊！……可谓构思精巧，引人入胜。

我记住了张荣彩，并得知他当时在泰州市文化馆从事文字编辑工作。我把他的这首诗剪了下来，贴到剪报簿中。26年过去了，剪报簿已泛黄，诗依然贴在那里。

两年后，听说张荣彩当上了文化馆的副馆长，出版了他的第一本诗集《总也走不出的凹地》，署名子川。在诗集前勒口的作者简介中，我方才得知：子川，乃张荣彩也。

又过了几年，听说子川调到《钟山》杂志当小说编辑。主持《钟山看好》《名家炫技》等栏目。其执编朱苏进的《醉太平》获"八五"期间全国优秀长篇小说奖，执编李锐的《万里无云》获1997年全国"十佳"长篇小说奖。曾获江苏省优秀文学编辑奖、紫金山文学奖。

直到2002年，我收到新出的《扬子江诗刊》方才得知，他已是这本诗刊的执行副主编。

与子川（右）留影江都（2012年4月）

2002年初夏季节，许是心血来潮，我和沪上的陈柏森、季渺海等人，想为上海诗人办件实事，决定自筹资金办一份小报，名字就叫《上海诗人》。

《上海诗人》自2002年10月1日创刊以来，在上海乃至全国诗坛都产生了影响。《解放日报》《新民晚报》《文学报》等多家报刊为之刊发了消息。特别是《老诗人王辛笛一席谈——中国新诗的成熟尚待一百年的努力》见报后，反响更为强烈，不少网站为此展开了争鸣。著名评论家朱子庆刊发于《文学报》的《2002：中国新诗的一个拐点》一文指出："在诗歌出版上，一向十分萧寂的现代大都市——上海，创办了她的诗歌报刊《上海诗人》报，作为冰山一角，其中透露的信息的确值得重视。"

上海诗坛，有了一片迎春鸟雀的啁啾之声……

《上海诗人》报的"应运而生"，作为"迎春鸟雀"，赢来了一片和声……陆续收到诗坛众多名家的支持与鼓励：他们纷纷来信、来电表示祝贺，有的寄来新作，有的挂号邮来题词。这其中就有子川的题词："诗歌是一条河流"（见2003年2月1日《上海诗人》第3期）以及子川新作两首：《宴别》和《清风小院》（见同期3版）。

于是，大凡家乡有诗歌类的活动，我便有机会和子川见面：如洛夫先生到扬州，庄晓明诗作研讨会在江都举行……

作为离乡不离土的诗人，子川对家乡的感情比起其他诗人来，更胜一筹。这些年来，子川的脚印层层叠叠叠印在家乡的土地上，江都、高邮、邗江、宿迁……写下许多关于乡土的诗歌，2006年4期《名作欣赏》选发了他发于《诗刊》写高邮农村的组诗《1970年》，配发叶橹的评论《1970年发生了什么……从子川的五首诗透视一种潜记忆》……一些文化场合不时会出现他那高而清瘦、谦和而高雅的身影，一把折扇不离手，徐徐清风扑面来……给人颇有点仙风道骨的感觉。

在子川众多的著作中，不难看出他对故乡的一往情深。而在他题为《诗歌与一座城市——唐代诗人的扬州情结》一文中，更让人触摸到他那解不开的扬州情结。

子川在文中说："一个城市的知誉度与诗歌如此密切关联，这在中国，乃至全世界，大约非扬州莫属。自从李白的《送孟浩然之广陵》传诵开来，烟花三月，如扬州的节日。烟花三月好时光，似乎好时光就该和扬州联系在一起……在中国，在没有做过都城的城市中，诗歌与一座城市间的关系如此凸显，扬州是一个孤例。因此，我用'天下无双'来形容扬州这座诗词之城，理直气壮，心安理得。"

据子川粗略统计，到过扬州的唐代诗人为数众多，知名者就有骆宾王、张若虚、孟浩然、祖咏、王昌龄、李白、高适、刘长卿、韦应物、孟郊、张籍、刘禹锡、白居易、杜牧、温庭筠、皮日休、韦庄等，几乎占了唐诗名家的半数以上。

扬州是唐代诗人心目中的天堂。丰富的历史文化底蕴，繁华的经济，优越的地理环境在唐代诗人中留下美好印象。扬州也因此成了诗人竞相歌咏的对象。有关唐诗，数目大，质量也高。150多位唐代诗人作了400多首与扬州有关的诗。

为什么唐代诗人偏爱扬州呢？子川认为：其一，隋唐是扬州历史转折点，扬州成为都城之外最繁华的城市；其二，繁华扬州包容了诗人们的失意诗心，使中国诗歌鼎盛时最优秀的诗人群体与最繁华的扬州有了邂逅的契机；其三，一个帝王（隋炀帝）、一个时代（隋唐）、一个诗人（张若虚），成就了一座诗城（扬州）。

事实上，扬州诗词的繁荣，不唯在唐、宋，而在历朝历代。古往今来，描写扬州的诗词数不胜数。人民文学出版社1998年出版的《扬州历代诗词》，皇皇四卷，收录了2 000多位诗人、近两万首诗词，其中唐代诗人150多位，诗作570多首。这只是一部分，不可避免的有遗珠之憾。

"钓台雪褪现新芜，倾倒红泥醉饮图。长睡不知寒意中，梦回桃李瘦西湖。"（冬）从高邮走出的诗人子川，在2011年"中英诗人瘦西湖雅集"活动中，用古代诗人吟诗的方式献上他为家乡特意创作的诗词《四季瘦西湖》。略带深沉的嗓音中，是子川对扬州的自豪与骄傲。

今年4月，"江都作家丛书"首发仪式期间，我又见到子川，依然悠悠地摇着那把折扇（此时，我方知，他曾在家乡扬州市文化局挂过职）……饭桌上，依然用一杯酒应对大家的热情……“谈笑有鸿儒”，子川说：“散文是在平地上舞蹈，诗歌就是走钢丝，在钢丝上舞蹈。”他奇妙的想象让人叫绝。

子川文余喜书法，好弈棋。参与象棋、围棋、国际象棋多种赛事，曾获县、地区、省冠军。他幼时习书，父亲以悬肘为范，谓汉晋人席地，用笔皆无支撑。习用至今。今悬肘，转笔，运气，皆为文余锻炼身体。

大书法家林散之、萧娴入室弟子，南京书协副主席端木丽生说：“‘月斜诗梦瘦，风散墨花香。’观子川书法与邓子龙诗句颇相得。”

在握别时，我和他在江都大酒店门口拍了张合影。我请他书一幅“涛声依旧”，他欣然应允。没过多久，他就用快递为我送来了这幅《月斜诗梦瘦》的书法作品，让我如见故人，心里充满了快乐……

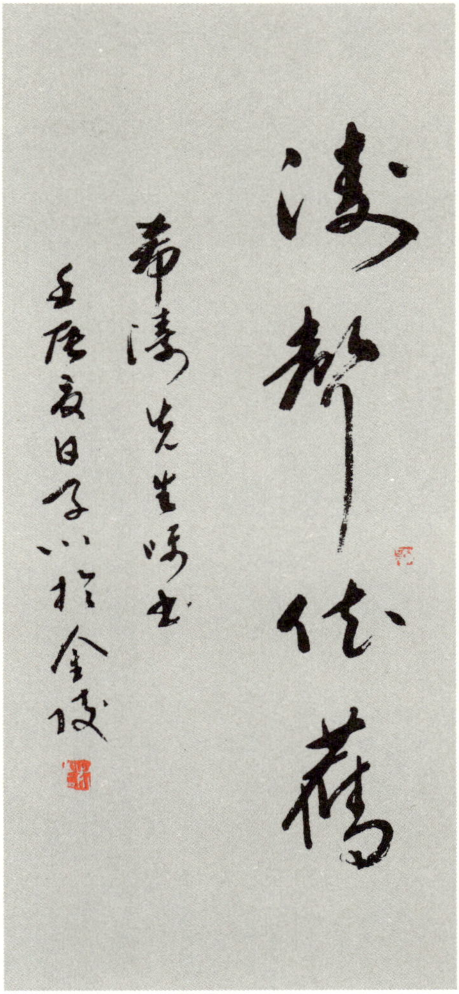

子川题词

2012年8月18日于涛声斋

# 作 家

## 文化名人与“涛声依旧”

2

# 我所认识的铁凝

## A

20世纪80年代，我在上钢二厂工作期间，厂图书馆是个鲜花盛开的地方，那儿不仅书多，报纸杂志也多……我活像一条饥饿的蚕，遇到桑叶就想吃，只有吃饱了桑叶的蚕，才能“上山”吐丝（诗）。

那是1982年，布谷叫了、树荫浓了的季节，我在宽敞的阅览室里，打开新到的《青年文学》，读到一篇叫《哦，香雪》的小说。

香雪，是台儿沟这个只有十几户人家的小山村里，一个姑娘的名字。每晚七点，一列由首都方向开往山西的火车，在这儿停留一分钟。就是这短短的一分钟，不仅搅乱了台儿沟以往的宁静，也搅乱了姑娘们的心……

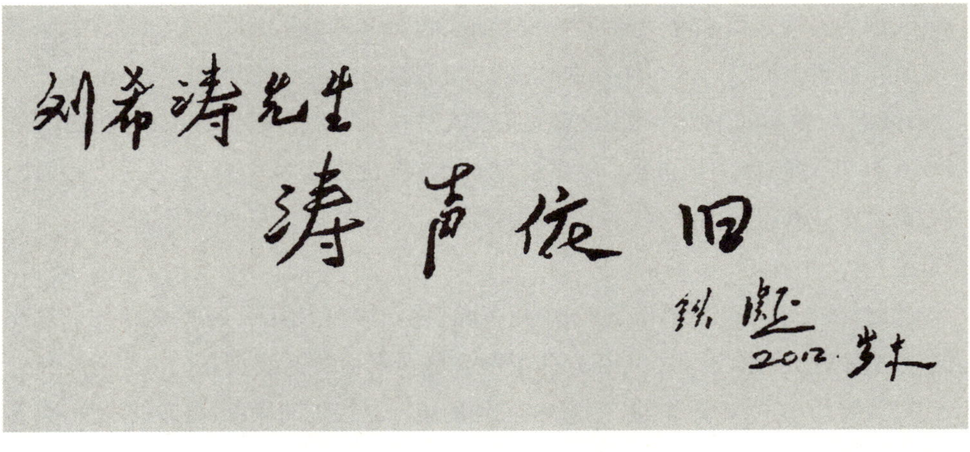


铁凝题词

就在这一分钟里，姑娘们挎上装满核桃、鸡蛋、大枣的长方形柳条篮子，抓紧时间和旅客们做买卖。她们踮着脚尖，把整筐的鸡蛋、红枣举上窗口，换回台儿沟少见的挂面、火柴以及属于姑娘们自己的发卡、香皂乃至花色繁多的纱巾和能松能紧的尼龙袜：

> 香雪平时话不多，胆子又小，但做起买卖却是姑娘们中最顺利的一个……她还不知道怎么讲价钱，只说'你看着给吧'。你望着她那洁如水晶的眼睛，望着她那柔软得宛若红缎子似的嘴唇，心中会升起一种美好的感情。你不忍心跟这样的小姑娘耍滑头，在她面前，再爱计较的人也会变得慷慨大度。

香雪为换回一只她心仪已久的铅笔盒，跳上了已经启动的火车……下一站叫西山口，离台儿沟30里……四周是黑黝黝的大山，害怕得叫人心跳的寂静……香雪沿着脚下的枕木往回走，她穿过隧道，弯腰拔下一根枯草，将它插在小辫里，娘告诉她，这样可以"避邪"……终于，她听到了伙伴们欢乐的呐喊……"古老的群山被感动得颤栗了，它发出宽亮低沉的回音，和他们共同欢呼着：哦，香雪！香雪！"

故事并不复杂，实际上就是火车在小村庄边上的一分钟与一群从未出过山的女孩子和这列火车的关系，和这个一分钟的关系……这短短的一分钟竟这样的神奇，这样的让人震撼！它不仅获得了"1982年全国优秀短篇小说奖"，而且拍成了电影，荣获第41届柏林国际电影节青春片最高奖，感动了世上更多的人……

我因为喜欢这篇小说，当时把它完整地抄了下来（约8 000字）。不久，又买到了获奖作品集，看照片，方知作者铁凝，是个留有披肩长发和前刘海的俊俏姑娘。

1983年，铁凝的中篇小说《没有纽扣的红衬衫》再次获奖，同样改编成电影《红衣少女》（获1985年中国电影"金鸡奖""百花奖"优秀故事片奖）。几乎一年时间内有两篇小说获得全国大奖，并且都拍成了电影，这在20世纪80年代，简直就是一个奇迹！

就此，我不时读到她的作品，如中篇小说《麦秸垛》《棉花垛》《青草垛》；长篇小说《玫瑰门》《大浴女》；散文《怀念孙犁先生》《风筝仙女》《擀面杖的故事》……

对铁凝的小说，好评如潮。汪曾祺说她的小说是快乐的小说、温暖的小说，为这个世界祝福的小说。

铁凝的散文生活气息浓郁，文字中饱含对生活的情意、坦诚以及悲悯，而同时又时不时地带给你猝不及防的精彩与撞击。让人感受生活的温暖与美好的同时，又轻松地撕开生活中丑陋的一面，带给我们强烈的智性思考。

## B

2006年11月，中国文坛爆出一大新闻：49岁的“美女作家”铁凝，当选为中国作协主席，成为继文学大师茅盾、巴金后中国作协的第三任掌门人。

不啻一声春雷，震动了四面八方！一如20世纪80年代轰动一时的电影《红衣少女》那样，铁凝又成了轰动一时的人物。

作为中国作协的一名老会员，我十分关注这位新当选的主席。

铁凝当选主席后，在主席团第一次会议上，她没有对任内工作作出具体构想或承诺，而是连用了几个“不敢忘记”，给我留下了深刻印象。

第一不敢忘记的就是“非我莫属”。因为这是一个事实，要经常问一问“你以为你是谁？”你就会知道自己究竟是谁！那么你是谁呢？“作家中的一分子，我不高于他们，或者说，我不比他们更出众。”

第二不敢忘记的就是两位前任主席和一批前辈作家。他们在前面填平了坑洼，让后来人才能走顺。

铁凝认为作协主席这个位子，不是一个权力的代名词，而是责任……

在鲜花、掌声和争议声中，铁凝成为中国文坛政治身份最高的作家（现为中共中央委员）。外界给予很高评价，认为它宣告了中国作协“权威时代的结束，男性时代的结束，传统时代的结束，老人时代的结束”。

一向低调的铁凝，在媒体面前格外谨慎。我忘不了中央电视台《面对面》独家专访铁凝时，王志咄咄逼人的目光……

王志问：“你的当选，很多人觉得意料之外，也有人说意料之中，你怎么看？”

铁凝答：“意料之外，是因前两位主席都是文学泰斗，他们是真正里程碑式的大师，而我，和他们确实没有任何可比性，仅从这一点，出人意料就很正常。”

“那意料之中呢？”

“意料之中可能是自己的猜测，我的同行们看到了这一点，这个人是一个作家。在这个前提下，他们最终选举我做这个主席，那就是一种宽厚的认可。”

茅盾53岁时走马上任，巴金则以80高龄担任该职，而铁凝当时还不到50岁，还是担任该职务的首位女作家。当记者问及年龄和性别，这是一个优势还是压力时，铁凝说：“我觉得喜悦和惶恐并存，责任和压力同在。至于性别问题，这不是问题，作家协会不是女作家协会，相反，男性当主席时，我也同样不认为那就是男人的协会。”

关于“美女作家”一说，铁凝认为应该很清醒地对待这个问题。有些人愿意戴这顶帽子，因为长得比较出众，而且也有文学才华，且“美女”这个词又热，反而会使一些没有太强鉴别力的读者发生对文学的转移和遮蔽。所以她觉得“文学”还是文学，“美女”还是美女，它们之间没有太直接的关系。

铁凝认同一个权威时代的结束。现在的中国文坛已不存在这样的权威，今后会有另外一个局面，那就是群雄突起。

“那么你自己的位置呢？”

铁凝回答：“我也是一个当代优秀作家之一，但是，还有一个但是，就是和我一样优秀，比我更优秀的作家还有很多很多。”

“但是选了你啊，我们就想不出第二个人选。”

铁凝笑了：“那是我的运气好，只能说是我的荣幸，非同寻常的荣幸……”

## C

2011年9月，我和夫人在中国作协北戴河创作之家度假时，结识了一位来自石家庄的老李（铁凝1986年出任河北省文联副主席，1996年担任河北省作协主席），这位文兄对他们的主席，可谓了如指掌。

于是，餐前饭后，我们沿着北戴河海边漫步，在浪花的拍打声中，听这位文兄眉飞色舞的介绍……

铁凝1957年9月生于北京（祖籍河北）。本不姓铁，而姓屈。后随父亲笔名铁扬姓铁。毕业于中央戏剧学院的铁扬是画家，铁凝的母亲是声乐教授。

小时候，铁凝迷上舞蹈。铁扬就带她去舞蹈老师那儿练踢腿、练立脚尖……可当铁凝初二考上艺校舞蹈班马上要去报到时，铁扬对她说：“舞蹈是一门神圣的艺术，值得为它献身。可你只有初二的文化水平，头脑空空，将来怎么办呢？……”

铁扬说服了女儿，铁凝开始沉浸在古典文学中。

15岁的铁凝读中学，有一次写了篇特别长的作文，足有7 000字，写满一本作文簿。老师很惊讶，便在班上朗读了，同学们听得津津有味……回到家，她又念给家人听。爸爸盯着她兴奋稚气的脸说：“这是你写的？”“嗯。”铁凝点了点头，有些委屈。铁扬说，我认识一位老作家，明天带你去见见他。

第二天，爸爸带铁凝去见这位老作家。对方见是一个小女孩，不以为然。铁凝要朗读自己的作文，老作家说不习惯听别人朗读，要自己看，一周后来听消息。过了一周，铁凝怀着忐忑的心情又来到这儿，这位老作家竟高兴得像个孩子，连说了几个没想到，真的没想到……“这就是小说，你就这样写下去！”

这位慧眼识人的作家，就是写《小兵张嘎》的著名作家徐光耀。

铁凝原想当文艺兵，因徐光耀的肯定，就此做起作家梦来……1975年高中毕业的她，作出人生中第一个重大抉择，放弃当文艺兵和城里工作的机会，决定下乡插队……（这和我当年“为当诗人”而投笔从戎如出一辙）这个“作家梦”，就是不能控制自己。

到农村后，她每天记日记……在玉米地里，她炫耀地数着手上的12个血泡……一同劳动的社员哭了，她突然看到了自己的不真诚……从那天起，她把所有的奖牌都收了起来。

## D

老李侃侃而谈，让我听得分外入神。

铁凝的优点是大气，有女人味。

“她在河北省作协主席这个位置上一坐10年。说起她主政期间的功劳，不能不说到这座全国唯一的省级文学馆（如今已成为石家庄的一大景观）。”

1996年，铁凝上任不久便倡导建一座文学馆。在一无立项二无资金的情况下，她带领同事不断研究、修改方案，跑细了腿……最终在省政府支持下，建成了这座文学殿堂。

其实铁凝乐于跑腿的事，远不止这座圣殿。每到作协评职称时，为给没评上的老作家争取一个名额，她比谁跑得都勤……“心有温情，天蓝水清”，在石家庄只要你提到铁凝，几乎没有一个人不翘大拇指（这正是她高票当选中国作协主席的缘故）。

其实，铁凝和普通女人一样，也喜欢打扮。哪怕一个普通读者要见她，也要梳妆打扮整齐。年轻时，她留着披肩的长发和刘海，娇态可掬；别一对别致的发卡，又分外单纯；有时，她将双手插在风衣的口袋里健步如飞，显得愈发美丽而洒脱。

汪曾祺曾在文章里这样写铁凝：“不高不矮，不胖不瘦，两腿修长，双足秀美，行步动作很敏捷、轻快，眉浓而稍直，眼亮而略狭长，清清爽爽。”他称铁凝的神情像英格丽·褒曼那般纯洁、高雅。

铁凝像所有居家过日子的人一样，洗衣服，打扫卫生，做家务，烧菜……一些无关的爱好，也非常乐于参与其间，比如欣赏音乐，比如看画，看电影……

“她只要下厨，就可以做一桌好菜。”

## E

老李如数家珍，让我听得如痴如醉……

铁凝还有一大爱好是放风筝……她买的风筝十分普通，价格低廉，才两块五毛。铁凝举着她的“仙女”，在日渐松软的土地上，小跑着将它送上天空……“放线呀，多好的风呀”……对于放风筝，铁凝很有经验，傍晚之前是最好的时间，太阳明亮而不刺眼，风也柔韧。

铁凝还喜欢收藏民间器物。她知道，民间的东西有劳动的痕迹，这些古老的跟生计有关的器物，都特别使人安宁。就好比一根擀面杖，都有一个故事，在那上面有沉甸甸的女人的智慧，女人的力量，女人维持生计的匠心和女人的体温……

50岁前，“单身美女主席”的称谓，更使她平添了不少神秘色彩。作为新时期女性作家的旗帜，铁凝在人格统一的前提下，保持着自己的三重身份角色：政治身份、作家身份、女性身份。在时下的文化背景下，要使这三重身份，特别是前两种身份和谐统一而不发生异化，这是一种很高的智慧。这三重身份，也给她提供了三种观察世界的视角。

生活中，她永远洋溢着一张美丽的笑脸……

铁凝有过感情经历，也差点进入婚姻，但最终都没有成功。父母知道，情感的挫折是女儿心头的隐痛，从不轻易去触及……她的生活很有规律，日出时起床，打开窗子呼吸新鲜空气；头发天天洗，不吹不烫，自然干；把鲜花的气息留在枕边，有时插一支小青竹，有柔有刚，有青有绿，仍如少女的心境。

1991年，冰心曾问铁凝：“你有男朋友吗？”铁凝说：“还没找呢。”90岁老人劝告她：“你不要找，你要等。”铁凝等到50岁，终于等到自己的如意郎君。这是一位和她相恋多年，并且彼此做好充分准备一起走进婚姻殿堂的人。

2007年4月26日，在自己50岁时，铁凝与相恋多年的爱人，燕京华侨大学校长、著名经济学家华生喜结良缘（这天，铁凝和华生各自取了户口本出门，到户籍所在地办理结婚登记，结婚证工本费九元，她跟司机借十元钱交了，拿到了证书）。

听在中国作协工作的人员介绍，“五一”长假一上班，铁凝穿着亮丽的衣服，手上捧着喜糖走进每一间办公室，然后挨个儿放下一包喜糖，微笑着说：“这是我的喜糖。”所有的同事都非常惊讶，一点预感都没有，确实太意外了……铁凝向大家发完喜糖后，仍和平常一样继续沉浸在自己的工作和创作中……

**F**

网上有一张他俩牵手的照片，让人一见难忘。我作为她麾下的一名老兵，看到这张牵手的照片，胸中热流涌动……我深深地祝福铁凝！也深深地感激她对我的信任和鼓励——龙年岁末她赠我的题词“刘希涛先生‘涛声依旧’”，将是我永远的珍藏。我虽年届七旬，依然渴望燃烧！依然要以她为榜样，力争做个“凭作品说话的作家”。

2013年春节于涛声斋

# 他与共和国同龄

## ——记叶辛

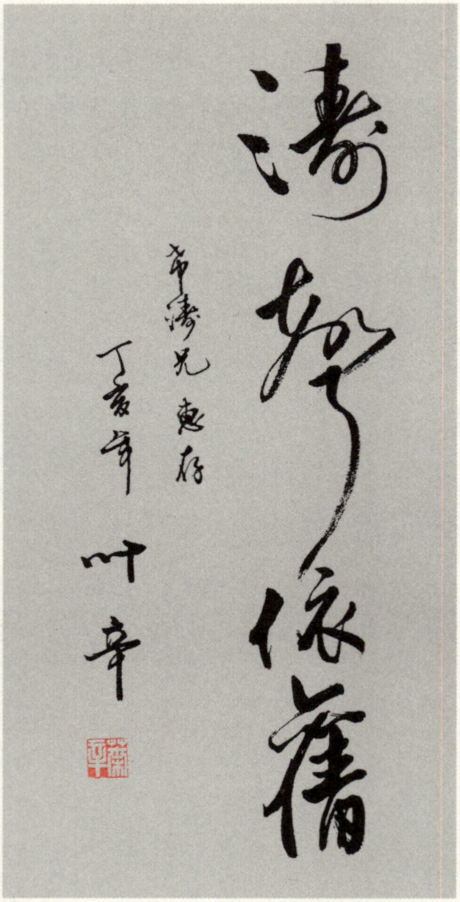


叶辛题词

1949年10月出生的叶辛，是共和国的同龄人。他是作家们的头头，也是大家的朋友。他赠我的“涛声依旧”书法条幅，让人如沐春风，如对故交。

认识叶辛，早在20世纪90年代初，一个桂花飘香、枫叶流丹的季节，他从贵州调回上海作协工作不久。许是读过小说《蹉跎岁月》之故（尤其是改编成电视剧播出后），使叶辛作品的读者、观众从知青、文学青年扩展到社会各个层面，他的作品走进了千家万户……当时，我在《城市导报》编副刊，便有了采访他的心愿。

叶辛很和善，微笑着和我握手。他个头不高，宽宽的前额下，一双晶亮的眸子闪烁着睿智之光；饱经风霜的脸上，刻着他人生的阅历和生活的履痕。他侃侃而谈，薄薄的嘴唇讲出了一个个动人的故事……

就此，我和叶辛交上了朋友。

1998年8月在叶辛书房　王杰　摄

在中国的作家中，叶辛属勤奋、刻苦而成果丰硕之人。从1977年早春二月那个难忘的日子发表处女作《高高的苗岭》至今，叶辛已出版了50多部书。其中有三卷本的《叶辛代表作系列》(《蹉跎岁月》《家教》《孽债》)、有六卷本的《当代名家精品》和十卷本的《叶辛文集》以及新近推出的关于知青题材的第十部作品——长篇小说《客过亭》，可叶辛仍不知足，仍在文学的道路上跋涉，仍在文学的苦旅中求索。

叶辛尽管公务繁忙，每天日程排得满满当当，依然笔耕不辍，依然坚持高强度写作。他身体状况很好，极少生病，极少感冒，让人啧啧称奇。

日前，在浦东一次采访活动中，我正巧坐在叶辛身旁，听他聊起养身之道，颇受启迪。原来，叶辛有一套独特的养生方法，这就是悬肘练书法。不管工作多忙，时间多紧，他每天都要站在桌前，用30分钟时间悬肘练毛笔字。每次练下来，便汗湿衣衫。他说："练书法时，必须排除杂念，凝神静气，物我皆忘，通过科学的指法、臂法、腕法、身法，有机地将点画输送到字的结构中。书写状态会激活大脑神经细胞，使全身血气通融，手臂和腰部肌肉得到扭转和锻炼，达到强身健体之功效。"

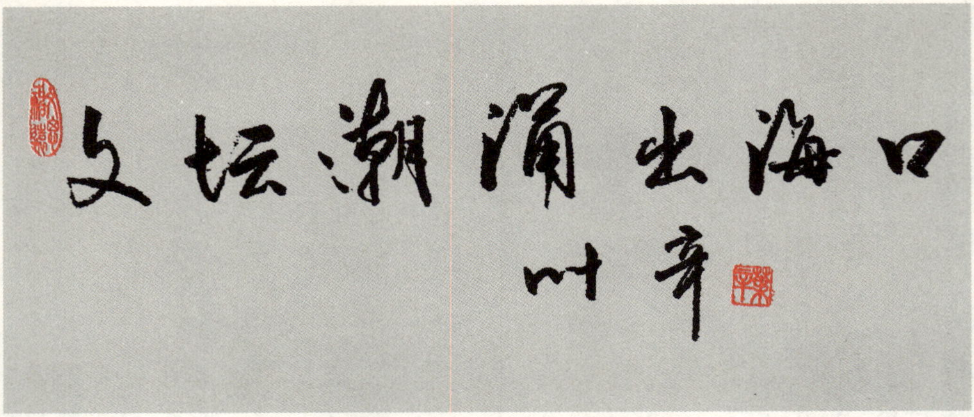


叶辛题词“文坛潮涌出海口”

怪不得我国不少书画家都长寿，齐白石、黄宾虹、何香凝、章士钊均享寿90岁以上；百岁老人更有朱屺瞻、苏局仙、孙墨佛等人。

叶辛还认为，一个人在人生道路上，会遇到困难、挫折、坎坷和不幸，作好心理调节至关重要，而练书法，不失为排除郁闷、平息暴躁的一帖良方。

叶辛赠我的“涛声依旧”四字，印证了他悬肘挥毫时，血气通达，心无旁骛之神态。

2011年2月20日于涛声斋

# 芦芒与王小鹰

初见王小鹰时，她还是个扎辫子的小姑娘。

那是20世纪50年代，我在读中学时爱上了诗歌。一次，在图书馆阅览室里，读到一首芦芒的诗《母亲的名字》，便不忍释手，当即抄在随身携带的小本子上：

我的母亲没有名字。
从小就给人叫"丫头"，
长大了叫"大姐"，
年青时叫"阿姨"，
年老了叫"老太婆"……
每一种叫法都有一段辛酸
大半辈子生活在苦难里……

全诗60多行，很快，我就能一口气背下来，真有点走火入魔。

芦芒，就此成了我的偶像。

那年暑假期间，我去《萌芽》编辑部送稿，接待我的是诗歌编辑鲁岷（即理陶，后改名沙白。因"鲁岷"和"芦芒"谐音，曾闹出不少笑话）。我一听，他就是芦芒（鲁岷），顿时激动得不知所措，忙拿出抄有他诗作的小本子，翻给他看。鲁岷见来访者找错了人，便把我领到另一间办公室去见芦芒，巧的是他女儿也在，那就是王小鹰。

就这样，我认识了芦芒，并给他写信。没想到，没过多久，我就在学校传达室的信箱里，收到了他的回信。他对我稚嫩的习作提了意见，并希望继续努力，将来一定

王小鹰题词二幅

会写出好诗来的……

1961年，我唱着芦芒作词、孟波作曲的歌曲《高举革命大旗》：“我们年轻人/有颗火热的心/革命时代当尖兵”……怀揣着当诗人的梦想，投笔从戎，走进军营，成为一名守卫祖国海疆的战士……我依然和芦芒通信，还收到他寄来的一本诗集《奔腾的马蹄》，如获至宝。在部队期间，我最爱唱的歌曲，除了那首《打靶归来》，就是由芦芒作词、吕其明作曲的影片《铁道游击队》插曲：“西边的太阳快要落山了/微山湖上静悄悄/弹起我心爱的土琵琶/唱起那动人的歌谣……”

再次见到王小鹰时，已是20世纪80年代了。她从华师大中文系毕业后，到《萌芽》杂志当小说编辑。因上海作协和《萌芽》编辑部都在巨鹿路675号内，去那儿，就有机会碰到她。此时，素有中国“马雅可夫斯基”之称的著名诗人、画家芦芒，因突发脑溢血，已英年早逝……所以见到小鹰，就想到她父亲，令我唏嘘不已……

因崇拜芦芒，而认识他的女儿；因读她作品，而结识了一位女作家。

1968年，小鹰高中毕业后，作为上海知青下放安徽黄山茶林场劳动。六年多的知青生涯，给了她灵感与智慧。到茶林场两年后，上海人民出版社要编一本《茶林场的春天》通讯报告集，林场领导考虑她有高中文化，身材瘦小，不是个好劳力，就推荐她参加写作。

从接受任务到写出书稿，她花了两年时间，誊誊写写，文章先后改了八遍，好不容易才得以发表。没有这篇处女作，很可能就没有今天的作家王小鹰。她曾感慨地说：“其实，当时我写这篇东西虽花了不少功夫，但写得很幼稚，编辑却热情地鼓励我，说我很会抓生活中的细节，生活气息浓，有形象思维。这使我产生了写作的兴趣，坚定了写作的信心。”

1978年9月，小鹰和她的丈夫王毅捷同时考上大学。小鹰如鱼得水，如鸟归林。除学习课程外，还读了不少中外文学名著。她活像是条饥饿的蚕儿，遇到桑叶就想吃。她酷爱写小说，连续几个短篇都发表了。可以说，小鹰真正跨进文学之门，是从大学开始的。

自幼受父亲的教育熏陶，七八岁时，芦芒就教她吟诗作画。小鹰十分喜欢朗读古诗词，特别喜欢杜甫、李白和辛弃疾。唐诗宋词她至今依然能一口气背出若干首……除此之外，她自幼喜爱唱歌跳舞，特别爱唱昆曲和越剧（她曾偷偷参加越剧招生考试并被录取，后因母亲反对而未能如愿）。

小鹰的文学创作异常勤奋。仅1984年这一年里，她就写了10部短篇、4部中篇，共50多万字。

从1975年发表处女作至今，小鹰著有长篇小说《你为谁辩护》《我为你辩护》《我们曾经相爱》《吕后·宫廷玩偶》《问女何所思》《丹青引》《长街行》《假面吟》以及中短篇小说集《星河》《岁月悠悠》《一路风尘》《相思鸟》《意外死亡》《前巷深·后巷深》等和散文集多部。这些书摞起来，都有她本人高。

有人说，小鹰之所以成为作家，是沾了爸爸的光，言下之意，如果没有诗人父亲，她也不会成为作家。当然，我们不否认有遗传因素一说，但仅凭血液是无法遗传作家的。小鹰成为作家，全靠自己的刻苦和勤奋。

十年前，我受聘组建并主持“上海新东宫文创中心”的工作，开展“上海作家看杨浦”的系列活动。叶辛、赵长天、赵丽宏、李伦新、陈思和等沪上名家应邀参加，王小鹰、王周生、程乃珊等女作家也名列其中。在参观走访过程中，我发现小鹰十分留心捕捉生活中的细节，有时在饭桌上听到一句什么话或一件有趣

《丹青引》封面

的事，会随手记在小纸片或裹筷子的纸上、杯垫上……她告诉我，有时深更半夜，突然想到一个好的情节，会推醒酣梦中的丈夫唠叨个没完……她不属于那种天赋型作家，“三更灯火五更鸡”，一步一个脚印来自勤奋、坚韧和耐得住寂寞。

岁月寂寞不负人。小鹰凭着数十年的自觉和清醒，多部作品多次获奖。小鹰的小说，早先带有小家碧玉的风格，中期追求对社会现实的强烈关注，近期则试图在更高层面上穿透历史，透视人性，彰显大家闺秀的风范。

小鹰送我两本书，一本《丹青引》，一本《长街行》，都曾获多种文学奖项。尤其是那本《长街行》，小街大世界，起落盈虚间。用长街近半个世纪的变化，写出大上海的历史变迁和文化积淀，全面地展现20世纪中期至世纪末上海的城市发展史。这部历经五年打磨、长达60万字的《长街行》，荣获第11届“五个一”工程奖。颁奖会上，小鹰以苏轼的名句“非人磨墨墨磨人”作发言，感动了在场所有的人。此话形象地道出了写长篇过程中的千辛万苦：从谋篇立意、布局营造、梳理人物关系、遣词

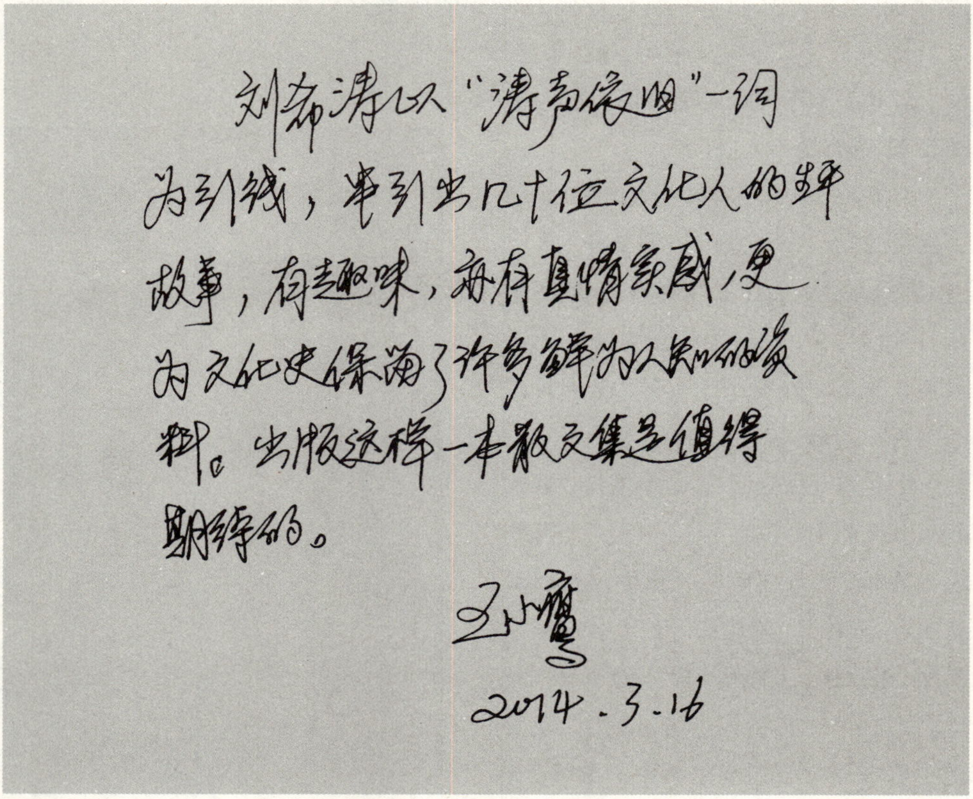
刘希涛以“涛声依旧”一词为引线，牵引出几十位文化人的生平故事，有趣味，有真情实感，更为文化史保留了许多鲜为人知的资料。出版这样一本散文集是值得期待的。

王小鹰

2014.3.16

王小鹰为作者写的推荐信

练句饰文……精骛八极，心游万仞，这是一个漫长的过程……对于两三个月就能写一部几十万字长篇的人，小鹰只能惊叹他过人的才气！

小鹰写作时，并不考虑能否得奖，能拿多少稿费。她总是诚惶诚恐，即使送书给人也很难为情。总怕写得不好，对不起多年蛰伏于心的那些人和事……

定定心心写文章，从容不迫过日子。小鹰是位云淡风轻的江南女子，不喜结交，不爱扎堆，总与喧哗和热闹保持着距离……她不再说“为读者写作”之类的话，怕的是“自作多情”。她送书给我时总自嘲：“不是送给你看的，是给你装书橱用的。”

小鹰除从事文学创作外，还喜好丹青书法，曾拜百岁画家王康乐为师。她是作家中数一数二有耐心之人。她钟爱中国画的笔意墨韵，昆曲的一唱三叹；她喜欢旗袍和中装，她的举止不属于当代，审美更趋向古典……文如其人，从容不迫，崇尚艺术养生，有着一种古典主义的意境美。

去年12月10日，我应邀参加在上海作协大厅举行的“峻青文学创作70年座谈会”，正巧和小鹰坐在一起。她秀丽端庄，仍不失小巧玲珑。便请她书“涛声依旧”四字，她一口答应。癸巳岁尾，我收到她的两幅字并附条：“希涛兄，遵嘱寄上几个字，不怎么好，水平有限。试笔的那张反倒好些，所以一并寄给你了。”现在我把这两幅字一并附上，和喜欢小鹰书法的朋友们，一起分享吧！

2014年2月18日于涛声斋

# 峻青病愈赠墨宝

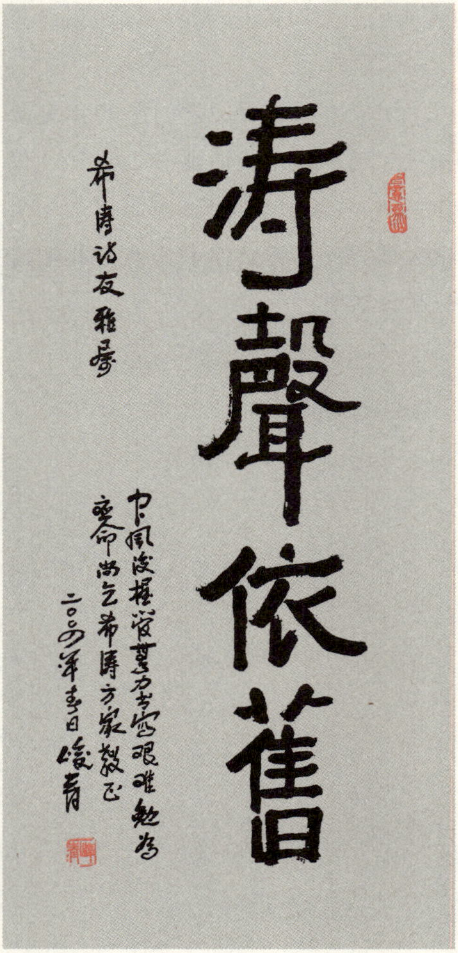

峻青题词

前不久，接作协“峻青文学创作七十年座谈会”通知，十年前向峻青索字时的情景恍若眼前。现将旧作《峻青与“涛声依旧”》奉献读者诸君。

我的另一幅“涛声依旧”，出自老作家峻青病愈之后。

峻青老当年八十有二，他是位擅长写革命斗争题材的作家。18岁投身革命，参加过抗日民族解放战争和人民解放战争。战斗中许多可歌可泣的英雄事迹深深地打动着他，使他总觉得有责任将过去的那段难忘的斗争岁月再现出来。1941年，他写出第一篇小说《风雪之夜》，就此一发不可收，相继写出《党员登记表》《黎明的河边》《交通站的故事》《老水牛爷爷》等优秀作品。这些小说的共同特点是，作者善于用浓重的笔墨，从正面描绘革命斗争的艰难、残酷，刻画在艰苦的环境中解放区人民对革命事业的无比坚贞，以及他们大义凛然的革命英雄主义和崇高的自我献身精神，为我们绘制了一幅幅色彩斑斓、气吞山河的历史画卷，为青少年一代提供了一部生动形象的传统教材。

许是从小热爱文学之故，峻青一直是我敬仰的作家。上初中一年级时，我才13岁，就读了他的《黎明的河边》，书中通讯员小陈为掩护武工队长通过敌人封锁区而英勇献身的事迹，至今依然小刀子似地刻在心上……

50年代以后，峻青也写了一些反映胶东人民和平建设时期的英雄业绩的作品，如《苍松志》《山鹰》《丹崖白雪》等。根据他的同名小说《海啸》改编的电视连续剧，曾赢得千百万观众的喜爱。

“文化大革命”期间，峻青惨遭迫害，他成了“周扬在上海的代理人”和“中国的肖洛霍夫”而被多次批斗、抄家（江青反革命集团的爪牙抄走了他的全部长篇初稿和长期收集保存的资料）、扫地出门。1968年3月，江青又派当时空军司令吴法宪到上海，对其秘密绑架，用三叉戟专机押至北京，关进秘密监狱长达五年半之久。

“文化大革命”结束后，峻青创作更加勤奋。尽管社会工作繁忙，可一想到那些曾与他一起战斗、为中国人民的解放事业献出宝贵生命的战友，就怎么也不忍心搁下手中的笔。在60多年的写作生涯中，他摸索出一套独特的保健诀窍，这就是“文书交替，有张有弛”。文章写累了，就泼墨挥毫，这种丹青书法功底乃是他祖父、父亲传授，重操旧业，如鱼得水。

一次，在一位朋友儿子的婚宴上，我见到了峻青老。他精神矍铄，笑声朗朗：“我现在心情很舒畅，一般晚上不写作，但白天写书、作画、写字，效率还不低，我还能为大家做点事。”

在那天晚上，他还告诉我，峻青只是他的笔名，他的原名叫孙儒杰。多年来用笔名发表作品，

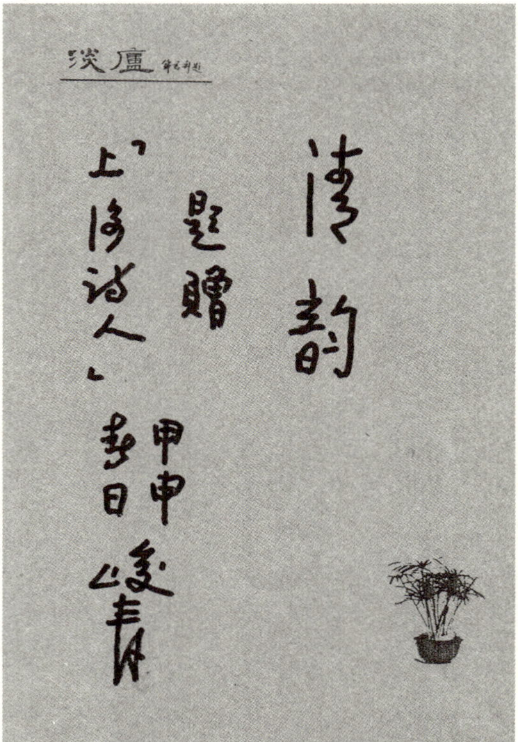

峻青为《上海诗人》题词

人们反把他的真实姓名忘记了。

峻青这位饱经风霜的作家就坐在我对面的沙发上，兴致勃勃地对我说："过去，我虽然写了一些作品，但就我整个生活积累来说，只不过是长江大河中的几朵浪花，我有决心把我一生中看到的听到的和经历过的人和事写出来。"

峻青是位胸襟开阔之人，那晚，他将住址、电话都写给我，并叮嘱："常联系。"

之后，我一直给他寄由我主编的《上海诗报》(原名《上海诗人》)，他看得很认真，多有鼓励之词。2004年4月的一天，我收到他为诗报的题词"清韵"和赠我的一条直幅"涛声依旧"。在给我的信中方才得知，他又病了一场……春天到了，这才扔掉拐杖，只是手仍抖得厉害。字写得很率真，很严谨，展示出一位智者的心灵。

我久久端详着峻青老的书法，如沐春风，如聆教诲；耳际不时响起他那拐杖欢快的敲击声……

2005年6月8日于涛声斋

# 爱抽烟斗的杜宣

“一支烟斗衔在口，满腹经纶谈笑间。”这是对著名剧作家、诗人杜宣的生动写照。

早在20世纪50年代，我就读过他的作品，后又听说有关他的故事……作家不只是一介书生，还有出人意料的特殊才能；不仅有一支如椽大笔去抒写生活，还常以别一种本领为革命事业作出特殊贡献。

杜宣不仅是一位成就卓著的剧作家和诗人，还是位胆识过人的隐蔽战线上的传奇人物。

早在抗战烽火燃烧的年代，印缅美军司令史迪威将军，要在我国东南沿海选择合适的登陆点打击日军，杜宣临危受命，带领两名美军情报人员从昆明出发，穿过福建，冲破国民党部队的层层封锁，终于在浙西天目山找到新四军部队……一路上，那种神出鬼没的穿插本领和急难中善于作出果断决策的过人智能，决非一名普通作家所能为。

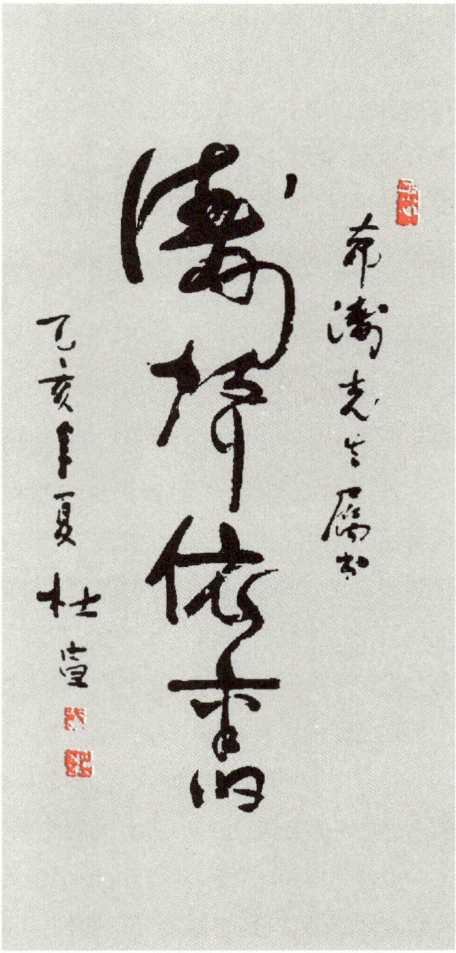

杜宣题词

至于1945年日军投降，他坐着美军飞机飞赴香港、广州两地，参与接受日军投降事宜，成为中国作家中目击二战结束谈判全过程的唯一见证人的经历，非常奇特；而他早先在大后方多次躲过中统特务的秘捕，更是鲜为人知。

就是这样一位富有传奇色彩的隐蔽战线上的文人，“文化大革命”期间，竟被张春桥之流无端地投入监狱……我读过他写的一篇散文《狱中生态》，记录了他所遭遇的缧绁之苦……文中，别开生面地写了三种小生物，如囚室高处的小窗口常有几只小鸟不时地啁啾，“通过这一角苍空，使我和外界联系起来，我可以看到监狱四堵墙外的一块自由天地了”。几只小鸟激活了他对自由的向往之心。

进入新时期，1914年出生于江西九江、1932年入党、翌年加入中国左翼戏剧家联盟、留学于日本东京大学的杜宣老，已是位耄耋之人，他依然以极大的热情投入文学活动，他是《文学报》的创始人之一。作为戏剧家，早期的《青春三部曲》和《上海战歌》以及国际题材的三部曲——《彼岸》《欧洲纪事》《世纪的悲剧》，还有《关山万里》《梦迢迢》等，都有着广泛而深远的社会影响。1997年香港回归时，已是84岁高龄的他，创作了大型史诗话剧《沧海还珠》作为庆贺，让广大观众，又一次感受他那激情喷涌的赤子情怀。

“半生踪迹浮沧海，一片愚诚唱赤旌。”堪称世纪老人的杜宣，还是位声名远播的书法家。

杜老是文人，写的是文人字。文人字不同于书家字，书家对点画有严格的要求与规矩，而文人是以他的理解处理点画的，具有文人特有的气质和气息。

杜老和蔼亲切，平易近人。20世纪90年代，一次在文艺会堂开会，我正巧坐在他身边，便和他谈起字来。杜老对我说：“书要天天读，字要常常写。”他认为书法要达到很高的美学理想和体现出很深的文化修养不容易。“突破”更不易，如同一个结茧的蚕壳，想要打破自己编织的壳是要有勇气的。杜老阅历丰富，是位胸襟开阔之人，我很喜欢他的字，便开口了。杜老随和通达，边点头边问，写什么呢？我说，“涛声依旧”如何？他思索了一下，说，好，这四个字对你倒挺适合的。

杜宣老的行草字字如珠玑，神韵相照，顾盼呼应，大小疏密，拙巧错落，墨色枯润相济，线条优美流动……那文人的笔情、才情和性情，尽在那潇洒流畅的线条之中。

我将“涛声依旧”装裱后，镶上镜框挂于陋室，顿觉满眼生辉，如见故人。如今，杜宣老虽已在2004年就离开了我们，可在他的书法条幅前，我仍与他在亲切交谈。

2005年3月29日于涛声斋

# 神交鲁光

## A

20世纪80年代，我在《中国城市导报》当记者，受报社委派，曾去闻名遐迩的“五金之都”浙江永康采访。

永康境内有座方岩，丹霞地貌，孤峰突起，险峻华美，陡壁似斧砍刀削一般。这天，我在当地文友的陪同下，登上了这座山。方岩，顾名思义，是一座见方的山峰，峰顶平坦，有座唐代古寺。寺中供奉着一尊宋代清官——胡则。千年“胡公大帝”，香火一直很盛。

鲁光与他画的牛

文友陪我在“天街”上漫步……他指着山下一处地方对我说，那儿有个叫“双门村”的村庄，庄上出了个作家，叫鲁光。

“鲁光？可是以一篇《中国姑娘》的报告文学，轰动中国文坛的鲁光？”

“是的，正是此人！”说到鲁光，文友额上的两道浓眉，宛若游龙在舞动。他告诉我，鲁光从双门村起步，读书东阳，问学上海，工作北京，他是此地土生土长的人。

是夜，在县府招待所的灯光下，我打开当地文化部门编印的刊有鲁光介绍和《中国姑娘》的小册子，又一次如饥似渴地读了起来……

## B

> 人们把体育比喻为一个民族精神的橱窗，那么，就让我们打开中国女排这个小小的窗口，看一看我们中华民族应有的精神风貌吧！……

《中国姑娘》，这篇荣获全国第二届优秀报告文学奖的作品（排名第一），为我们真实地塑造了两代排坛精英的群雕。作品中出现的女排队员如郎平、孙晋芳、曹慧英、杨希、梁艳和教练袁伟民等人物，无不个性卓然，形象活脱，连人物语言的声气也迥然有异……而生动的故事和真实的细节，更让人过目难忘。

请看那个“要球不要命”的曹慧英，那件挺远挺远又让人忍俊不禁的往事……

> 她还不到16岁，已长到1.77米的个头。在乡村里，每次走亲戚、赶集，都招来乡亲们好奇的目光。她那忠厚老实的父亲可犯愁了，心想，一个闺女家，手长脚丫大，再这么一个劲地长下去，怎么得了！想来想去，终于想出了一个并不新奇的老办法，裹脚！

“裹脚？”曹慧英一听，乐得腰都笑弯了。一个高高大大的姑娘，配上一双“三寸金莲”，那成什么怪模样了呢？她嗔怪地对爹说：“你也不琢磨琢磨，如今是什么时代了，还兴这个……”

多有趣！“裹脚”，也只有从小在土坷垃里刨食吃的庄稼汉，才想得出来。

再看那个长相酷似日本电影明星《绝唱》里的女主角山口百惠的杨希，“起先400米的跑道跑一圈，脸就苍白，喘不上气来……但她坚持跑，星期天别人睡懒觉，她也早早起来跑……最后，竟能一口气跑下17圈……”怪不得她能在日本引发“杨

鲁光画作一

希热”，有这底气，才让人信服。

还有那个“冷酷无情”的教练袁伟民，练得姑娘们都恨不得上去“咬他一口”…… 可正是这位训练场上的“无情人”，在赛场上，在国际舞台上，在一连串翻江倒海的搏斗中，才让中国女排的姑娘们擦干泪痕，绽放笑脸，笑到了最后……

《中国姑娘》发表于1981年，写于中国女排首次夺冠之前。鲁光沿着中国女排的足迹，记录了她们遭受挫折的苦闷，夺得胜利后的欢乐和激荡，在她们心中对祖国、对人民的挚爱……这是一曲振奋人心的搏斗之歌，它的主旋律，就是祖国的荣誉高于一切。

情节生动，文笔朴实，抒情意味浓烈，富有生活情趣……是鲁光的作品，把我带进了甜美的梦乡……

## C

之后，我又去过永康，思念情切，多想见到鲁光呵……这期间，我又读到他的《中国男子汉》（获第四届中国报告文学奖），还有《沉浮庄则栋》等作品……但不久，他便从文坛蒸发了。

十多年后，画坛冒出个鲁光，接连在中国美术馆、中国画研究院、北京荣宝斋、宁波、金华、烟台、澳门、新加坡、日本和台湾地区举办个展和联展…… 荣获过华人艺

鲁光画作二

术大展金奖、现代中国水墨画特别优秀奖。

画家鲁光以强大的艺术冲击力，让国内外画界同仁刮目相看。

好评如潮……

鲁光的画风，可用“敦厚浑朴之象，稚拙灵妙之趣”十二个字当之。“浑朴而近大化，稚拙而见童心。”这是著名评论家何西来的评说。

著名画家、评论家周韶华著文称：“鲁光的大写意中国画，得益于李苦禅、崔子范两位恩师的熏陶。但是他不克隆老师，能冲破陈规陋习，跳出老一套框框，完全用自己的眼睛感受新的世界，用自己的思想去寻找新的艺术方位，用自己的表现手段去解决自己的绘画语言形式，不但与老师们拉开了距离，而且打造出自己与众不同的现代画形式。”

崔子范先生则认为，鲁光的写意画，画风新，而且画路也广。他在鲁光一幅牛画上题道：“神韵、意境、格调皆佳。”

鲁光的牛，重形似，更重神似。他常题牛画曰：“站着是条汉，卧倒是座山。”“牛有二劲，任劲和犟劲。任劲诚可贵，犟劲不能无。”

原来，1937年出生的鲁光，退休后，淡泊名利，落叶归根。他常回到浙中故里“五峰山居”居住。范曾说：“鲁光退隐山林后，游物乘心，与天地精神往还，近年画作洗尽铅华，一任自然。观其画而知其人，曰厚、曰浑雅、曰天真、曰童心，此皆画者最难得者，而鲁光信手拈来均有此种天籁，于是风格独树，断不从俗。”他写一副对联送鲁光，“唯理是求人称陈亮，遗形而索我爱鲁光。”

对于鲁光写意画独特个性的形成，名家们也各有评点。刘勃舒认为：“鲁光很有艺术才气和灵气，有追求，有个性。画画，说到底是画修养、画学问。也许正因为鲁光是一位作家，画画时没有负担，画作反而奇趣迭出。豪华落尽见真淳，他学画绝无门户之见。他广交各种流派的画友，且以友为师，吸取他们之所长，不断充实自己。他追求雄浑、厚实、拙朴，从而形成强烈的现代画风。”

谢志高说：“鲁光的画给我们的最大启示，就是艺术不等于技术。他靠的是生活底子，是修养，是思想和气质。”

著名书画鉴定家杨仁恺老先生评点道：“鲁光先生以作家名世，作画乃其余事。然秉性不同于他人，构图、设色、运笔别开生面。正由于素养深厚，故而出手不凡，能突破传统之约束，开一时之新风，不让斫轮老手。”

已故著名漫画家华君武则认为：“鲁光的画和人一样大气，很随意，体现了个人风格。”

纵观鲁光画艺的发展历程，众多名家都啧啧称赞他，是一位“有大匠风范的画家”，必将成为“中国的一支大手笔”。

## D

2015年6月，我在河北兴隆雾灵山中国作家协会创作之家度假，巧遇从浙江金华来的文友王槐荣，他与鲁光熟，谈及“鲁光艺术馆”的开馆情景，如数家珍。

文兄点燃一支烟，为我点亮了那次开馆的盛况……

2015年5月16日，“鲁光艺术馆”在永康市博物馆开馆。金华市委书记徐加爱和永康市委书记徐华水为“鲁光艺术馆”揭牌。这是永康市首次以政府名义，为个人设立的艺术馆。

鲁光《国画作品欣赏》封面

鲁光是从双门村走出去的，在我国

鲁光画作三

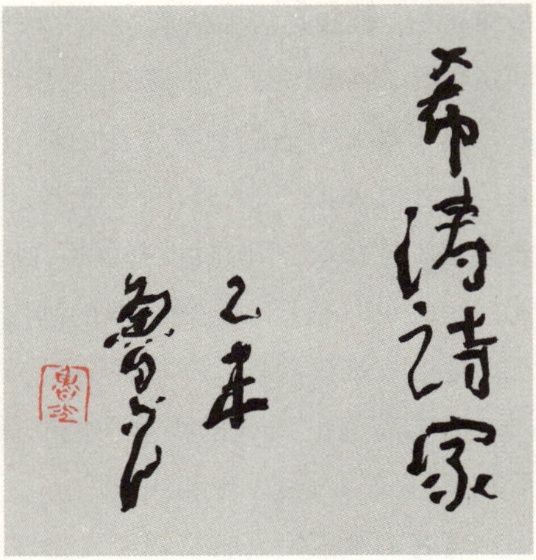


鲁光题词

体坛、文坛、画坛勤奋耕耘了大半个世纪，圆了三大梦：记者梦、作家梦、画家梦。如今又圆了叶落归根梦。鲁光说，“这不是我个人的艺术馆，它属于永康，属于社会，是家乡的一间文化会客厅。”

中国作协副主席高洪波从北京赶来，他说，鲁光的艺术作品具有“三心二意”。“三心”，乃童心、诗心和爱心，这让他的作品充满童趣。“二意”，感恩家乡意识，敬畏艺术意识……他说，五金概念在永康人手上无限扩大，并创造出强大的物质文明，而鲁光回报给家乡的这笔精神财富，值得家乡人永远珍存。

永康市长金政则认为，鲁光是永康这方水土养育出来的文化名人。他一生爱牛，一世画牛，并常以牛自谦，“孺子牛”精神就是先生的写照。愿先生的精神和浓厚的乡土情怀，和他的作品一样泽被桑梓，光照后辈……

## E

神交鲁光，不知不觉已有30个年头……

2015年11月30日这天，我在给朋友们邮寄《上海诗书画》小报时，给鲁光写了封简信，告诉他我30年前曾去过他家乡，感谢《中国姑娘》等大作给我的滋养。我喜欢《鲁光画牛》，那些质朴无华的“现代大写意”让我魂牵梦萦……我渴望先生为“涛声依旧”挥毫（最好画头小牛），握手！

2015年12月20日下午，冬雨潇潇。突然，有人揿门铃，有快递。我急切地打开这封来自北京的邮件，映入眼帘的是一本由故宫出版社出版的2016农历丙申猴年“鲁光国画作品欣赏”台历，上题“希涛诗家，乙未鲁光”。台历中夹着一封信：“希涛诗家：刚从单位拿回你的信。遵嘱写、画了小品一幅，供存玩。一般不应酬，太多，忙不过来。但诗人的手一握，有了感觉。快过年了，匆匆画就。乙未鲁光。”

鲁光的书法，用的是左书。据《说文解字》记载，是新莽时期的六种书法体之一。鲁光的左书没有什么规律可循，写得很随意，很难模仿，仿字都很僵硬，容易识破。

就在这封信里，夹着一头可爱的小牛，正昂着头，竖起耳朵，聆听那首曾风靡大江南北的歌曲《涛声依旧》……那专注的神情，那憨态可掬的模样，让人乐不可支……此画，正出自有“鲁牛”美誉的鲁光先生之手。

画内还夹着一张字条，上有鲁光的手机号码，嘱“收到后发个短信”。

用了不到两分钟时间，我就将短信发了过去：“……上海下雨，可我的心上却阳光明媚，我的耳际分明响起那动情的歌唱，和我一同聆听这首歌的，还有那头可爱的小牛……”

鲁光即回：“没想到这么快就到了上海。北京雾霾，诗一样的回信驱走了污染……眼下只画一平尺小品，不画大画，我自己家里也挂小画……”

小画不小！能得到先生的墨宝，实乃三生有幸耳。

2015年12月27日于涛声斋

# 樊发稼的笑容

樊发稼先生是位精神矍铄的老人，满头银发，见人就是一副灿烂和纯洁的笑容。

“有钱难买老来瘦”，这是流传于民间的一句格言，发稼先生的体型，则是这句典型格言的实践者。

1937年生于上海崇明县的樊发稼，是位学者型的诗人、作家。他1957年毕业于上海外国语学院，系中国社科院文学研究所研究员、研究生院文学系教授、中国作协全委会名誉委员、原儿童文学委员会副主任、中国寓言文学研究会名誉会长。著有《儿童文学的春天》等13本评论集，《春雨的悄悄话》等51本作品集……

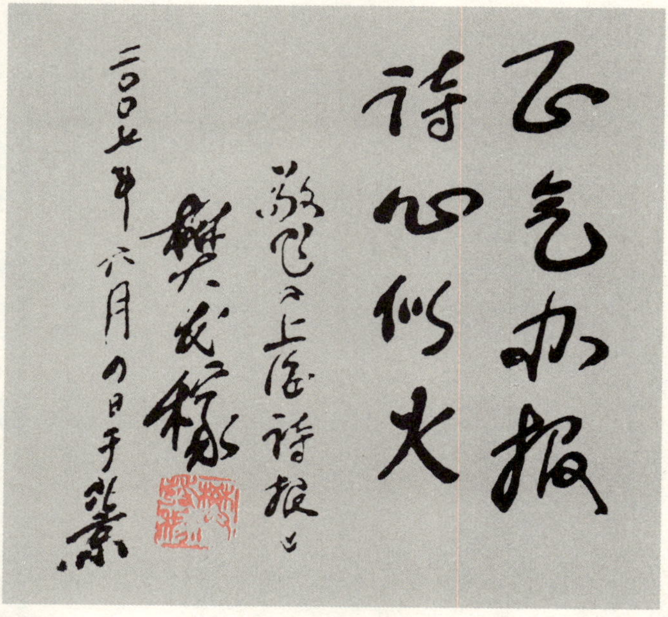

樊发稼为《上海诗报》题词

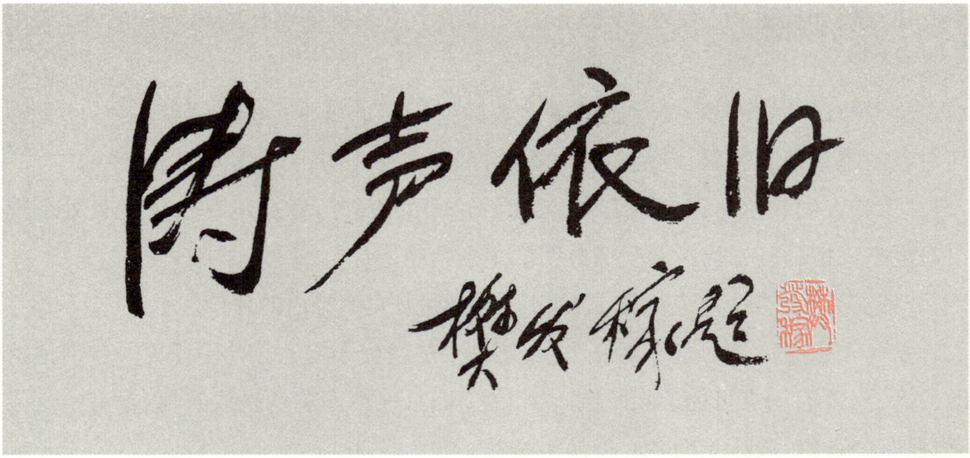

樊发稼题词

发稼先生的简历可以写得很长，如同他蜿蜒曲折的人生经历一样漫长。他是20世纪八九十年代以来最负盛名的儿童文学作家，同时也是不折不扣的诗人，是性情中人。

我读过发稼先生不少儿童诗，其中留有深刻印象的，是他的《好朋友》：

金钩钩/银钩钩/请你出个小指头/结结实实勾一勾/勾一勾/点点头/一起唱歌和跳舞/我们都是好朋友。

写这种儿歌的诗人，非童心永驻者莫属。

樊发稼的另一首儿童诗《鱼儿》，几乎成了小诗人仿写的样板。

请看《鱼儿》：

树叶/落了/秋天/来了/天气/冷了/可鱼儿/还光着身子/在河里游水玩/它们怎么就不怕着凉/不会感冒？

很快，我就看到了仿写《鱼儿》的《小鸟》（作者岳晓倩）：

荷花/开了/夏天/来了/温度/高了/可小鸟/还披着厚厚的毛/在枝头乱叫/它们怎么就/不怕热呀？

仿写得如此生动、有趣，发稼先生对我国小诗人早期创作的熏陶和培养，功不可没！

樊发稼的儿童作品，传承了儿童文学真、善、美的精神……让读者体会，不管你面对着的是幸福和快乐，或是痛苦与不平，都要向着光明，勇敢地朝前走……

“用诗人的真挚与意趣编织故事，以评论家的冷静与睿智观察社会。”处处呈现出对世态人情的真知灼见和爱憎分明的炽烈情感。

“朴实为人，热情为诗。”这是诗坛泰斗臧克家先生对他的评价。

发稼先生不仅是个童心永驻之人，还是个热情爽朗之人。几乎任何一个向他求助的人，只要有一点可能，他都会全力以赴；而且他帮人总是兴致勃勃，没有一丝倦意，没有一点怨言，让受助者心里顿生暖意。

我因创办《上海诗人》和《上海诗报》，和发稼先生保持着联系，不断得到他的鼓励与支持。“正气办报，诗心似火”，是他2007年6月在北京为《上海诗报》的题词，是他对这份民间诗报的肯定与褒奖；而他赠我的“涛声依旧”，尽管为硬笔书写，依然展现出一位老诗人对朋友的率真和热情，我当珍藏之并以文记之耳。

2011年端午节于涛声斋

# 与邓伟志交谈

1938年出生于安徽萧县的邓伟志先生，被誉为“思想界的男子汉”“中南海的文胆”。他撰写的杂文，内容涉及政治、经济、文化等领域，主要是政治。有歌颂，有抨击，主要是抨击。其笔锋直指各类腐败现象，奏出当今反腐的最强音。

邓伟志先生毕业于上海社科院经济系，又先后在上海社科院、中共中央华东局、中国大百科全书上海分社从事理论研究，职业习惯是用社会学视角观察社会，因此，平淡出奇，小中见大，文以载道，道融于文，便形成了邓伟志杂文的鲜明特色。

我因加入民进之故，便有机会走近这位民进中央副主席……那是20世纪90年代初，民进新闻支部组织部分成员去江浙采风，我有幸和邓伟志先生坐在一起。在去小莲庄的路上，听他谈这座江南名园。

小莲庄，是南浔“四相”之首清代光

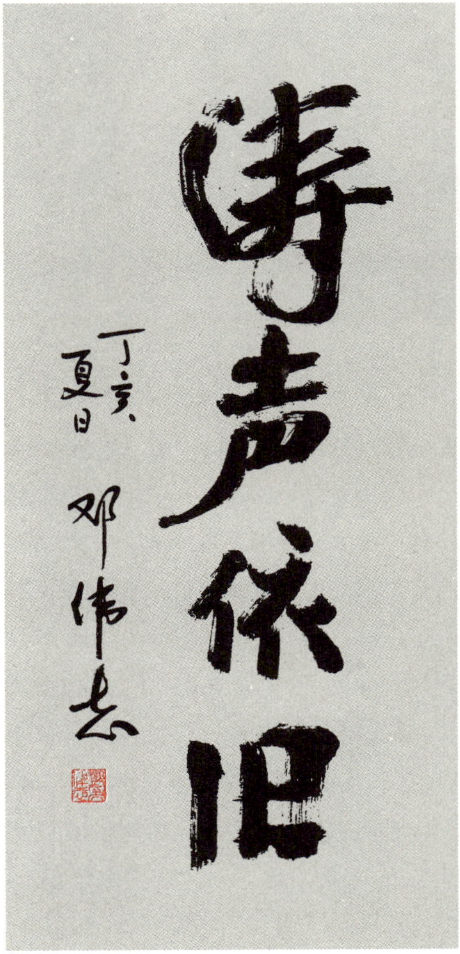


邓伟志题词

1990年4月，相约南浔小莲庄。邓伟志（中排左四）、刘希涛（中排左二）

禄大夫刘镛的私家花园，始建于1885年，位于南浔镇南栅万古桥西，北临鹧鸪溪，西与嘉兴塘藏书楼隔河相望。因慕元代书画家赵孟頫莲花庄之名，故曰“小莲庄”。

“旧宅嘉莲映水红”，在沪多年，邓伟志先生依然“顽固”地保留着他的皖北口音，话说到关键处，会微微挺起身，目光炯炯地看着你。听他说话，如沐清风，人也精神了许多。

我喜欢他的文章。他送我的《邓伟志杂文集》，是我书架上常读之物。短小精悍，披肝沥胆，激浊扬清，诤言惊世，便是读先生文章后，留下的深刻印象。

其实，邓伟志先生不只是写杂文，他兴趣广泛，涉猎颇多，尤其对书法，同样情有独钟。他在《书法家宣家鑫》一文中认为：“宣家鑫的楷，是楷又不太像楷；宣家鑫的篆，是篆又不太像篆；宣家鑫的隶，是隶又不太像隶。这让我有点费解。最后悟出了一解，这恰是创新之所在。”可谓一语中的。

安神读书，刻苦钻研，加之临池不辍，用心揣摩。他学篆隶探其源，临魏碑养气韵，摹唐楷壮其筋骨，取“二王”行草则是取其真谛，逐渐形成了“邓家笔法”：抓其神韵，取其精髓，再融入自己的心得，遂营造出与众不同的气象。

邓伟志先生赠我的“涛声依旧”，大气磅礴而不失肃穆儒雅，飘洒俊逸而不失浑厚稳重，果然写出了一位杂文家与众不同的气度和面孔。

2011年3月15日于涛声斋

# 丁锡满为我作序

20世纪60年代，因立志当诗人，便留心起报刊上的诗作。《解放日报》乃上海第一大报，当属首选。除《朝花》副刊外，当时的国际版上，有一个“诗配画”栏目十分吸引人（萧丁的讽刺诗配张乐平漫画）。放学途中，我常站在马路边的阅报栏前，摘抄上面的诗句（日后方知，萧丁乃丁锡满的笔名）。

“宝剑锋从磨砺出，梅花香自苦寒来。”丁锡满是位勤奋刻苦之人。他当国际版编辑，为将国际知识娴熟于心，就把《世界知识年鉴》《世界知识辞典》从头到尾通读一遍，还把《世界地图册》中每一平方厘米都反复扫描，以至于站在世界地图前，可以不看文字，就能指明每个国家主要城市的方位与名称，不差毫厘。

丁锡满

读中学期间，我第一次给心中崇拜的诗人萧丁写信、寄稿，就得到他的夸奖和鼓励。一首《搬新居》习作，还荣幸地被他红笔圈阅过……后来，我应征入伍，遵照他的叮嘱，处处做有心人。无论走到哪里，口袋里总是装着个小本本，一面搜集素材，一面创作……就这样，我在《朝花》和其他报纸副刊上，发表近百首枪杆诗、墙头诗、战士诗，鼓舞了士气，受到了部队的嘉奖。

复员回沪后，在《解放日报》文艺

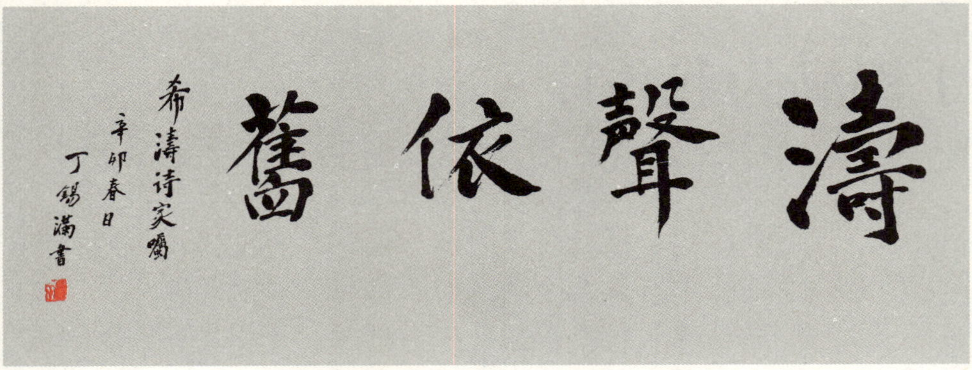


丁锡满题词

部见到了丁锡满。

当时，我在一家影院搞宣传。为寻找创作生命的燃料，毅然放弃干部编制和舒适的工作环境，自讨苦吃，来到上钢二厂当了一名钢铁工人。我坚信创作离不开生活，于是铁下心来写“钢铁诗”。当时，周围的人们非常愕然，怀疑我得了什么“病”。

我陷于苦恼之中，便给丁锡满写信，他在给我的回信中鼓励我：“要有信心，走自己的路！”一如既往地要求我做生活的“有心人”。

1989年5月的一天，我打电话给丁总（他已从市委宣传部副部长转任《解放日报》总编辑），请他为我的第一本诗集《生活的笑容》写篇序言。丁锡满表示要看过作品后再说。三日后，我应约到他的办公室，将一包清样送他过目。他一边喝茶，一边和我谈诗，神情是那样淡定，把一片喧嚣之声关在了窗外……

> 我是花了一个长夜一口气读完这162页诗集的。一般作序的人未必会仔细看完全书，我之所以读完它，是因为被它吸引。我不大看报刊上的诗歌，如今诗树凋零，佳作不多。有些热门诗，实属无病呻吟，听他叫喊了半天，还不知他痛在什么地方。有些时髦诗，似乎是作者在字架上随便抓一把铅字，闭着眼睛把它排列组合成行。这种诗太高深莫测，我自叹文化程度浅无法理解，只得放弃嚼蜡。白居易写诗，还要让老太婆听懂，而我们现在有些诗，是存心写给一百年以后的未来人或亿万里之外的外星人看的，我们凡夫俗子看不懂，只好作罢。好在还有像刘希涛这样的诗人。他的诗一是有生活，二是有激情，离我们近……“钢铁诗人”刘希涛不但参加轧钢炼钢，还是一个炼美者……他为了写工厂诗，特地到钢铁厂当工人，这在八十年代，是难能可贵的。现在还有多少人

认为写诗必须深入生活呢？刘希涛的诗给我们论证了：美的元素存在于生活之中，而不是存在于空虚的脑壳之内；美需要发掘，需要提炼。诗之美对勤劳的开拓者是慷慨的。

这是丁总在看完我的诗集清样后所作序言中的一段文字。“好像喝新摘的龙井茶，第一口就清香扑鼻，于是茶杯就放不下来，非得细品慢辨，把它喝完，喝完一杯，再冲二汁，穷其滋味。”这篇题为《炼美》的序言，在《解放日报》1989年8月29日《朝花》上全文刊出后，引起很大反响，使印数高达一万册的诗集很快告罄（诗集印万册，本身就是一个奇迹），“钢铁诗人”称号就此不胫而走。

2003年3月的一天，我在《解放日报》又遇到阔别已久的丁总，依然是那副近视眼镜，依然是那副笑模样……他把我带进办公室，甫一坐定，就打开了话匣子。他告诉我寄给他的《上海诗人》报每期都看：“办得不错，真的不错！”说这些话时，镜片后闪出的是一双兴奋的眼神……受到他的夸奖，我办报的信心倍增，也勇气倍增，便请他为这张小报赐稿、题词。他一口答应，当即从抽屉里取出稿子对我说：“这是我刚写好的一首《天台忆旧》，不知可入法眼？”我接过来便读，一下子就被吸引住了：

山弯弯，水弯弯，
十岁孩童把柴担。
地滑坡陡山无路，
肚饥力乏口又干，
举步何艰难。

岭上花，空谷兰，
人道天台是仙山。
樵夫眼中无美景，
山光水色带愁颜，
心烦无意看。

泪水流，汗水流，
一路呜咽到村头。

上有老母下有弟，
家庭重担一肩挑，
何时熬出头……

读到这儿，我的眼眶湿润了，一个“上有老母下有弟”的十岁柴童“泪水流，汗水流，一路呜咽到村头”的情景恍若眼前……表达得如此真切，如此动人。难怪他的另一篇作品《三个母亲》会让那么多的读者为之动容。

就在我沉浸于丁总诗篇中时，他的题词也好了：“耕耘诗的园地，推动诗的复兴。”果然是丁家笔法。我如获至宝，鞠躬致谢。他又掏出100元钱对我说：“你们自筹资金办报不易，众人拾柴，我表示一点心意，作为寄报的一点邮资补贴，一定要收下！”我拗不过他，恭敬不如从命了。

这就是我结交的丁锡满，个头虽不高，可品格高雅。他主持报社笔政，能把报纸办得如此有声有色，在于他对党报有独到的见解：软硬兼施，雅俗共赏，既把报纸办成精神文明的超级市场，让人如登圣殿，可以斋戒沐浴；又能如入商场，可以任意选择。

从普通编辑到总编，爵不可谓不大，位不可谓不高，可他血管里流的仍然是农人的血液。他自称螺溪一布衣。有时干脆以“罗布衣”为笔名撰文。他认为：“奉献不论大小，也不论平凡与伟大，只要在自己岗位上把本职工作做好，于国有利，于民有益，就会自得其乐。”所以，他不管做多大的官，始终离不开一张稿纸、一支笔，或赋一首小诗，或撰一篇短文，其喜悦之情溢于言表。

慧眼识人，一身正气的丁总，既是我们的榜样，也是我们的朋友。日前，我又收到他赠我的“涛声依旧”条幅，相知相交了半个世纪，无以回报，写此小文，聊表一点谢意。

2011年3月30日于涛声斋

# 他在上海当区长

## ——记李伦新

那是2001年的隆冬季节，一个乍暖还寒的午后，我接到市文联老李（李伦新老师，他喜欢大家这样称呼）的电话，邀我参加当晚“局长诗人”的一个文学聚会。

傍晚，我赶到位于上海马戏城附近的绍兴饭店，见到了那位热情的“局长诗人”。

与李伦新（中）、杨秀丽（右）参加采风活动　张解放　摄

“局长诗人”叫张春新，他是上海铁路局的一位副局长，长期担任领导职务，却始终笔耕不辍。工作之余，他从火热的生活中吸取养料，激发创作热情，写出了一首首富有真情实感的诗歌。

他的诗，既有局长的宽广胸怀，又有诗人的炽热情感。看来，当局长不仅没有妨碍他写诗，而且有助于他的诗写得更加真实感人且富有思想性和哲理性；而业余写诗不仅没有影响他当好局长，而且有利于他成为热情奔放、开拓进取的领导人。张春新同志的实践证明，当局长和写诗是并不矛盾的，处理得好是相得益彰的。

这是老李为“局长诗人”第一本诗集《春新诗选》所作序言中的一段话。在这篇序言的最后，他写道：“张春新同志要我为他的诗集写序，我实在为难。因为我是个从来没有写过诗也根本不懂写诗的人。然而张春新同志这样的‘局长诗人’，我是很佩服的，读了他的诗稿后，就这样写了一个读者的感想，借此机会由衷地祝愿张春新同志创作丰收。”

“我没写过诗，也不懂诗，所以今晚特地请来了‘钢铁诗人’，他写了不少从生活中采撷的诗歌……生活是创作的唯一源泉，你们有不少相似之处，希望你俩相互切磋，共同提高。”

就在那晚的聚会上，经老李热情介绍，我和“局长诗人”成了朋友（春新同志的第二本诗集《霞光短笛》由我主编，2009年4月由文汇出版社出版）。

在李伦新（左）寓所（2015年8月）

老李1934年12月生于南京市郊区的农村。20世纪50年代初开始写作,不久发表处女作《闹钟回家》。1958年3月去上海郊区农村劳动,陆续发表小说、散文等作品。1979年4月返沪重新回南市区机关工作。1987年4月当选为南市区区长,1990年2月,当选为中共南市区委书记,1993年3月调任上海市文联党组书记,选为常务副主席。现为市文联副主席、市作协理事、中国作协会员、上海大学文学院顾问、兼职教授,海派文化研究中心主任。

老李属狗,可他偏与牛结缘。笔名耕夫,乃农夫与牛也。书斋叫"乐耕堂",农夫离不开土地也。他出差在外,买的纪念品均与牛有关。他的书房里摆满了形形色色、不同材质的牛玩意儿。他喜欢牛,喜欢牛的秉性,喜欢牛的勤劳,吃的是草,挤出来的是奶。整日拉犁拉车,埋头苦干,从无怨言。不像老鼠那样会钻,不像公鸡那样会叫,不像猪猡那样懒惰……做到区长、区委书记,又做文联的书记,是个忙官,可就是这样一个大忙人,在繁忙的公务之外,还能成为一个著作等身的多产作家,让人简直有点不可思议!

他哪来的时间呀?可他有股牛劲啊!从海绵里挤水,就会有时间。有人劝他注意休息:"中国人民不差你一部小说、一篇文章啊,干吗那么拼命?"可他说:"写作是一种享受。当一部作品完成时,其乐趣一般人难以体味,况且我写的东西是我的感受,我要说出来与读者分享,不吐不快呀!"

这就是老李,在位时是个好官。在创作上用牛耕田,一步一个脚印,一步一串汗珠……他的长篇小说《梳头娘娘传奇》《梦花情缘》《非常爱情》《银楼》(与他人合作)以及散文选和杂文集多种,大都获奖,有的被改编成电视连续剧搬上荧屏,收视率不俗,颇受观众欢迎。

曾有网友问他:"为官和作家之间,您更喜欢哪一种,为什么?"

老李说:"为官是工作的需要,不是我追求的目标。既然当了官,就要负责任,在任期间,写作只是业余爱好。"老李原先烟瘾很大,一戒就戒掉了,但笔瘾戒不掉。所以他要争取留点时间给自己想写的东西。写他所熟悉的人物,给读者留一点思考的余地。他的小说不前卫,也不时尚,但在看似朴素平白的叙述中,流动着真切、生动的本土生活气息和海派风味。在他的散文和随笔中,处处能感受到他的这种良心和责任感,并不是用板着面孔说教的方式表现,而是亲切随和得如同谈家常。

和老李接触,读他的作品,总让人感受到作家的人格魅力!正是这种魅力,才使他在官员和作家两个领域相得益彰。

《梳头娘娘传奇》,字里行间都浸透了民俗民情,就像逛豫园老街一样,有走近日常生活的亲切感。而他的《非常爱情》，是一部具有厚重分量的优秀作品（生活分量、情感分量和美学分量）。作者经历了这段非常的历史，让人非常珍贵地看到普通人身上的真情和真爱。这是一部构思独特、出人意料的作品，是很好看的一部小说，这两部小说也是我印象最深刻的作品。

老李说，他并非出生在上海老城厢，但长期生活、工作在老城厢，了解上海的变迁。上海尽管历史不长，但它的文学非常深厚，且富有特色，是文学创作的源泉，是一口深井。

老李的作品大多以上海为背景，有上海的海派风格。海派文化从20世纪30年代算起，已有80多年发展历史，对中国的文学和文化都产生了重要影响。海是上海的一个最形象、最生动的象征。它是海纳百川的，生动的，活泼的，永不止息的。

老李从领导岗位上退下来后，就致力于海派文化的研究（他是上海大学海派文化研究中心主任）。而海派小说最基本的要素，就是反映上海人的情感和处事方式。

上海人崇尚文化，崇尚智慧。上海人非常重视文化，认为有文化比有财富更重要，看人不看财富有多少，地位有多高，而是看你的文化底蕴如何。像这种心理都反映在上海人的处事方式中，而这种处事方式，就构成上海海派文化的要素。

“宽容而深沉，诚挚而无虚言。”这是对老李为人的一个概括。在官民、老少、贫富之外，还有一种令人更为动容的东西，那就是人与人的真诚。老李不做自己视野之外的瞻望，而是认真描述他的所见、所闻、所思。他的脚下有实地（接地气），他是一个很认真的人。他有理想，有动力，有扎实的努力和劳作。他比一般人更勤奋，他的言行，是一个坐标。

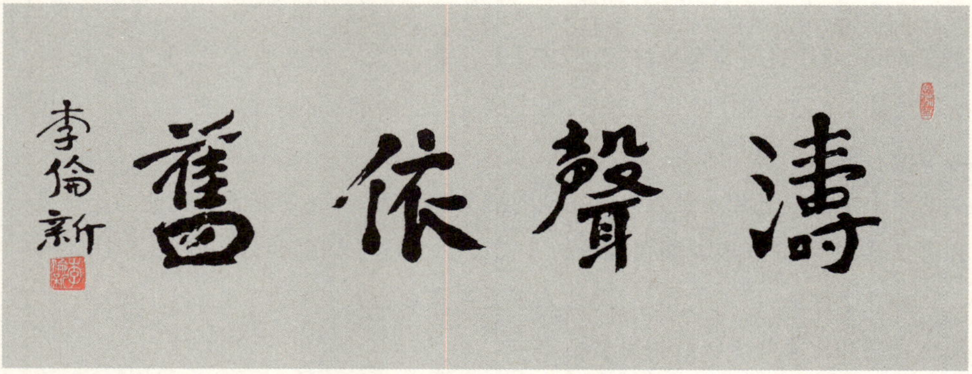


李伦新题词

老李官至区委书记，职位不算低了。可他没一点官架子。那样的平易近人，朋友有相邀相帮之事，决不推诿。我在参与“打造知识杨浦”的历史进程中，曾得到他的热情支持与帮助。如组织采写报告文学集《因为有了你——作家笔下的劳模》；如《同济大学百年校庆》大型诗文集……老李都积极参加，深入采访，写出了《她是一本耐读的书——记于漪老师》等有分量、有风采的作品，为建设杨浦创新型城区，添上了浓墨重彩的一笔。

老李知道我喜欢“涛声依旧”四字，且索得不少名家手迹，遂向他讨之。老李说：“字丑，羞于示人。”我说：“老李之字，何丑之有！”老李遂挥毫，字如其人，弥足珍贵。

2012年国庆节于涛声斋

# 混进课堂听他讲课

## ——记吴欢章

初识吴欢章先生的时候，我还是个学生。因住家离复旦不远，常去那儿的图书馆看书。1959年毕业于复旦大学中文系并留校任教的吴欢章，有时开诗歌、散文课，我便“混”在其中听讲，受到启蒙。

之后，我投笔从戎。回沪后常去复旦，后又进了复旦新闻系，便认识了吴先生。知他是湖北武汉人，中共党员，历任复旦大学外国留学生教研室主任、上海大学文学院中文系主任、文学院副院长、《秘书》杂志主编。曾被评为上海市劳动模范，享受政府特殊津贴。1986年加入中国作家协会。著有诗集《阅读上海》《文化江南》《吴欢章短诗选》等，散文集《阅读美丽》《回看风华》，学术专著《抒情诗的艺术》《现代散文艺术论》等，主编《中国文学大辞典》(现代文学单元)、《中国现代十大流派诗选》《二十世纪中国散文英华》等30余部著作。

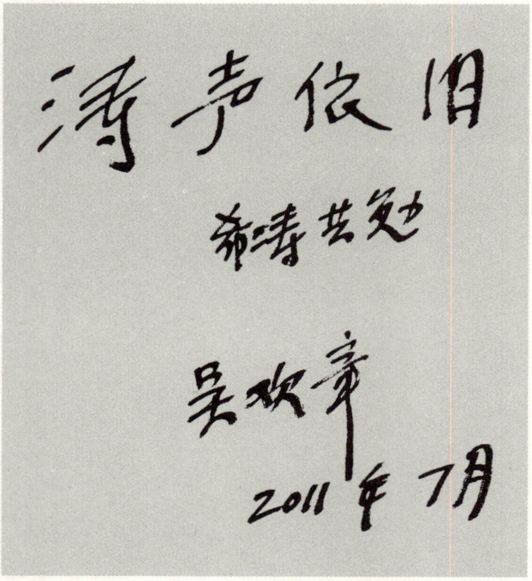


吴欢章题词

从20世纪60年代初至今，50多年过去了，我和吴先生的接触有增无减。他一直住在国年路上的复旦大学宿舍区，我是那儿的常客。最近，我又收到他赠我的“涛声依旧”题词，一下子打开了记忆的闸门……

在20世纪的太阳行将落山之际，那个冬日的午后，我挟着一包诗稿，走在铺满落叶的国年路上，走进吴教授家的书房，请他为我的第四本诗集《涛声回旋》作序。

教授指缝间夹着烟卷，翻阅着诗稿的清样。他见这本诗集中有不少是反映现实生活的短诗，兴致盎然地打开了话匣子，和我谈起有关小诗创作的话题。

吴先生认为：小诗，是中国诗歌的一个重要品种。从《诗经》、汉魏乐府中的短歌，到唐宋以来的绝句、词曲中的小令以及民歌，小诗可谓是绵延不绝的艺术长河。自“五四”新诗运动伊始，著名诗人及无名作者都曾致力于小诗的创作，让小诗为表现现实生活和现代人的思想感情发挥了独特的艺术功能。

从古至今，那些口耳相传、不胫而走的诗歌，大多为小诗。

先生又燃起一支烟，他扳着手指，如数家珍。

界定小诗的范围，当下有各种各样的看法。有“一至四行”说，也有“二五十行”说，有“一至十六行”说，也有“十行”“八行”说，更有主张不看行数而看字数的“一百字内为小诗极限”说。先生则认为，现代社会生活和现代人思想感情远比古代复杂，所以现代小诗应比古代小诗略长，以12行以下为宜，也就是一首律诗加一首绝句的长度。

提倡小诗，在时下很有必要。

其一，小诗短小精练，乃诗之特质。当今诗歌为人所诟病者，就是言多意少，散漫冗长。精练乃简洁的姐妹，以一当十，以小见大。读者取舍，人心向背。

其二，小诗易记能诵，声调抑扬顿挫，使人乐于背诵。

其三，小诗省时高效。事务繁杂，时间有限，忙碌之余，随手展卷，清风徐来，暗香袭人，可缓解生活压力，抚慰浮躁情绪，收醒目清心之效……

“一花一世界，一瓣一如来。”从小诗的选材、构思、形象、意境直至语言……先生越说越兴奋，不啻醍醐灌顶，让我心里亮堂堂的。

2002年8月的一天，我又一次走进复旦第一宿舍区那片花木扶疏的院落，在知了的鸣叫声中揿响了欢章家的门铃，在他那堆满报章杂志的书房里，和他谈及有关创办《上海诗人》的事，得到他热情而真切地支持！他当场为这张诗报的创刊号题词“还诗于民”，还要为这张小报撰文。他用一根纸烟，为我点燃了《对新诗现状的思索》一文的构想（原文见《上海诗人》第三期头版头条），种豆得瓜，让我喜出望外。

2005年7月，在中国作家协会北戴河创作之家，我有机会和吴教授一起休养了半个月。晨光中，我们一起叩问大海，在鹰角海滩，我们一同遥望——沉浸在1954年毛泽东主席在此写下不朽词篇《浪淘沙·北戴河》的诗境中；夕阳下，我们在海

与吴欢章在北戴河（2005年7月）

堤上漫步，在海风中，谈诗歌，谈散文……

先生认为，散文是一种蕴含着精致、深刻和绚丽的美文。它的独特境界、潜思哲理、托物言志以及迭出隽语、精粹华章，越来越受到当代人的喜爱。

著名诗歌、散文理论家吴欢章教授，以他深厚的文学涵养和审美感悟，向我们展示了美文世界的风景和深长意味。他的如诗如画的美文，他关于美文的精义，使读者处处阅读到美丽。

余秋雨说，吴先生的文章一概"干净有度"，可归属于"教授散文"和"学者散文"之列。读他的文章"只觉得一派温良平和"，有一种如读叶圣陶先生"小记"的感觉。

我在学生时代就听过欢章老师讲诗歌、讲散文，待日渐老去时，又看到先生在年过花甲后写下的散文。世事变迁，白云苍狗，先生喜欢讲的和能够写的却不减当年本色，仍然是些"美丽"的话头。

"他的为人就像其文字一样，充满了热情和真诚！"作为共和国培养起来的第一代学者，吴先生这一代学人的沉静人格和执着信念都为我们反思现实文化处境带来新的启迪。

年轻，永远属于吴欢章先生！

2011年7月31日写于涛声斋

# 紧扣时代脉搏的俞天白

认识俞天白早在20世纪60年代，我从部队复员回沪不久，参加了沪东工人文化宫文学创作组活动（我在诗歌组，俞在小说组）。当时，他在江浦中学当教师，离我家不远，我去学校看他。他刚下课，一头粉笔灰，一口义乌腔……

60年代末，正值“文化大革命”期间，新华医院发生了一件惊天动地的事：一位脉息全无之人，经医护人员奋力抢救至第23分钟时，恢复了心跳……这在医务界是个奇迹！市里责成有关单位成立创作组，由俞天白、肖世荣（新华医院宣传组负责人）和我三人组成。经过夜以继日的奋战，由俞天白执笔的独幕话剧《第23分钟》搬上了当年的舞台。

“文化大革命”结束后，俞天白调离江浦中学，先到黄浦区教师进修学校任教，后进《萌芽》杂志当编辑（直至副主编），再任沪港杂志社的总编至今。

20世纪80年代是一个充满温馨的年代。在那个年代里，温馨之花遍地开放，稍有艺术细胞的青年人都做着自己的文学梦，期盼有朝一日能成为一个被“缪斯”女神垂青的诗人和作家。

以培养和发现新人而驰名的《萌芽》杂志，是文学青年心驰神往的地方。俞天白作为一名小说编辑，以发现和培养新人为己任。我写诗，和他接触不多，有时去编辑部遇到，他总是放下手中的稿件和我嘘寒问暖……他出版新书，不忘送我一册，如《吾也狂医生》《愚人之门》《大上海沉没》《留德家书》等。

俞天白是一个颇有个性又颇有争议的作家。他20年前送我的《大上海沉没》，这部以上海金融改革为背景的40余万字的长篇小说，一问世便激起层层波澜，受到各方关注（尤其是新闻媒体）。因触及不少社会问题，触及当时很多人的心灵深处而颇受指责，有人就书名加以质问：“堂堂国际大都市怎么会沉没？”“大上海沉没了，中国怎么办？”……

这果真是一个振聋发聩的问题！可谓非议不断又好评如潮……俞天白不为所动，又继续写出《大上海漂浮》《大都会》《大赢家》等长篇巨制，总字数超过300万字，首开反映城市改革开放的长篇小说之先河。

俞天白就是这样一个不安分的作家，他的名字总是和时代脉搏紧紧相连。改革开放之初，金融改革尚处在萌芽状态，他就将思维的触角深入到银行、证券业来。那年，他在银行办了张存折，用来支付水电煤气费，也可用来购物。谁知，却四处碰壁，不少商家不习惯此物，拒绝接收，这让他陷入沉思。他想，金融是国家经济发展的血脉，金融工具不普及，必然阻碍城市经济发展的步伐……缘此，俞天白决心做第一个吃螃蟹的人。他结交了不少金融界的朋友，不仅成了跑银行和证券交易的常客，还当上了《上海证券报》文学工作室的主任。

为了写好证券交易，他早早地投资股票。“春江水暖鸭先知”，为的是积累经验，探知深浅……长篇报告文学《变幻莫测的面纱》，就是他深入金融领域采摘的一枚果实。这些年来，他在《新闻晨报》等报刊上开设的财经专栏，以一个作家敏锐的目光来谈银行，谈股票，深得圈内外读者的欢迎和好评。

俞天白是位富有社会责任感的作家，他不仅关注百姓理财、百姓炒股，还关注社会民生，关注教育改革，关注文化建设……他的时评文章，既有宽广的视野，又充满忧患意识，体现了一个知识分子的正义与良知，这是有别于其他作家之处。

1937年，俞天白出生在浙江义乌农村一个知识分子家庭，父亲是名中医，悬壶济世，积德行善。那是一个灾难深重的年代，伴随着时局的动荡和战争的残酷，他的童年就在风雨飘摇中匆匆而过，而他的读书生活，就从那时开始……先读唐诗宋词以及《古文观止》《三国演义》《水浒传》《西游记》《红楼梦》等古典名著，再读鲁迅、老舍、巴金等文学巨匠的书以及从解放区过来的作家的作品，赵树理、孙犁、丁玲……

因土改原因，高小毕业的俞天白辍学在家务农……直到17岁时，俞天白参加一次征文比赛，写了一篇文章，被文化馆的干部看中引起轰动……后上海师范大学招生，俞天白参加考试，榜上有名，从此改变一生，走上了文学创作这条崎岖而又漫长的道路。

俞天白到上海后，大量阅读外国作家的作品，雨果的《悲惨世界》、契诃夫的《变色龙》、托尔斯泰的《复活》《安娜·卡列尼娜》、普希金的《上尉的女儿》……

俞天白著有多部长篇小说，而《大上海沉没》，被誉为“八十年代的新《子夜》”，荣获建国40年优秀小说奖等多种奖项，还被译成德、日、意等多国文字。然而，对于他来说，最好的作品却是儿子。

俞天白的育子观是：以博爱为立身之本，以能够坚持独立思考为荣，以保持知识分子的独立人格以及严谨、科学的治学精神为美德。凭着这种观念，他和在德国求学14年的儿子一同学习，一同成长。14年来，父子两人的通信竟达300余封，20万字之多。

2009年金秋时节，中共上海市杨浦区委、区政府举行杨浦“文化名人”回娘家活动。我和俞天白又见面了，他给我带来一本由上海远东出版社出版的《留德家书》。

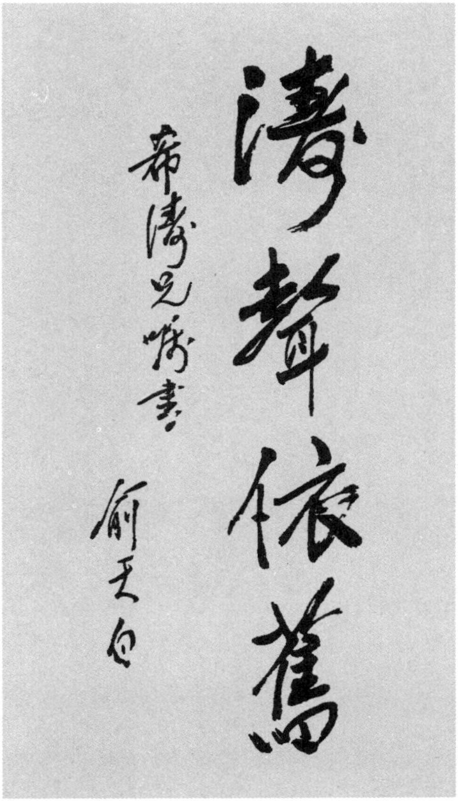

俞天白题词

这里，摘录1998年他给儿子俞可一封信上的一段：

> 对处世之道，多留一点心。你研究过“朋”字没有？朋，不是由两个“月”字组成的，而是由两块“肉”组成的，就是说在字典中，他属于“肉”部（它和“肥”、“肚”、“腿”属同一偏旁）。“朋友”，就是两块肉之间的“相聚”和“帮助”。

俞天白还说：

> 最值得注意的是两个“月”之间的一条缝，大有考究：因建筑高低不一、大小不同，或者地基承受力有异，只有刻意在它们之间留下这条缝，才能保证它们永远挺立于世，而不因某一幢的变化受影响……要让友情永远存在，只能依靠这条缝隙来保护……所以，我一再对你说，朋友间不可能没有秘密，尊重对方的秘密，是尊重朋友，保护友谊的表现。

上海作家看殷行活动。吴欢章（左二）、俞天白（左三）、李伦新（右四）、季振邦（右三）、刘雪玑（右二）、刘希涛（右一）（2009年10月）

俞可在父亲的教育下，在异国他乡茁壮成长，获教育学硕士、哲学博士学位，被授予“2002年度德意志学术交流中心奖”。他现在是华东师范大学教育学博士后。

这就是一个作家的“教子功能”。俞天白认为：“文学有多种功能……然而，不管如何，文学的最大价值表现在社会道德基础上的大灵性、大悲悯、大视野、大感悟、大信仰、大苦难、大爱憎之上。有了这样的前提，作家就要先学会如何做人，如何育人，并作出承诺，坚守、推动，而重塑人生，重塑社会。”

作为老朋友，俞天白既是兄长，又是良师益友。当他得知我有集文化名人手书“涛声依旧”的愿望时，欣然挥毫，赠此条幅，感谢他满足了我的心愿。

2012年8月12日于涛声斋

# 多年后方知他叫沈扬

我在《我的第一首诗》这篇文章中，谈及我在福建当兵期间，写过一首《日历第一页》的短诗，发表在1962年12月31日的《福建日报》上。那是我第一次在省报上发表作品（有关那首诗的创作过程，文中有详细记述）。

《日历第一页》创作的成功，离不开团部林干事的点拨，而我另一首获得荣誉的诗作《连长的脚板》，则和《厦门日报》一位副刊编辑有关（直至20年后，我方知他的姓名）。

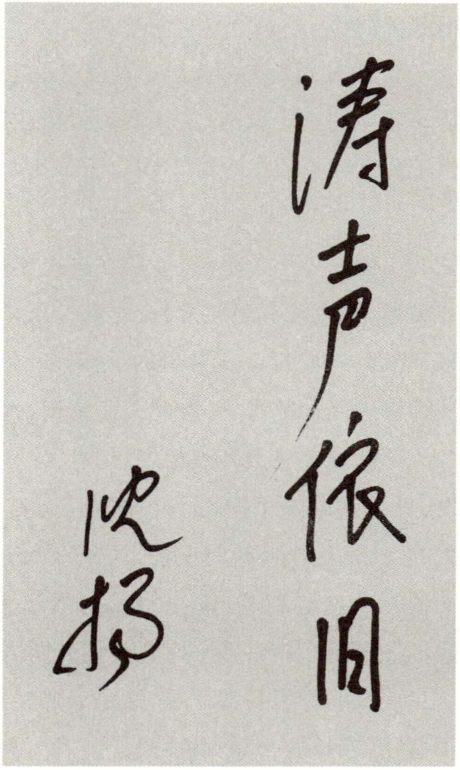

沈扬题词

笔者服役的部队属莲河炮群，与厦门炮群同属对金门炮击的部队。1962年，蒋介石加紧了反攻大陆的部署，在执行特级战备期间，部队在前沿值班，那儿离厦门不远，《厦门日报》是靠得最近的报纸，它上面有两个副刊，一名《海燕》，一名《前线》，我因常给他们投稿，颇得编辑的青睐（就是没机会去报社见一见和我联系的这位编辑）。起初，收到的都是铅印退稿信，也有附一张便条的，大多三言两语，往往一语中的，诸如“主题切忌分散”“注意情感升华”“注重诗的构思”“找准诗的角度”

等等。记得有一次，这位编辑给我写过一封长达三页信纸的信（因特级战备期间，我的诗集和书信都被“坚壁清野”掉了）。依稀记得那是一封谈“诗的构思”的信。信中说，注重诗的构思，是我国诗歌的优良传统。接下来举了古人作诗的一些例子，如李白、杜甫、白居易等，还说了诗评家对一些诗人及其作品的评价，总的是赞扬这些大诗人在诗的构思上的独创性，以及各自拥有的独特风格。

遵照这位编辑的叮嘱和林干事那“四两拨千斤”的启迪，我在如何选择角度，集中一点，深入挖掘上狠下功夫。

在写部队生活的诗作中，写连长、指导员的诗很多，大多从正面描写，往往千人一面，众口一词，如写连长的脚，往往就是“这双脚，走过万里长征路；这双脚，登过延安宝塔山……”起初，我也犯过类似的毛病，面面俱到，生怕写得不全……编辑在退稿信中，让我“注意观察人物的神态和特征，时时处处做个有心人”。

我们连长是位关东大汉，绛紫色脸膛，虎彪彪身材，说起话来高门大嗓，人物本身是有特点的。如果就这样入诗，必然乏味。没有角度，没有细节，人物的形象就活不起来。

有一次，我们在楼上一间教室里上军事知识课，讲课的是连长，大家都坐着等待。我坐的桌子靠门，正在低头写字，连长走来了，脚步咚咚响，竟把笔下的“一”字由于震动而抖成了一条小蛇。当时我产生的第一个想法是：“嗬，好沉的脚步！”

有一次，野外手榴弹实弹演习，一个战士不知是因为紧张还是什么原因，拉了弦的手榴弹一下子甩滑了，落在离掩体只有五六米的地方，眼看就要爆炸，事情来得太突然，谁也没有思想准备，全都惊呆了。就在这千钧一发之际，一个身影腾地跳起来，飞起一脚，把正在冒烟的手榴弹一下子踢飞了出去，“轰”的一声爆炸了，大家才从惊恐中回过神来，一看此人正是连长，那个勇猛劲儿，真赛过下山的老虎！

部队规定晚上九点熄灯，熄灯号一吹“刷”地全灭了。我有时心血来潮，诗兴勃发，就躲在蚊帐里捏亮手电筒写诗。有一次，正进入“角色”，突然床前出现一个高大的身影，他压低嗓门说：“小刘，怎么还不睡觉？快睡吧！”顺手把窗户关了起来，又悄无声息地走了。连长什么时候进来的？我怎么一点没听到？他关窗户的声音多轻，这脚步多轻，和平时真是判若两人。

连长的脚板是那样重，又是那样轻，逼真的生活原型一齐在我脑中闪回，角度有了，就写连长的一双脚板吧！

有了角度，还要选择形象。说脚板是“老虎”，显然不确切，如果把脚板比喻成“属虎”的呢？那就既性格化，又耐人寻味了。

于是，在《厦门日报》上，这位编辑以醒目的标题同时加框，推出了这首发表后引起诗坛热烈反响的《连长的脚板》：

连长的一双脚板呀，
是属虎的。
那么的勇，那么的猛！
练兵场上，跑跳蹦纵，
双脚踩得地心动！
刺杀—— 一对滚地龙，
追击——平地刮旋风，
大吼一声霹雷响：
“同志们，跟我冲！”

连长的一双脚板呀，
是属猫的。
那么的轻，那么的灵！

与沈扬在北戴河（2011年9月）

查铺查哨，走走停停，
好似飘着一朵云！
压蚊帐——如同折封信，
关窗户——就像扣衣领，
整座营房呀，
跳动着一颗慈母心……

此诗发表后，由福建省作家协会主办的《热风》杂志，当年就作了转载（后入选《上海50年文学创作丛书》"诗歌卷"）；《厦门日报》《福建日报》上均有人撰文评介此诗，手头有一份剪报，题目是：《一首别出心裁的小诗——读"连长的脚板"》，内中写道：

读了《连长的脚板》一诗，真有说不出的高兴！你看，作者的观察力多么敏锐，角度多么独特，表现手法又多么富有创造性。

这首诗紧紧抓住连长带兵、爱兵两大特点，一写连长带兵苦练杀敌本领，赛过猛虎的劲头；二写连长爱兵犹如慈母般的心肠，看上去我们的连长前后判若两人，实则是一个完整的艺术形象，刚柔兼备，栩栩如生。……

"压蚊帐——如同折封信/关窗户——就像扣衣领"，既新鲜又贴切，读者就从这些细小的动作里，看到了本质的东西，人民军队官兵之间亲密无间的友爱精神。细节贵细，唯其细，才能精微地表现诗人的真实感受。

这是一首优秀的战士诗作，它的构思、立意别具一格，上下对照，首尾相映，活泼，玲珑，形象鲜明。真有"增之一段则太肥，减之一段则太瘦"之妙。脚板怎么能"属"呢？诗人居然给他"属"上了，而且"属"得这样神似，真可谓别出心裁了。（依然不知道编辑的名字）

直到1984年的一天，我在《解放日报》"朝花"副刊，见到一位从《福建日报》调来的资深编辑，一位慈眉善目，笑起来眼睛眯成一条线的中年人，方知他就是当年在《厦门日报》编副刊的沈扬（原名沈瑞昌，1956年从上海入伍，服役的部队在厦门。1960年复员后进《厦门日报》编副刊，1970年调至《福建日报》，先后任编辑、总编室副主任、主任。1984年调《解放日报》编"朝花"，曾担任文艺部副主任、主任。系中国作协会员，当过上海作协理事）。

呵，他就是沈扬！一位可亲可敬的伯乐，一位帮助战士诗人发了那么多诗作，连名字都不说的编辑！一位左手编报，琴台啸聚，招文纳友几十年；右手行文（除新闻作品外著有散文随笔集和编辑手记等多部）的老报人。

沈扬年长我九岁，本应以老师相称，可他把我当作他的战友，让我叫他老沈！拗不过他，就这样，“希涛——老沈”，一叫又是20多年。

2009年早春二月，我的一本散文集《相思月明时》将由文汇出版社出版，我请他写序，他欣然答应。没几天，一篇题为《激情诗人的散文笔墨》的文章就展现在眼前：

> 刘希涛先生是一位激情诗人。从最初的“枪杆诗”到后来的“钢铁诗”，再到年过半百之后倾心的“爱情诗”，都有激情的诗心伴随。如今我们捧读他的散文集《相思月明时》，依然可以从字里行间感受其诗一般的情感流动。

这是老沈在序言中开场的一段文字，可谓高度概括，让我深受鼓舞；而序言中的另一段文字，更让我深为感动：

> 在上海的作家中，笔者同希涛是相识最早的。我们都有过一段军旅经历，服役的部队都在当年的福建前线。我比他早几年复员。上世纪60年代我在《厦门日报》编“海燕”“前线”副刊的时候，就编发过炮兵战士刘希涛的诗歌作品，其中如《连长的脚板》《哨所八个人》等留下很深印象。当时虽然没有见面，但文字交往业已存在。80年代我回到上海后，两人之间新一轮的作者编者关系又开始了，这真是有点戏剧意味的。笔者一向赞赏希涛身上的那股子激情，一切美的创造，其实都是由激情引发也是在激情中完成的。激情是作家主观世界感应客观事物产生的精神现象，从这个意义上说，它是一种“原动力”，是一种宝贵的精神资源。希涛热爱生活，也热爱文学，正是对于生活的热情，对于美的追求，成就了一位激情的文艺家……

前不久，老沈赠我“涛声依旧”四字，并再三表示，字写得不好，羞于示人。其实字的好坏并不重要，更不影响写字人的人品、人格和人与人之间的感情！像老沈这样帮助培养过众多文学新人，又不愿别人感激他的人，才是时下编辑应该仿效的啊！

2011年9月12日中秋节于涛声斋

# 我与“父子作家”的情谊

## ——记胡宝华、胡永明

### A

2015年4月19日，一个桃花灼灼、李花纷纷的日子，在上海市作家协会新会员的一次聚会上，我认识了胡永明和他的妻子舒爱萍。

胡永明，中等个头，精壮身材，英俊脸庞，剪一头齐刷刷的短发，显得青春干练和富有朝气。他捧着三本书送来，恭敬地请我指教。

我随手翻开其中一本胡永明诗选《晚潮拍岸的声响》，先看序言标题《儒雅的战士，佩剑的诗人》，作者胡宝华。

胡宝华，可是当年上海电机厂的工人作家胡宝华？写《毛丫头大战“霹雳火”》的胡宝华？

我急切地指着胡宝华的名字发问。

“是的，是的，他是我父亲。”

胡永明爽朗的回答，仿佛一根神奇的魔棒，一下子敲响了我记忆深处的那根琴弦……

### B

那是20世纪的50年代，我还是个中学生，因爱好文学，订了一本《萌芽》杂志，开卷一篇登的是小说，标题上下通栏，雕梁画栋一般十分醒目：《毛丫头大战“霹雳火”》——犹如电流跳上钨丝，我的眼前“刷”地亮堂起来……

小说写的是一家电机厂里的气割班，班内有个以“毛丫头”出名的女艺徒张小芳，一心想在本职岗位上建功立业，在她师傅陶春林的帮助下，敢于和“优胜红旗”得主、虎背熊腰、“讲话就像冲天炮一样”、人送绰号“霹雳火”的李阿大下战表。正是“黄毛丫头把战挑，激得老将胡子翘”……就这样，毛丫头智激“霹雳火”，“霹雳火”巧布连环阵，毛丫头创造多层割，斗智斗勇，峰回路转……最终“霹雳火”在张小芳面前甘拜下风，毛丫头夺得“优胜红旗”。

小说不长，采用的是章回体，一口气可读完，毛丫头和“霹雳火”这两个鲜活的人物形象，深深地印在了我的心上。

这之后，我又在《上海文学》上，读到了胡宝华的姊妹篇《毛丫头巧献锦囊计》等篇章。让我深切地感受到，文学创作离不开火热的生活，只有身入其中，亲历其境；静观默察，烂熟于心，才有可能写出有血有肉、鲜活灵动的作品来。

就这样，胡宝华成了我心中的偶像。

于是，我怀着当诗人、当作家的梦想，咬破手指写血书（因17岁不到入伍年龄），投笔从戎去当兵，走上了守卫祖国海疆的前哨阵地。

## C

在部队期间，我时时留心，处处做有心人，无论走到哪里，口袋里总装着一个小本本，一面搜集素材，一面创作。有时在夜阑人静的蚊帐里思如泉涌，我便在黑暗中挥笔，往往字和字罗汉似地叠在了一起。就这样，我在《解放日报》《福建日报》《厦门日报》和其他报刊上发表了上百首枪杆诗、墙头诗、战士诗，鼓舞了士气，受到了部队的嘉奖，戴上了“战士诗人”的桂冠。

在这些战士诗中，有不少是刻画人物的短章，如《军民花》中的嫂子和战士，就有当年那个“毛丫头”和“霹雳火”的影子。请看《军民花》：“嫂子探亲到前沿/正巧战士练投弹/班长碰了下投弹手/‘快陪人家去聊聊天！’//投弹手，把弹掂/头一扬，闪一边/‘请，女民兵排长/看看咱俩谁领先！’//女排长，跳向前/连连飞弹赛春燕/投弹手，劲猛添/左右开弓像闪电//战士齐鼓掌/班长大声赞/‘女排长得的是优秀/战士突破纪录领了先！’//战士民兵相对笑/两朵鲜花红艳艳——/开在祖国门楣上/开在千里边防线……”（原载1964年3月3日《厦门日报》）

# D

1965年春天，我从部队回到地方，分配在沪上一家影院当宣传员（属干部编制）。这年的秋天，我在一家新华书店买到心仪的“萌芽丛书”《龙腾虎跃》（胡宝华著），书中收集了《毛丫头大战“霹雳火”》等九篇小说，让我如获至宝。

我读着胡宝华的书，心里在想，能做他的徒弟多好！可上海电机厂在闵行（我住大杨浦），路途遥远（当时还不知地铁为何物）……倒是上钢二厂离家近，工人作家胡万春就在这家钢厂。巧的是我的一位邻居和他熟（当时胡万春住在控江路的一条街上），便带着我去他家串门，听“老宁波‘嘎讪胡’”。一次巧遇上钢二厂党委领导朱尔沛（后任宝钢总厂党委书记），便向他提出想当工人的愿望。朱书记以为我在开玩笑，可我硬是“吃了秤砣铁了心”，像“毛丫头”那样，咬定目标不松口，终于如愿以偿，自愿放弃干部编制，当上了一名钢铁工人。

我在火热的车间工作、生活了十年。在化铁炉的火光中感受，在轧钢机的轰鸣声中思索，我把诗的触角伸向了钢厂的角角落落——我以炽热的情思、多彩的笔调，为钢铁工人抒写了一首首赞歌，在《人民日报》《工人日报》《解放日报》和《诗刊》等全国上百种报刊上发表了近500首“钢铁诗”，被工人师傅亲切地称作“钢铁诗人”。1985年，我加入了上海市作家协会（后又加入了中国作家协会），还被会员们选为诗歌组组长。

在我写的“钢铁诗”中，不乏“毛丫头”和“霹雳火”的身影。如《火凤凰》（原载1981年6月30日《人民日报》）、《“和尚”工段来了个小妞》（原载1980年第5期《河北文学》）。而《擒“龙”姑娘》（原载1979年1月11日《文汇报》），更是一位活脱脱的钢厂“毛丫头”：

穿上新工装/登上操纵台！/排排电珠直眨眼/又是惊奇又是猜/“姑娘来干这一行/可知火龙脾气怪？/怎经得——/烟熏热浪筛？”//果然，烟厉害/缠住姑娘不散开/果然，火厉害/卷着热浪扑上来！/操纵台呵/活像太上老君八卦炉/顷刻烤红——/姑娘的两瓣腮……//任凭高温扯衣角/任凭火舌舔膝盖！/姑娘踏住火龙背/任凭踢打任凭摔！/日受千束青烟熏/夜经万股气浪拍……/姑娘擒“龙”越钢山/乐得轧机齐喝彩！//排排电钮睁大眼/又是信服又崇拜/任凭姑娘巧手拨/日夜辉映操纵台！

## E

20世纪五六十年代，以反映上海工人生活为题材的文学作品，如雨后春笋，蓬勃发展，造就了一大批有才华的工人作家。他们的崛起和辉煌，在当代文学史上留下了灿烂的一页。

深入生活、扎根人民，坚持以人民为中心的创作导向，创作无愧于时代的优秀作品。工人作家胡万春、胡宝华等人为我们作出了榜样。

胡万春已谢世，胡宝华健在。我给永明打电话，相约父亲节这天去拜望他。

这是个清风在梧桐树梢唱着歌谣的日子，我和夫人带着儿子，在永明和他妻子舒爱萍的陪同下，来到了位于七莘路上的闵行区社会福利院。这儿交通便利，环境优雅。胡宝华先生入住后，得到了很好的照顾，院方知道他是位老作家，专门安排了书桌和房间，为他看书写作提供方便。于是，胡宝华便将这个书房命名为"夕爱斋"。

老人知道我们要来，特地换了一件洁白的短袖衬衫，雪白的头发纹丝不乱地梳向脑后，脸色红润，笑声爽朗地在"夕爱斋"会客厅接待了我们。他那双温暖的手，让我感到他的力量。

前排从左至右：张泉英、胡宝华、刘希涛；后排：舒爱萍、胡永明、刘挺

话匣子是从他的身世打开的。

老人1932年生于上海，五岁时因淞沪抗战爆发回到祖籍浙江宁海，在家乡念了五年书，13岁抗日战争胜利后到上海当学徒。他从鸡叫做到鬼叫，还无端受老板的打骂，心中有气无从诉说，就暗地写点日记，没想到给老板发现，被扫地出了门。

他一直熬到解放，翻身做了国家的主人，看着工友们不断突破定额创造新记录，就想用笔写出来。“我是从写黑板报起步的……起初，不懂什么叫构思、剪裁和艺术加工……八小时以外，拼命看书，四出寻师访友……以后，参加了写作学习班，学习了毛主席《在延安文艺座谈会上的讲话》，这才懂得了写作离不开生活，同时也需要技巧。”老人悟出的写作真谛是：“写自己熟悉的生活熟悉的人，不要胡编乱造；要概括出典型事件、典型人物来写，不要刻板白描；初学写作，先努力写好一两个人，人物多了，难以把握。”

老人把积累生活和写作比喻为吊桶打水。他说：“水是第一性的，要想喝水，就得把吊桶放下去，然后打上来。生活就像井里的水是第一性的，是一切文学艺术取之不尽、用之不竭的源泉，而深入第一线，不脱离生产劳动，就是不断地打水……不肯放下吊桶，不肯放下架子，只想蜻蜓点水，走马看花……这样写出来的作品是没有生命力的，就像当下那些胡编乱造的东西一样，喧闹一时，也就无声无息了。”

## F

老人告诉我，他的第一篇小说《九十六条飞龙》，是根据工人研制成功多头钻的革新，加以提炼改造写出来的，没想到竟成了《萌芽》当期的首篇。受此鼓舞，他写作热情高涨，又连续在《萌芽》和《上海文学》上发表了《毛丫头大战“霹雳火”》《毛丫头巧献锦囊计》和《神仙爷》等短篇小说，其中《神仙爷》还被印成了单行本。1959年，他加入了上海市作家协会，1965年参加了“全国青年业余作者代表大会”……

可是，说到这儿，老人的声音低沉下来。

不久，“文化大革命”开始了，他成了周扬文艺黑线上的一只黑瓜，厂里大字报铺天盖地……“好在我出身比较好，当了一辈子的工人，我也不是什么权威，虚惊了一场。”

老人重重地叹了一口气，音调随之昂扬起来，他说：“综观我一生的文学生涯，有过几次‘不虞之誉’，也有过几次‘无妄之灾’，只是誉也不大，灾也不重。仔细想来，这一切都是自取的。因为，偶得‘不虞之誉’之前，也有我的努力；而‘无妄之灾’本是‘不虞之誉’的后续,这正应了老子的话‘福兮祸所伏,祸兮福所倚’……”

老人一生没有离开过工作岗位,退休前,写作是在业余时间进行的。退休后,他对《红楼梦》作了深入研究,写出了不少振聋发聩的文章。老人从桌上拿起一叠剪报送到我手上,都是发表在《文学报》“新批评”上的“争鸣”文章,如刊在2011年12月1日上的《与周汝昌先生商榷》、刊在2011年6月2日上的《〈刘心武续红楼梦〉的几个问题》、刊在2012年5月24日上的《俞平伯否定〈红楼梦〉后四十回是武断片面的》等等。前不久,他的新作《解味红楼梦》一书,已上了华语文学网。

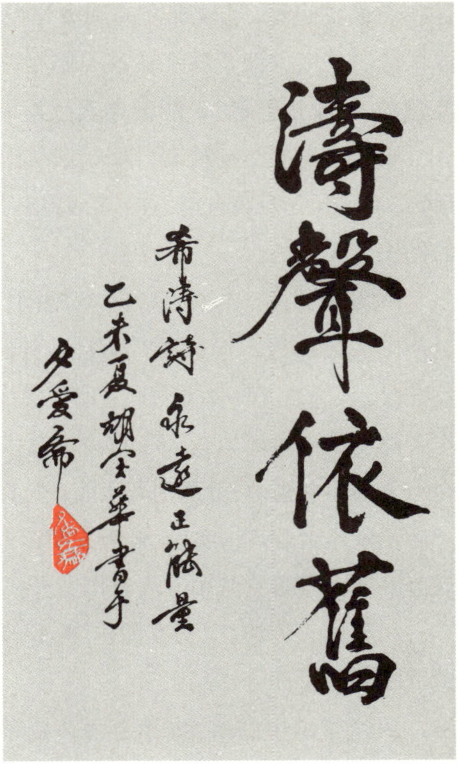


胡宝华题词

我见这些大块文章署名均为石磊,不知何意。老人说:“《红楼梦》原名《石头记》,讲述一块无缘补天的顽石到人间游历的故事……磊与‘泪’谐音。石磊,就是弃而不用的那块石头流落人间、通过‘悲金悼玉’控诉封建社会所洒之泪,是以引作笔名。”呵,原来如此。

纪念曹雪芹,研究《红楼梦》,不仅是缅怀先人,颂扬经典,更是为了树立民族文化自信,为今之文学乃至当代文明的发展提供源源不竭的支持和动力。

这些年来,受市场经济的影响,文化界出现了追名逐利、哗众取宠、任意抹黑中华传统文化和优秀古典作品的情况……老人认为,一个有责任心、事业心的作家不能昧着良心跟着起哄……说真话,干实事,是作家的本分,也是做人的本分。

## G

握别了宝华先生,我依然沉静在与他促膝交谈的氛围之中……

很快,他托永明送来了题词“涛声依旧”和写给我的信,感谢我挑了个好日子,全家来探望,使他终生难忘……信中,他谈了对当今诗歌的看法。他说:“当下诗坛存在的最大问题，是被推介的诗多是没能量的，更说不上什么正能量。专家们所津津乐道的是广大读者看不懂或不愿看的……诗言志，诗言情，是自《诗经》以来的民族精髓，不说正能量，正能量也就在其中了……”

承宝华先生热情鼓励，那天谈话中，表达他喜欢我的诗，喜欢读我那些“一有生活，二有激情”明快有诗意的诗，希望今后我能指导永明的诗歌创作，我更关注永明的创作情况。

永明送了我三本书，除那本《晚潮拍岸的声响》，还有《阳光化作七彩虹》和《诗歌创作手册》（另一本《胡永明爱情诗选》也即将问世）。我读了《诗歌创作手册》，获益匪浅，认为这是一本指导人们学习写诗的优秀读物，是一座通往诗歌王国的桥梁。作者编创了一本可以全面了解诗歌艺术，又有一定实用价值的综合性工具书。该书在当下众多书籍中，可谓别开生面：全面系统、简明扼要、实用性强。作者别具匠心地把理论概述结合诗选实例，皆为方便读者理解、参考、模仿而服务。至于第二编《通用规范汉字诗声韵》，其中倾注着作者开拓创新的心血，更是实用的宝典。

我因忙于为诗友、文友们出书，并没有仔细完整地读完永明的那两本诗集，只是浏览和选读了部分作品。

1957年出生的永明，系上海体育学院教育学学士、复旦大学法律硕士，长期从事社会学等方面的理论研究（发表论文38篇次、获奖13次），撰写了大量调研报告，现为上海市公安局农场分局政委、三级警监，上海市作家协会会员、中国诗歌学会会员、中华诗词学会会员。

这是三本书勒口上的介绍。一个写理论文章的人，一个长期从事公安工作的人，能写诗吗？

在人们的心目中，诗人不是性格张扬、天马行空、狂放不羁，就是卿卿我我、情调浓浓、故作多情……中国新诗奠基人郭沫若在写长诗《地球啊，我的母亲》的时候，不是满地打滚，滚得像个泥猴吗？还有那个“诗痴”贾岛，那个卧轨的海子……

一个从警30多年，为人低调，不事张扬，“一笔一画做人”的人；一个对人“相敬如宾”，做事严谨、一丝不苟的人，能成为诗人吗？

## H

让我们先来读一首《给远方的至爱》吧：“你远在天涯/就像明月挂在天际/你在我心中/就像明月映在水里/我的祝福是清晨的鸟鸣/为使你快乐千啭百啼/我

的召唤是黄昏的轻风/留恋地牵起你的罗衣/我的相思是不尽的流水/长年缠绵在你的住地/我的情爱是不落的太阳/环绕着你永远不会偏离。”

读这样的诗，让我想起古诗中的“青青河边草，郁郁园中柳”“所谓伊人，在水一方”……想起了那些温柔缠绵、委婉曲折的诗章，想起那些思念情切、意犹未尽的诗句……

再读一首《雨后》：“我想那王母挥出的一河波浪/已在春雷声中倾入长江/我想那雨后明丽的蓝天上/牛郎织女正悲喜异常/我想那轻盈的流霞/定是前去祝福的六位仙娘/我想那神奇的彩虹/定然通向他们富丽的天堂。”

这想象是奇特的，画面是宏阔的。这儿，有一颗柔软善良的心，一颗诗人之心。

细腻地描述爱情，倾诉着他的甜蜜与忧伤，都能让人感受到诗人心灵的颤动。

诗言志，歌传情，诗与情本是一对孪生姐妹。没有激情就没有诗，没有想象就没有诗，没有意境，诗就不成其为诗。无论是写爱情、写山水抑或咏物言志，都在笔端饱蘸激情……这是我读永明的诗后留下的印象。

“永明自幼好学，酷爱文武之道。一生文以武随，武以文随，从学生时代到职业生涯，一以贯之。他为人正直，爱憎分明。反映在诗行上，无雾起霾升之朦胧，无造作伪饰之酸涩，犹如在朗朗晴日之下，见真山，显活水，出真情。文如其人也。”这是胡宝华先生在《晚潮拍岸的声响》序言《儒雅的战士，佩剑的诗人》中的一段话。

“我和永明相爱缘于诗。我们爱诗，使爱情充满了诗意。”这是永明爱人舒爱萍在诗集代序中的一段文字。不难看出，永明诗集中的不少篇章是写给她的。

情真意切，不设语言迷宫，不玩思维魔方。读永明的诗，如饮一杯绿茶，养神益心，回味津津。

我这才意识到，原来写理论文章的人，也可以写诗，而且能写出不错的诗。

胡永明，这个表面上沉静如铁的人，内心里却有激情在燃烧，有诗意在流淌……

显然，他那诗的笔触，触动了我内心蛰伏多年的期盼，在这种物欲扭曲人心的时代，遇见一个沉稳的人，一个虔诚爱诗的人，一个真诚学诗的人，是多么不易啊！

## I

上海有“母女作家”（茹志鹃、王安忆）、“父女作家”（管新生、管燕草），也有“父子作家”（胡宝华、胡永明）……当然，还有更多的“两代作家”“三代作家”……

我坚信，薪火传承，生生不息，“深入生活，扎根人民”的精神灯火永不熄灭……

此时，我分明看到文学的一片茂林，在老树的身边，新干正茁壮成长！

宝华先生这棵树虽老，并无丑枝；儿子诗歌的果枝上，已开满花朵，相信不久的将来，一定会结出硕大甜美之果。

写作的意义，就是给当今、给未来、给我们的子孙后代，留下一笔精神财富。毕生用文字深呼吸的人，真正凭作品说话的人，才能永恒。

2015年10月21日重阳节初稿于涛声斋

# “阿桂”与“老刘”

## ——记桂国强

我与桂国强相识于20世纪90年代初。当时，他在《上海经济报》任副刊部主任，我在《城市导报》和他任同样的职务。彼此常有机会见面，参加诸如“笔会”“作品研讨会”之类的活动。

1958年生人桂国强，长期从事青年工作，曾任上海某局的团委书记。人长得帅，风度翩翩。初见他时，我曾想起苏东坡《念奴娇》（赤壁怀古）中的词句：“遥想公瑾当年，小乔初嫁了，雄姿英发，羽扇纶巾”……原词是赞美周瑜在赤壁之战时意志的从容潇洒，说他手摇着羽扇，头戴着纶巾，一派潇洒斯文模样……自然，周瑜是三国时东吴的大都督，而桂国强是当代的一介文人。

桂国强性格温和，说话得体，小我14岁，我和他十分投缘。“老刘”“阿桂”，不带客套，叫得亲切。

桂国强题词

桂国强（左）与作者（2013年9月） 梅文革 摄

这一叫，20多年未改口。

阿桂系中国出版协会理事，中国作家协会会员，擅长创作报告文学，其报告文学集《世纪回首》《东方之冀》《虎头山之歌》已面市多年。他曾是“萌芽文学奖”中的报告文学奖获得者，同时也是“中国报纸副刊金奖”获得者。

阿桂还写得一手好字。他自幼练习传统书法，但不拘泥于传统，而是长期致力于丰富中国书法之内涵，把多种艺术融汇到书法之中，从而形成书法与多种元素相结合的“边缘书法”。他认为，“创新，是一切艺术不灭的灵魂”。正因他敢于创新，终于成为中国“边缘书法”的创始人，被联合国教科文组织授予荣誉证书。

阿桂是个责任心强，对工作充满激情之人！他有一句格言：“要求别人，就是要求自己，改变要从自身做起。”

是啊！人之命运，往往掌握在自己的手中，善于捕捉机会者，方有成功之望！从《上海经济报》到《文汇报》，再到文汇出版社；从普通记者、编辑到部主任，到副总编、总编辑、社长，阿桂可谓风云际会，龙跃天门……他干一行爱一行，行行干得有声有色。

“弘扬民族精神，传播先进文化，这是我们的历史使命；一心为了读者，奉献最佳产品，这是我们的出版理念。”这是文汇出版社社长、总编辑桂国强，在读书人的节日里常说的一句话。

“读史使人明智，读诗使人灵秀，数学使人周密，科学使人深刻。凡有所学，皆在书中。书能开阔眼界，点亮人生，一本好书犹如一杯清茶，淡淡的清香令人回味无穷……朋友们，让我们一起徜徉于书的海洋中吧！”这是他在上海读书活动中的激情演讲。

上海世博会期间，由40余位作者撰写，数十名顾问参与，历时五年编撰而成，由文汇出版社隆重推出的大型系列丛书“海派文化丛书”，于2010年8月13日在上海书展与读者正式见面，曾引起轰动！

一套什么样的丛书能够支撑起上海文化的半壁江山？又是一套什么样的书能够吸引沪上精英云集，让读者争相选购？

“海派文化丛书”对上海来说，具有特殊的重要意义，是一项历史性功绩。这套33卷、700余万字的系列丛书，以最真实、生动、形象的笔法，反映了上海的形与神、灵与肉；也是最完整、最权威、最具可读性的“上海百科全书”。你只有看了，才能找到真正喜欢上海的理由。

“总想做得更好”的阿桂，在赠我的“涛声依旧”条幅中，充分展示了他的卓立不群、努力奋争、一以贯之的个性风采。

2011年7月20日于涛声斋

# 西施故里的文化人

## ——记钱汉东

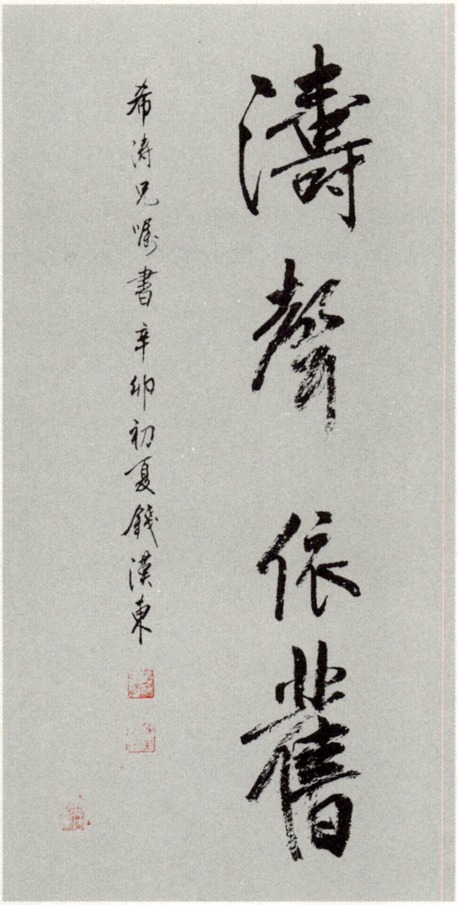


钱汉东题词

很难用一句简单的话来介绍钱汉东，他是《文汇报》高级记者，是《新读写》杂志社社长、主编；他是上海田野考古作家（还是位古陶瓷收藏家），浙江诸暨籍文人书法家……

壬辰龙年春节前夕，浦阳江畔，张灯结彩。浙江诸暨市江藻镇举行隆重的西施故里钱池石碑落成仪式，村民们冒着霏霏细雨见证了这一时刻。钱池石碑高2.8米，宽2米，它上面的长篇碑文，就出自钱汉东之手。

春秋时期，美人西施为重振越国，忍辱负重北上入吴，“钱池”因她在此停留而得名。钱汉东用一支生花妙笔记载了这段千古佳话，并题写楹联：“响屧廊不存，香魂合归梓里；浣沙石依旧，倩影自在周遭。”

“你们诸暨是个出名人的地方，美女西施和画家王冕都出在这里。”

这是毛泽东主席生前在接见诸暨

县委书记时,说过的话。

西施,中国古代四大美女之一,她让泱泱华夏的墨客骚人,留下多少让后人悠长回味的精美诗文!

早在20世纪90年代,笔者曾在西施故里西施塑像前,留下《西施,我来看你》的诗章:

你非高楼闺秀/而是农家美女/我和你素昧平生/然却神交已久//今次来访/你站在合欢树旁/脸儿微扬/秀目微张/周身放出/圣洁迷人的光芒//看,清澈的江水/在你脚下/舒展动人的篇章/听,翠翎小鸟/在你身边/吟诵流韵的诗行//呵,西施/你的美本不属于个人/不属于那荒淫的君王/而属于一个民族/一个文明古国的/——民族之光//今日匆匆一见/心头印下你姣美的形象/明朝天涯常相忆/你那沉鱼落雁的容貌/你那一抹如水的目光

"乡情浓于水",钱汉东认祖归宗,对家乡西施故里一草一木的牵挂,简直浓得化不开。

2011年7月9日下午,一场由市慈善基金会、文汇报社、诸暨市政府联合举办的"为诸暨特大水灾募集善款,当代文人钱汉东书法、古瓷义拍"活动,在上海文新大厦举行,钱汉东的10件书法作品和10件古瓷藏品共拍得善款78.8万元,捐给家乡灾区重建。

读了这则消息,我被一介文人钱汉东这种爱心义举深深打动……

1952年,浙江诸暨钱池村生人钱汉东君,小我八岁。他在《劳动报》供职期间,我和他相识,而真正的交往是在2000年,他在文汇出版社任总编助理期间。

当时,本人供职的报社,推行男55岁、女50岁"退养"政策(部主任),我属这一政策范围。当时因购房还贷,儿子工作尚未落实,生活拮据、囊中羞涩。汉东听到消息后打电话给我,问是否愿意做审读校对工作?虽说是个苦差,收入也不高,然困难时刻朋友能伸出帮扶之手,让人感到这是诚挚的友情,是一缕照亮心灵的阳光……

之后,因工作需要,钱汉东离开出版社,我也去做别的事情。他和我的联系没有中断,每有新著,必寄我一册赏读。

2002年,在读他的散文集《岁月留香》时,曾为书中那些鲜灵灵呈现在我面前

的，他在淮北插队时的知青生活和劳动场景所感染，写过一篇《我读〈岁月留香〉》的文章。之后，又陆续收读他的《人间瓷话》和《寻访中华名窑》（此书系钱汉东背起行囊，踏上一条艰苦寂寞的考察之路，走访20多个省、市、自治区，考察中华大地上的45座古窑址，行程达五万公里写出的）。

没过多久，一部《日照香炉》、研究中国陶瓷史的专著，又呈现在我的面前。

此前，没人就香炉这一器物做过系统研究，钱汉东却对其情有独钟且慧眼独识，写出一部探索其奥妙的皇皇专著，让我始料未及。

原来，他的香炉情，缘于晨曦初现的街头。20世纪90年代，出于对中国历史文物的喜爱，他每天起早到福佑街“淘宝”，那时伪品尚少，他收到不少精品香炉。

香炉的独特，在于它不仅凝聚中国古代陶瓷的高超工艺，还上至帝王贵胄，下达黎民布衣，无不需要。古人熏衣用它，祭祀用它，文人读书弹琴也用它驱秽静心。在漫长的岁月里，香炉与国人的生活和文化密不可分，这种人文的内涵深深吸引着他。于是，夜阑人静时，汉东在家中书房“无闲斋”里与收藏的香炉为伴，那是他与古人在对话。

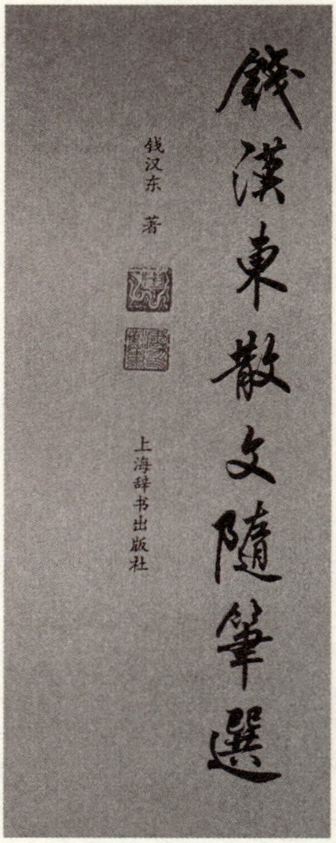


《钱汉东散文随笔选》封面

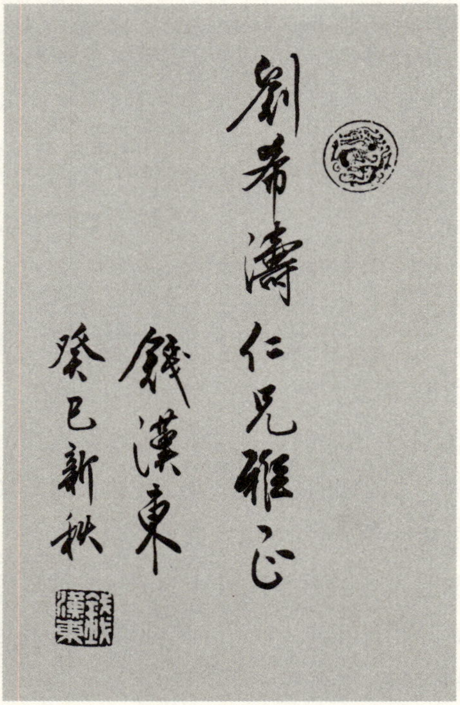


钱汉东扉页题笺

历时11年，20万字，收录400余张图片的《日照香炉》终于问世。全书分为六编，详尽剖析了从东周至清代的中国香炉的发展历程和不同风格，以今人的文化认识，以散文笔法，娓娓道来，十分好读。

书中介绍的135种香炉，全为汉东个人收藏，每一种都附有炉底照片，以给人们提供鉴别依据，这是百年之后还有人要读的书。

去年金秋时节，我又收到汉东的新书《名人印象》。此书是他对记者生涯的回顾与总结。书里记录了不少他和名人相交的有趣故事，也有不少名人鲜为人知的趣闻轶事。

沈尹默、施蛰存、孙犁、金庸、章含之、姚雪垠……每一个都如雷贯耳。这些名人在钱汉东的笔下，都是有血有肉的性情中人。

“我用毛笔字和文言文给他们写信，一下子就拉近了与他们的距离。不少名人一看这年轻人字写得好看，就回信了。”这是汉东与名人交往的一件法宝。

钱汉东少时在其父的督教下，在临帖摹碑上下过童子功，还得到一些书法大家的点拨，尤其在临《兰亭序》《圣教序》上用过功夫，基本功比较扎实。他喜欢读书，勤于思考，忙于写作，又性喜结交硕儒名师，使他学问得以长进。他的书法秉承二王传统，注重笔墨精神，故笔力雄健，娟秀流畅，书卷气浓厚。他为浙江诸暨西施殿撰写的《五律·咏西施》碑拓，有“人徒工媚笑，尔独敢含颦”诗句，寓意深刻，写出了西施的风骨和志向，文人的豪情侠义之气，跃然纸上。他为浙江临安钱王陵和江苏无锡钱王祠等地书写楹联，虽说书写的是宋赵构的楹联，但笔意之潇洒，气韵之完美，让人看到文人书法特有的情态。钱家人才济济，王陵宗祠请钱王三十七世孙钱汉东来书写，可见在家乡人心目中其人品学问声望之高了。

自古以来，书法是文人安身立命的门面，书法本身乃是一种文字的艺术，也是文化人的精神家园，笔墨当随时代。钱汉东是学者型的文人书法家，他创作的书法精品长卷范仲淹《岳阳楼记》曾拍出六万元的高价，可见市场看好文人书法。

汉东赠我“涛声依旧”四字，明眼人不难看出其笔墨中的文化气息，也就是书卷气特别浓郁，这也是我喜欢他书法的原因。

2012年2月11日于涛声斋

# 作家中的书法家

## ——记管继平

1962年出生的管继平，自嘲为“书法家中的作家，作家中的书法家”。其著作颇丰，且在书法与篆刻艺术上同样出手不凡，让人刮目相看。日前，我又收到他寄来的新作《上海说事》，书的扉页上留有管体“希涛前辈大教”字样。前辈，实不敢当；然继平小我18岁，“忘年之交”，乃是不争的事实。

我和继平君初识于20世纪90年代，在去苏州角直的采访途中。车上坐的都是沪上新闻单位的编辑、记者，不乏能侃会说之人。他们从岭南风光说到苏州园林；从“唐宋八大家”说到石库门风情……继平给我的印象是读书多，见识广，朋友不少，乐于收藏与旅行，是个不乏幽默、性情散淡之人。

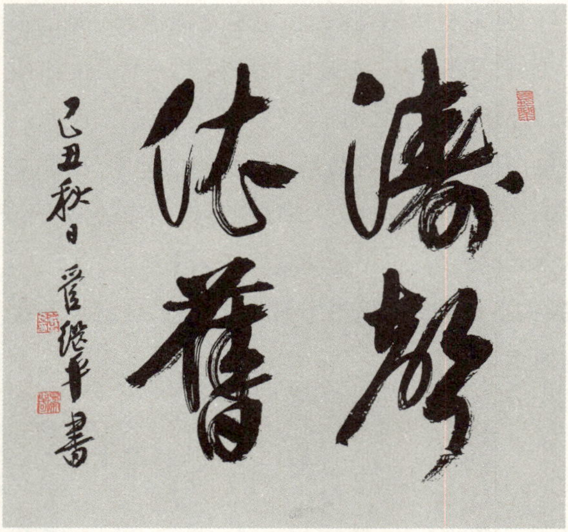

管继平题词

之后，我便留意起他的文章和书法。如他的一组《童年怀旧》，活脱脱刻画出一个调皮“顽小囝”的形象：用粽箬做成哨子满弄堂的吹；用橡皮管接在水龙头上当众“淴浴”的爽快劲；门前放两块砖头代替球门，“咣当”一脚踢碎邻居玻璃窗的捣蛋鬼……行文有声有色，果真写出了他儿时的真性情。

与管继平（右）、马尚龙（左）在江都（2011年4月）

再读他有关书法的文章，便有刀子似地刻在记忆中的印象。如在《陈独秀书法，骤雨旋风声满堂》一文中，陈与沈尹默初次相见的那一节：陈对沈当面说："昨在刘三（刘季平）壁上见了你写的诗，诗很好，而字则其俗在骨。可谓诗在天上，字在地下！"短短数语，就让性格率真、快人快语的陈独秀呼之欲出，而沈尹默呢，不因陈的"刺激"为忤，反发愤练字，终成一代大师。

更让我眼前一亮的，是读继平《生怕情多累美人——郁达夫对联赏析》一文。

继平说，郁达夫的字，据其文章所道，是没怎么练过。可尽管自知字不好，郁却又乐于为人写字，友人索书，几乎有求必应，个中道理何在呢？继平认为：郁在一篇散文《说写字》中说出其好为人写字的两个"古怪"原因：一因中国的纸业不振，消费一些也未始不是一出有益社会的恶作剧；二是求字朋友大多总是有口饭吃之人，分一点钱出来惠及纸业和裱糊业工人，也是一种间接的租税……综上所述，继平认为，可见郁达夫的性格非同一般，在文人书法中，郁达夫的字是最具个人色彩的。

郁达夫的旧诗创作在中国现代文学史上占有相当地位。刘大杰曾称，"五四"以来旧体诗写得最好的，当推鲁迅和郁达夫。同样这个话题，有人问知堂老人，知堂则答是"郁达夫和沈尹默"。由此可见，郁达夫的旧诗，在当时那班文人中不是第一也是第二了。继平还认为，郁达夫的对联名句“曾因酒醉鞭名马，生怕情多累美人”，更是文人书法中，最具个人色彩的：它从外形上看，其书取势欹侧，造型瘦削，着墨虽不厚重，但线条却颇为劲挺、刚毅，如锥划沙。这一点，其实和郁达夫的性格最为契合。

真是一语中的，信哉斯言！

“文似看山不喜平，动人春色何须多。”继平的文章虽为小品，然却古雅朴直，颇耐品味。这方面，已有沈嘉禄、曹正文、耿忠平诸兄大作见书或见报，无须我赘述了！然继平的文人书法，藏巧于拙，遒劲古淡，笔简意浓，不落俗套，却是我喜欢的。前不久，他为我书“涛声依旧”四字行书，便见敛中求放、放中有敛之风格，也似乎更符合他的性格：“气清更觉山川近，心远方知宇宙宽。”不汲汲于声名，不孜孜于闻达，而尽情舒展“任性惬意”之文人情怀，或许，这正是继平君不时会给朋友们留下惊喜的地方吧！

2010年11月13日于涛声斋

# 词 家

文化名人与“涛声依旧”

3

# 会唱歌的丹青

## ——记石祥

20世纪60年代，我在部队期间，就知道了石祥这个名字。我是唱着由他作词的《打靶歌》《一壶水》《老房东查铺》等歌曲，度过军旅生涯的。

20世纪80年代，由石祥作词的《十五的月亮》，唱响了大江南北……

十五的月亮，照在家乡，照在边关，宁静的夜晚，你也思念，我也思念……

这儿是大西北边陲一座清幽小城的招待所。从一扇浸透了月光的窗户里，传出这首深情的歌。

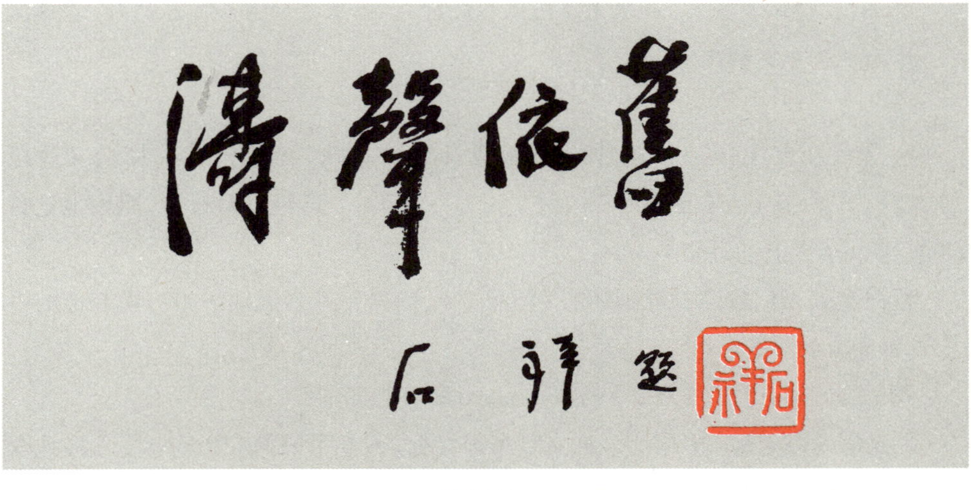


石祥题词一

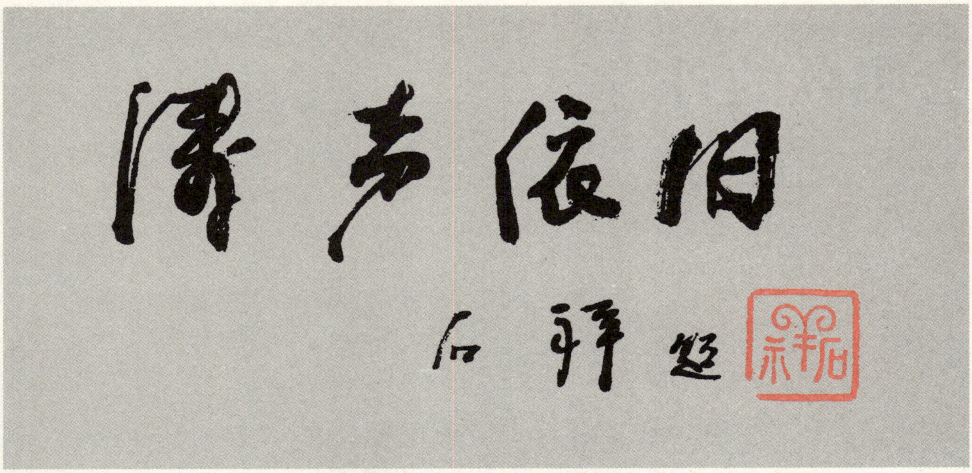

石祥题词二

唱这支歌的是名军人，他从加曼奇边防站来，要去南方探亲……“加曼奇”为哈萨克语，译成汉语便是“连芨芨草都长不好的地方”……自建站以来，边防军一手持枪，一手抡镐……又引来股股清泉，栽种下万棵青杨、苹果树……八年前，这位军人从江南水乡来到这里，在边陲哨卡上迎送着月缺月圆……他家乡的妻子，那个从小青梅竹马的妹子，已独自度过了八个中秋节。

“好久没见江南的雨了，好久没见家乡的月了”……唱着，唱着，嘴里喃喃着，我发现军人脸上，有泪光在闪动。此时此刻，家乡的月和高原的月，在这深情的歌声中交相辉映……

这是我发表在1990年10月4日《解放日报》“朝花”副刊上的一篇散文片段（原文获“中秋节·人在旅途”全国散文大赛一等奖）。这得感谢石祥，感谢他这首家喻户晓的《十五的月亮》。

石祥受到人们欢迎的歌词还有《望星空》，同样是声名远播……可说起他的书法，却鲜为人知。

我是因一幅《十五的月亮》书法作品，而喜欢上石祥字的。

那是周总理诞辰110周年大型文献书画会上，石祥手书的《十五的月亮》，让众多有名望的书画家和爱好者，都睁大了眼睛，跷起了大拇指。

这是一幅大气磅礴、匠心独具之作：大开大合而不失肃穆儒雅，飘洒俊逸而不

石祥与夫人

失浑厚稳重，痛快淋漓而不失规矩法度。实可谓动中寓静，静以动美，动因静生，气度非凡，有滚滚风云一泻千里之势，美不胜收。

原来，石祥在创作歌词的同时，亦不忘对书法艺术的苦苦追求，且数十年挥笔不辍，从有声到无声，他博采万象，淋漓尽致地倾情挥洒……偶尔公诸于世，已成大家风范，备受各界青睐，被誉为“会唱歌的丹青，能跳舞的书法”。

2005年底，由我主编的《上海诗报》已开设多时的《东方词家》歌词版，打算扩大版面，改名《海上词林》，请石祥题签。很快，就收到他寄来的书法，果然，情注笔端，气韵生动，让我爱不释手，便有了“得陇望蜀”之想。

我又一次给他写信，请他书一幅“涛声依旧”。没想到石祥一下子寄来繁体和简体两幅“涛声依旧”，还有“美人走过的地方”“激情诗人刘希涛”等条幅，让我喜出望外……

石祥所赠墨宝尺幅虽不大，却精、气、神、韵、味相得益彰，让大凡见到他字的人，都会情不自禁地在这“会唱歌的丹青”中陶醉……

2010年8月8日于涛声斋

# 陈小奇与"涛声依旧"

我问一个小孩："你认识陈小奇吗？"

他摇摇头说："不认识。"

我再问他："你知道《涛声依旧》这首歌吗？"

小孩明亮的眼睛放出异彩，他马上说："知道，我还会唱呢！我爷爷我奶奶都会唱……"说着，说着，他就唱了起来：

带走一盏渔火让它温暖我的双眼
留下一段真情让它停泊在枫桥边
无助的我已经疏远了那份情感
许多年以后却发现又回到你面前……

我最早听到《涛声依旧》这首歌，是在1993年的春节联欢会上，歌手毛宁，一个帅气的沈阳小伙，演唱了这首让他一炮走红的歌：

月落乌啼总是千年的风霜
涛声依旧不见当初的夜晚
今天的你我怎样重复昨天的故事
这一张旧船票能否登上你的客船？

是的，小孩可以不知道陈小奇，不认识陈小奇，但他记住了《涛声依旧》这首歌；而我，凭着《涛声依旧》这婉约动人的歌词和荡气回肠的旋律，走近陈小奇，去体味岭南文化的深刻内涵。

1954年4月生于广东普宁的陈小奇，是我国著名词曲作家、著名音乐制作人。他1982年本科毕业于中山大学中文系，同年进入中国唱片总公司广州分公司，1997年调任广州电视台音乐总监，1997年底创办了广州陈小奇音乐有限公司。现任中国音乐家协会流行音乐学会常务副主席、中国音乐文学学会副主席、广东省作家协会副主席、广东省音乐家协会副主席、广东作家书画院副院长等职，曾获中国十大词曲作家奖及中国最杰出音乐人等奖项。

1983年开始歌曲创作的陈小奇，天道酬勤，收获颇丰。不到30年时间，已有2 000多首作品问世。其作品以典雅、空灵、具有深厚文化底蕴的艺术风格独步大陆乐坛。代表作除那首《涛声依旧》外，还有《大哥你好吗？》《九九女儿红》《我不想说》《跨越巅峰》《又见彩虹》《大浪淘沙》《灞桥柳》《烟花三月》及太阳神企业形象歌曲《当太阳升起的时候》等。其中《跨越巅峰》及《又见彩虹》为首届世界女子足球锦标赛会歌和第九届全国运动会会歌。《矫健大中华》则被选定为第八届全国少数民族运动会会歌。

尤其是那首《涛声依旧》，自问世以来风靡海内外，且久唱不衰，成为大陆流行歌曲的经典作品；有一年还进入高考试卷，成了当时上海夏日歌坛的一桩新鲜事。

《涛声依旧》是一首通俗歌曲，上高考试卷可是头一遭。出题者是为了测试考生的文学水平，但反过来也可看出，这首巧妙运用唐诗写成的歌曲，具备了古典诗歌的魅力。那荡气回肠的歌词吟唱起来，令人总会联想起唐代张继的《枫桥夜泊》，由于此歌取之于这一首著名唐诗描景状物所体现的情景，《涛声依旧》在情感和意境的表达上，魅力长存。

陈小奇除自己勤奋创作外，作为音乐制作人及音乐总监，他先后推出李春波、甘苹、陈明、张萌萌、林萍、伊扬、光头李进、廖百威、陈少华、山鹰组合、容中尔甲、宋雪莱等著名歌手，各领风骚，享誉乐坛。

陈小奇在音乐创作上硕果累累，缘于他的坚持不懈。20世纪80年代初，他写过一篇叫《我选择白日做梦》的文章。他说："虽然坚持未必会有结果，但坚持始终是必要的，行行出状元，坚持下去你就会成为这个行业的专家。"

小奇告诉我们，他曾在一个小镇上看见补鞋匠担着一个木箱，上写"补鞋专家"。补鞋都能成为专家，干其他事情也可成为专家，关键在于坚持！小时候小奇对音乐没兴趣，所以读大学选的专业是文学而不是音乐！但到毕业时，阴差阳错，他被分到了中国唱片公司（原去花城出版社当编辑的，突然这个单位没有了）。之所以决定去唱片公司，是因为那儿有房子分……从此开始了他的音乐之路。

小奇在音乐创作方面的成就是多方面的，涉及的题材也是量多面广，既有对人间真情的热烈讴歌，也有对山川景物、历史人物的诗意抒发，更有对城市名片的倾力打造……一首好歌可以唱红一个城市，如20世纪80年代，歌手郑绪岚演唱的《太阳岛上》，令地处荒僻的太阳岛名扬四方；张暴默演唱的《鼓浪屿之波》让厦门鼓浪屿的美景深入人心；沈小岑演唱一曲《请到天涯海角来》让人们知道了海南三亚；20世纪90年代歌手韩晓因一曲《我想去桂林》，让桂林成为无数国人心目中心驰神往的城市……

我家乡的一位朋友，寄来一首陈小奇为江苏泰州倾力打造的旅游歌曲《故乡最吉祥》：

> 梅花红似火/仿佛往日的女儿妆/竹影摇呀摇/拂过了几度板桥霜？/一别多少年/青砖黛瓦翘首望/水乡数百里/又见遍地菜花黄……

听了这首饱含乡情的《故乡最吉祥》歌曲，仿佛让人回想起梅兰芳扮演的女儿妆，柳敬亭风中评书，遍地菜花黄和故里的银杏树、稻河和麻石巷……

一方水土孕育一方音乐，每个地方的音乐都有自己的气质和风格，所以没必要贪大求全，关键在于要创作出属于这座城市和这里的居民所喜闻乐听的音乐。

陈小奇，曾用时尚包装推广客家山歌。

陈小奇认为："方言是一种很美的东西，如果客家歌曲不用方言演唱，就没有那种传神的韵味。当然对不懂客家话的人来说，要感受到它的美会有一定困难，其实很多少数民族用自己母语演唱的歌曲，我们虽然听不懂，但仍可感受其美感。"2010年由陈小奇担任总制作、总导演并包揽了全剧传统山歌和词曲创作的一台大型民族风情歌舞《客家印象》，集现代性、国际性、民族性、艺术性于一体，深受观众的欢迎和好评，演出至今已达数百场，并获第八届中国金唱片奖特别创作奖！

陈小奇还指出："对传统文化的传承可以有两种角度：一个是原汁原味地保存传统文化本身，让它变得像古董，具有极高收藏价值；另一个则是对传统文化进行时尚包装，让它适合青少年的审美取向，比如现在推行客家流行音乐，就是把客家山歌和流行音乐元素相结合，使其变得既时尚又动感。"

纵观陈小奇创作的歌曲，并非单纯的表现城市和乡村，大哥和小妹，更多的是表现人与传统之间、人与人之间、人与大自然之间的亲密关系，所以说他的歌词，是很

陈小奇题词

有力度的那种，让你感觉温馨、亲切和迷人，很容易被大家所接受。

小奇词曲俱佳，还写得一手好字。对书法这门艺术，他爱得深、爱得切乃至如痴如醉。怀有一颗尊崇、敬畏之心，自然成了他不断探究的动力。临池从容于法度，创作不囿于绳墨。他对各家所长兼收并蓄，又注意消化融合，独辟蹊径，终于形成自家的书法面目。

今年春天，我将新出的歌诗集《康定老街》寄去，请他不吝赐教。小奇收读后馈赠“涛声依旧”的条幅，让我喜出望外，如获至宝。请看他的这幅字，奔放酣畅，挥洒淋漓，给人以万千气象；又重势尚情，刚柔相济，给人以不尽涛声……谢谢小奇，送了我一幅精彩的书法作品！

2012年6月6日于涛声斋

# 珊卡的手抄曲谱

珊卡

2004年，我的一首歌词《康定老街》被《歌曲》《词刊》《诗刊》相继选刊后，在全国引起热烈反响……陆续收到著名作曲家田光（已故，《北京颂歌》的曲作者）以及黄枰、天骄、张坚、李思、祝亦宜等30余位作曲家的曲谱。其中，有两位寄来的曲谱，让我眼前一亮：曲谱与歌词精巧地布局在一张A4纸上，那一手漂亮的硬笔书法，可谓美轮美奂，让我爱不释手。

这两首手抄曲谱，一首出自吉林省郭尔罗斯民族歌舞团张艺军先生之手；另一首则是出自家住上海莘庄的珊卡之手。

珊卡，何许人也？很快，一位身材敦厚、肤色黝黑、面容憨厚的壮实汉子出现在我的面前，他那双粗壮有力的大手，握得我的手生疼。

珊卡，原名姚春荣，1940年重庆生人。1956年，未满16岁的他，挑着铺盖卷，由朝天门码头登船，辗转于川、甘、闽、皖、浙数省的崇山峻岭之中，与水亲近，向水要电……40多年风餐露宿，追星望月，凭着一本薄薄的乐理书和一管自制的竹笛，谱出了一首首让人耳熟能详，琅琅上口，好听又好唱的歌曲……

珊卡用满腔热情拥抱生活，生活也给他以丰厚的馈赠。珊卡所到之处，处处做有心人。他不断挖掘和追寻生活中的美妙旋律……他是个“老水电”，性格豪爽，富有激情，创作欲望强烈。他谱写的乐曲，选材之广、数量之丰、质量之高，常令专业音乐人暗自佩服，称羡不已。

“歌曲是生命的风帆！”热爱加上激情，是催生他创作的动力。珊卡初中毕业就踏上了工作岗位，由于热爱音乐而初通了乐理。当年报考上海音乐学院落榜，反激起他更大的创作欲望。他以顽强的毅力投入乐理的研习和创作之中……“小荷才露尖尖角”，咬定青山不放松，他终于在音乐界崭露头角。

50多年来，珊卡已创作发表3 000多首歌曲，获得省市级、国家级大奖的就不下200首，其中《五十六根琴弦连北京》，荣获1997年中宣部“五个一”工程奖。

珊卡的《重庆妹儿乖》，是他过70岁生日时，重庆音协的师友和家乡亲人为他举办隆重的生日庆典后，珊卡为感恩而写的一首歌词：“重庆妹儿乖/家住步行街/两只大眼睛/一表好人才/重庆妹儿乖/为人最实在/上回大地震/她捐两万块”。没想到这首歌颂家乡妹子的词由重庆歌舞团张羊俊谱曲后，在全国新歌评选中荣获二等奖。珊卡告诉我，汶川大地震时，一个重庆的女娃将积攒多年的钱全部捐献灾区，感动了他，才有了这首歌词。“没有感动，没有激情，一切都会显得苍白无力。”这是珊卡的深切体会。

“世界上怕就怕‘认真’二字。”珊

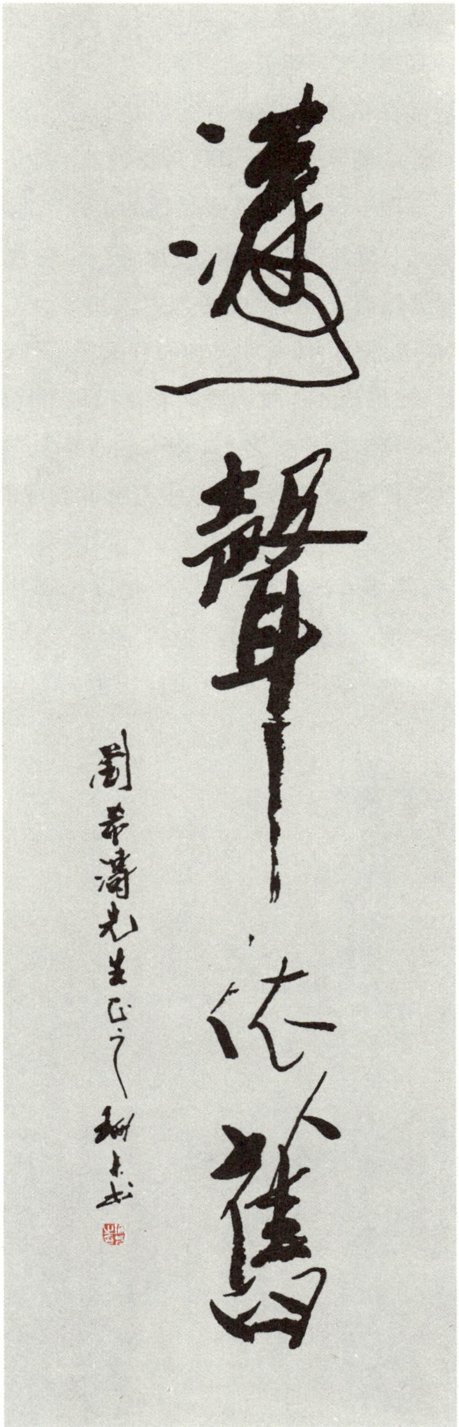

珊卡题词

卡是个极认真之人。他抄写乐谱歌词时追求尽善尽美，只要有一点瑕疵，都会重新抄写，哪怕三遍五遍。珊卡又是个极具灵气之人，在别人看来，抄谱就是抄谱，只要把音符和歌词对齐，抄写清楚即可。珊卡抄谱，不仅追求美轮美奂，更是升华到追求个性的境界……所以每每得到他手抄的曲谱，总让人赏心悦目，不忍释手。

珊卡说，抄写认真是他的秉性。他对书法创作也像谱曲一样投入，废寝忘食，夜以继日地练字是常事。乃至筷子、树枝、牙签，都可用作书写的工具……珊卡习书，尽管没有正规地临帖（他本人如是说），但却善于临写生活这本大帖。书报亭、广告牌、新华书店，与朋友鱼雁往来……他都特别留意各种书体，揣摩各种笔法，天长日久，便形成了一批漂亮耐看又极具个性的珊卡字体。

珊卡除出版多本《珊卡歌曲集》，多张CD、VCD光碟外，还著有《珊卡书法集》。这是他从众多书法作品中精选并编成的一本集子。唐诗宋词、警句格言，凡有益于世道人心、陶冶情操的无不广收博采。有小品，有长卷，有直幅，有横批，字少者仅一字，字多者洋洋数百言……他以行草书写苏轼的《念奴娇·赤壁怀古》词，密处无立锥之地，疏处又可策马驰骋，给人一种行气十足、笔势磅礴之感；他用行楷书写王羲之的《兰亭序》、诸葛亮的《出师表》、毛泽东的《沁园春·雪》等，取其文而忘其形，

与珊卡（中）、王宏昭（左）留影于上海沪西工人文化宫（2011年10月）

充分展示自己的理解和审美取向，既有朴茂多姿之秀美，又有佳人出浴、回眸顾盼之神韵，林林总总，精彩纷呈。

珊卡的隶书，也另有气象。其书之用情用力，点画结体、章法都无可挑剔。其用竹筷和笔杆书写的书作，效果可谓别出机杼，给人以苍老、遒劲、含蓄、内敛的真切感受。

2011年12月15日，"珊卡书法展"在莘庄文化中心开幕，观者甚众。"法取兰亭有新意，书随时代见精神。"人们在欣赏珊卡书法时，能感悟到他对书法创作与音乐创作思维相通，不管是运笔心力、气势变化、结构布局、审美追求诸方面，都有一种潜在的音乐律动感和线性美。请看他赠我的"涛声依旧"条幅，笔势开张，书体飘逸，让人感到纸上既有优美的旋律在跳动，又有激扬的涛声在澎湃……这是用音符弹奏出来的书法，当归入音乐家和书法家的行列之中。

谢谢珊卡！

2012年10月3日于涛声斋

# 书画家

文化名人与“涛声依旧”

4

# 程十发说我是“老实人”

拜见程十发先生时，他已是声名远播的大艺术家了。

那是20世纪90年代，我在《城市导报》任副刊部主任期间（也是副刊“不夜城”的责任编辑）。

《城市导报》原名《中国城市导报》，报名题写出自原全国人大常委会副委员长周谷城先生之手。后改名《城市导报》，为我学生王伟家（当时还是业余书法爱好者）所写。大约用了一年多，报社编委会讨论，拟请著名书法家周慧珺先生重新题写；原文艺副刊“长街”恢复“不夜城”刊名，拟请海派书画艺术大师程十发先生题写。

这题写副刊刊名的任务自然就落到我的身上。

当时我和程先生并不熟，得有人介绍才行。首先，想到我的老邻居毛国伦先生。他是1944年生人，和我同年，1960年入上海中国画院，师从程十发、樊少云等名师学画。毛国伦为上海中国画院创作研究室主任、一级美术师，擅人物，多作历史题材，尤擅画达摩、钟馗、打马球等题材。

其次，想到的是我部队老战友赵竹鸣先生，他有“战士画家”之称，是沪上绘画大师程十发的弟子，画作以人物为主。他于1975年拜程先生为师，几十年研究程派画风，得程画“精髓”，作品令人刮目相看。

巧的是，“说到曹操，曹操就到”。就在报社编委会会议结束的当天，竹鸣来报社送稿，我便和他说起请程先生题“不夜城”刊名之事。竹鸣一口答应，让我等他消息。

三天后，我按竹鸣告知的地址，来到位于延庆路141号一幢老式花园洋房的二楼，拜访程先生。

程先生戴了一副阔边玳瑁眼镜，一脸笑容地和我握手。知晓我的来意后，他让我稍坐片刻，便走进画室。一会儿，就把题好的“不夜城”（约A4纸大小）拿了出来，笑容可掬地问我：“你看行吗？”“行，行！”我连声称谢。

本想请先生再为我题个斋名的，可话到嘴边，又咽了回去。

这是报社让办的公事，提个人要求，觉得不合时宜。

事后，我把这一想法和竹鸣说了，他说：“再找机会吧。”

又过了半个月，竹鸣给我送来了程先生为我书房题写的斋名“涛声斋”，让我如获至宝。竹鸣告诉我，程先生说你上次没开口，是个老实人，他让我代向你问好。

程先生的谦虚豁达、宽厚随和给我留下了很深的印象。就从那天起，我格外地留意起有关程先生的事来。

程先生名潼，1921年（与家父同年）生于上海松江枫泾镇（程家祖居坐落枫泾镇和平街151号）。祖居建于清代，坐北朝南，砖木结构。前为平房，后为两层楼房，共有五间，面积约80平方米左右，硬山灰瓦顶，抬梁式架构，无斗拱。后房底层为落地格栅门，上层窗为格栅窗。应属清末建筑，经整修对外开放。刘旦宅先生题“程十发祖居”，恢复了程家祖辈行医的诊所厅堂和程先生早年的卧室，展出他的部分画作和作画工具。那花园式的老式宅院，显得很是古朴典雅。

程潼，受父亲影响，自幼临习古人画谱。1941年，毕业于上海美术专科学校国画系。1952年，他以一幅反映土地改革运动的年画《反黑田》引起吕蒙关注，从而进入上海人民美术出版社从事连环画和插图创作。

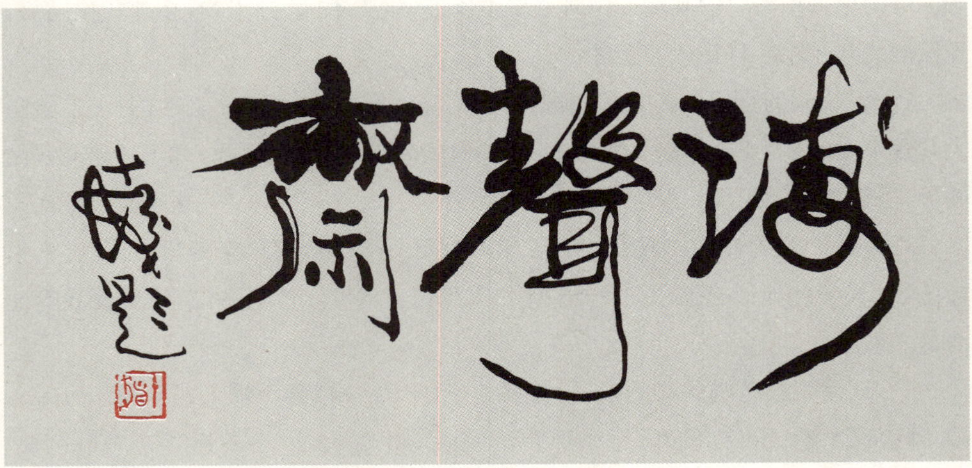

程十发题词

在作者书房悬挂的程十发题词"涛声斋"

1956年,程先生进入上海美院任画师,他借鉴吸收陈老莲的工笔人物、任伯年的写意人物、吴昌硕的大笔触线条及诸多民间美术的艺术元素来丰富自己的创作,将大俗大雅熔于一炉,愈发使他的作品洒脱精湛,气韵灵动。

1957年,程先生赴云南傣族、景颇族自治州写生之后,使他的书画艺术产生了新的飞跃。《小河淌水》《泼水节》《瑞丽江边》《傣族赶摆》等一系列反映少数民族风情的作品不断出炉……他的人物线条开始走向自由王国,创立了鲜明独特的"程家样"绘画风格,为中国画艺术平添了一道亮丽的风景,与黄胄以西北少数民族生活题材的画作互相辉映,给人们留下了极其鲜明生动的印象。

70年代后,程先生多作戏曲、历史人物,并大量画戏笔花鸟。尤其是彩色连环画《画皮》,他把国画的意趣巧妙地融入人物造型和笔墨运用之中,使得这部传统的聊斋题材,充满浪漫气息和诙谐幽默风格,丰富了连环画的技法,在业内外引起轰动。

90年代后,程先生又在山水、花卉和走兽上下功夫。他的山水画气势磅礴,意境古厚,花鸟、走兽皆传神精工。程先生在绘画风格标新立异的同时,工书法,得力于秦汉木简及怀素狂草,并将草、篆、隶结为一体,潇洒灵秀,奇趣横生。

宽厚仁慈、睿智诙谐的程先生,具有很强的人格魅力。他是一个好院长。画师们不会忘记,他们的程院长曾拿出十万美元的稿酬,买了十套公寓房赠送给画院里住房困难的画师。他晚年对坊间仿冒他名义的假画，虽深以为虑，但十分大度："他们看我画不动了，做好事帮我哩。"每当有人拿仿品来请他鉴定，程先生不动声色，常绘一幅真迹换下赝品，让来人喜出望外。

1996年，他将一生收藏的八大山人、王冕、赵孟頫、王蒙、董其昌、陈老莲等元明清名家古画122幅悉数捐献给上海中国画院，成了画院的镇院之宝。

2006年，卧病在床的程先生，被授予"国家造型艺术终生成就奖"。这是他一生中获得的最后也是最高的一项荣誉。

2007年7月17日18点58分，当代海派书画艺术大师程十发先生离开了我们。

程先生虽驾鹤西去，可他留给我们的，却是一个奇异而深邃的艺术世界……他那标新立异的艺术风格和艺术理想，必将激励新一代海派画人承上启下，发扬光大！

一次，有机会去枫泾，特地去看了程家祖居。因有过那么一段短促地交往，瞻看时，似乎感受到一代大师幼时成长的脚步，觉得特别亲切……他为我书房题赠的"涛声斋"斋名，我当刻匾悬挂，让它熠熠生辉，子孙相传。

2012年8月30日于涛声斋

# 我的邻居张森

居家虽偏远，可时有友人来此一叙。虽说“家徒四壁”，然却“四壁皆书”，且字画满墙。尤其是那几幅“涛声依旧”，其书或凝重，或挺秀，或飘逸，或洒脱……友人们赞不绝口，问其来历，便有了这一篇篇的文章。

一幅是著名书法家张森先生的隶书，厚重端庄，明眼人不难看出，这是书家的一幅得意之作。

与张森

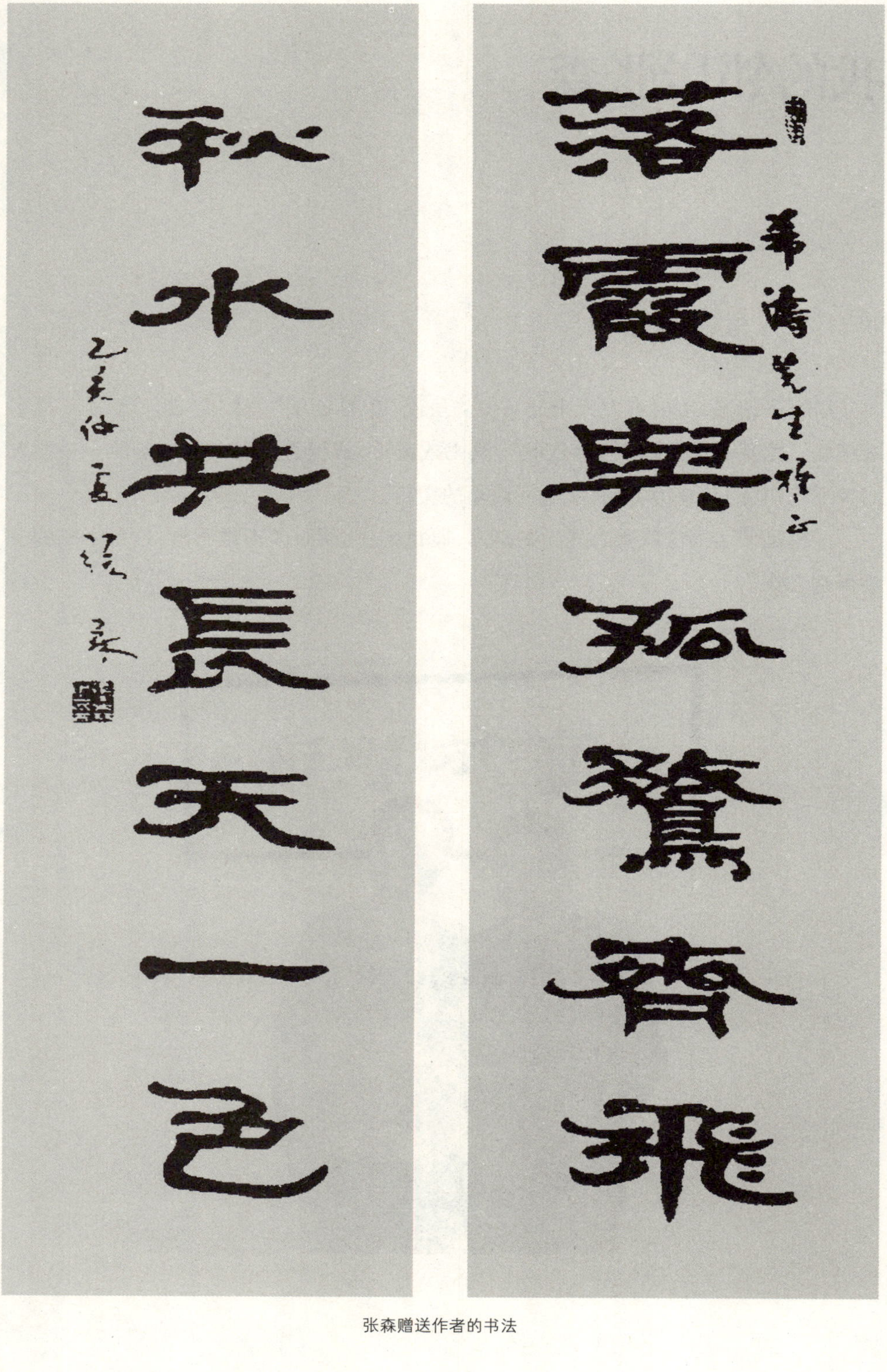


张森赠送作者的书法

我与张森兄结交年深，他比我大两岁，原住处近在咫尺，对其人其书可谓情有独钟。

张森的书法不事雕琢，不尚华丽，无论隶、楷，也无论行、草，信手写来，既厚重凝炼，又具有节奏轻松明快的强烈特征，充分展示他笃志不倦、心无旁骛、努力奋争、一以贯之的个性风采。

厚重凝炼，是张森书法的本色，也是他几十年为人为书的概括。

张森幼承家学，毕生求索，将对书法艺术的一往情深付诸笔端。他思路敏捷，逻辑严密，语言表达极富幽默感。倘若没有心智上的成熟，是绝不可能具有这种风趣的自嘲状态。他是很会调侃和说笑话的人。

一次，一位朋友当面称他为书坛名家，他付之一笑："像我这样的名家，一毛钱可买十一个哩——其实一文不值！"让人忍俊不禁。

20世纪80年代，不少家长让孩子学书法，望子成龙，望女成凤心切，到处拜名师，求名家。张森认为作为兴趣爱好可以，但不要一心指望成名成家……张森说："过去是300年出一个书法家，现在是一天出300个书法家。过去是各领风骚数百年，现在是各领风骚两三天……不是人人都能成为王羲之、颜真卿的，就如同跳高一样，不是人人都能跳过2.40米，成为世界冠军。"

张森送我的名片上，唯"张森"二字，没有任何头衔与桂冠，这与密密麻麻地印上若干头衔的名片同样让人一震。不印头衔，不等于没有头衔；不标"著名"，不等于不著名，而是说明名字比头衔更有意义。

名，素有虚实真伪之辨，大小高下之分。但时光匆匆，我们来不及分辨。若干年以后再回首，还有多少名人能经受岁月浪潮的淘洗，保存原有的光泽？

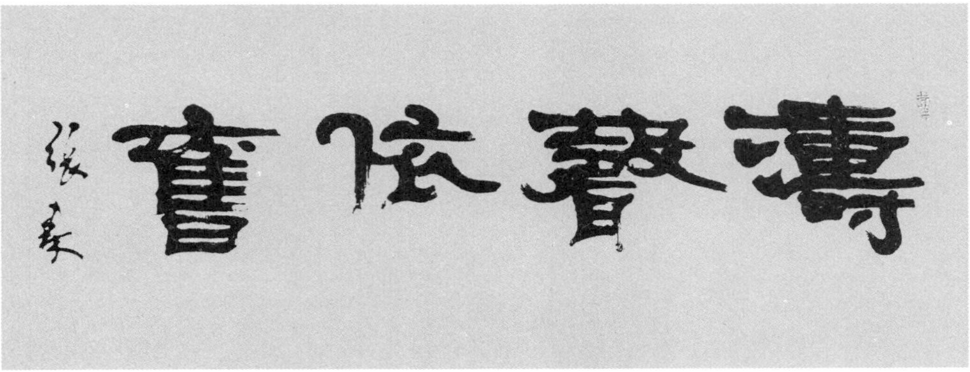

张森题词

张森可谓深得其中之三昧。

张森衣着简朴，不显山不露水，乍看似乎是一个沉默寡言之人，但只要你和他一接触，你就会发现他热情似火，如同一只电熨斗，很快就会把你烙得滋滋响……他的坦诚和直率，会让你如沐春风；他说话的快捷、顿挫乃至眼神中透出的精明和那“逆向”思维，总使你感到是一种辐射。

只有从实践中悟出的真知灼见，才能获得胜读万卷书的睿智。

张森从不为名所累，不自我折磨，不自寻烦恼……那样会使人生沉重不堪！宠辱不惊，得失无意，天高地阔，心旷神怡，方为大家风范。

因住得近，串门的机会也多。他家有一套十分高级的组合式音响，常让人如痴如醉地沉浸在那华美的乐曲声中……那是20世纪90年代的一天下午，我一进门，便听到那首《涛声依旧》，张森兄正在乐曲声中挥毫。

一曲听罢，我心潮难平……许是家临长江之故，听母亲说，出生时正值桃花汛期间，江上涛声大作……故有“希涛”之名。巧的是《涛声依旧》这首歌当时正夹带着澎湃的涛声，传遍大江南北……于是，我便向他求字，张森一口答应，问写什么？我不假思索地回答：“涛声依旧”。张森笑着点头。不一会儿，一幅“涛声依旧”的隶书，便在那余音绕梁的乐曲声中跃然纸上。

张森写字很快，一气呵成。一本字帖，只用四个半小时就写成！他说：“如同炒肉片，两分钟就炒熟了，炒十分钟反而炒焦了。文字越改越好，写字是越改越糟，失去的是神韵。”

张森的字虽有一字万金的身价，但对朋友却另当别论，只要你开口，又是真心喜欢，他会立即挥毫相赠，分文不取。

1993年7月8日于抚顺路旧宅

# 海上画坛一君子

## ——记毛国伦

我和毛国伦兄有缘，都是甲申1944年属猴生人。自他搬至凤城三村居住，我们便成了近邻。

国伦女儿毛冬华，在凤三小学读书期间，和我双胞胎儿子刘挺、刘进是同班同学。一天，双子回家告诉我，他们班上有个会画画的女同学，爸爸毛国伦是个画家。放学后，他们常在一起玩，有时带冬华来家做作业。当时，我们“四口之家十平方，一张小桌大家抢”。我看到他们挤在一起做功课时的情景，至今想起来，心里还是甜滋滋的。

1986年，我搬家了，新家离老房子三站路。为贺乔迁之喜，国伦精心绘制了一幅八尺《马球图》，偕夫人送来新居，顿觉蓬荜生辉。装裱后悬挂，日日如面君。20多年来，常痴坐于画前揣摩，对国伦那些形神兼备、情味俱佳的人物画，愈发爱得深沉。

毛国伦题词

国伦的人物画具有明显的中国传统大写意特征。他主张以神“君形”，紧紧抓住有利于传神的眼神、手势、身姿与鲜活的细节，强调主次，有详有略。其绘画特点，既承继老一辈大师的技法传统，又有鲜明的个人特点，在当前中国画坛可谓独树一帜。

国伦兄的绘画题材，既着墨现实，又偏爱古典，皆群众喜闻乐见之人物。如《孔子》《竹林七贤》《诸葛武侯》《东坡出猎》《钟馗》《达摩》等；另一类则是现代题材，如《下太行》《草原轻骑》《苗家欢歌》《琼海边的孩子》《欢乐歌》《晚晴》等，皆血肉丰满之普通民众。在表现这众多人物画中，画家以雕塑般的形体，巧妙地展现出笔下人物的性灵与风骨，赋予这些人物一种别样的风采与神韵。画家的笔墨十分精到，提按起倒，燥润粗细，吐之于心而抒之于手，达到截其一段亦皆可咀可嚼的高度和难度。构图上往往是删繁就简，融百万为一，以一当十，深得知白守黑、疏密相济之妙。

国伦兄是海上画坛有名的忠厚君子。1960年，16岁进上海中国画院，师从于樊少云与程十发先生。樊先生严谨扎实，浑厚华滋之功力；程先生化古开今，奇诡清

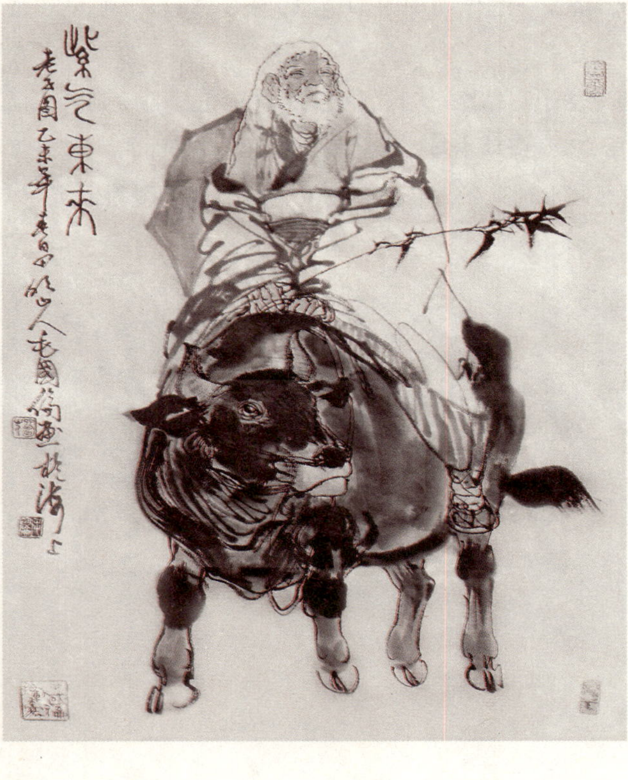


毛国伦赠作者国画（2015年5月15日）

与毛国伦（左）一起庆七十华诞（2013年4月） 张解放 摄

新之画格，均给予他丰满厚重、多层面、立体式滋养，使他学有本源，追求个性，修炼性灵，心神自运，迄今已在海上画坛驰骋50余年……国伦崇尚恬淡清真，从而决定了他的作品在平淡中体现真、善、美的价值。

读国伦的人物画，让人如痴如醉，读其书法作品，亦同样迷人。如“林间暖酒烧红叶，石上题诗扫绿苔”这14个字，就有蕴藉典雅、流美畅达的美学特征。字画刚劲，显得柔和饱满，墨色沉郁，拙中藏巧，遒逸疏爽。国伦以自己对线条的独特感受，融书法的劲健、挺拔之长，形成自己神韵兼备、韵味纯厚、情逸静雅的独特书风；同时，又以学者的睿智，深悟之精要，形成他那真力弥满、遒劲丰润的书法作品。

2009年10月，在“杨浦区文化名人”回娘家活动中，我见到阔别已久的国伦兄，依然是那副忠厚君子的模样。我开门见山，请他书一幅“涛声依旧”，他一口答应。不久，我就收到他的特快专递。于是，书法“涛声依旧”便成了国画《马球图》的新伙伴。

2003年4月10日于涛声斋

# 我读刘一闻

## 上篇：我读一闻

许是同宗同姓之故，早在20世纪70年代，经故人王鲁夫介绍，我便认识了刘一闻。

当时，他在沪上一家螺钉厂当司炉工，是“太上老君”的“八卦炉”，锻炼了他强健的体魄，锤打了他顽强的意志。八小时之内，他穿焰踩火，挥汗如雨；下班后，则握刀刻石，泼墨挥毫；他决心赋予苦涩的生活以艺术的亮色。

一闻幼承家学，功底弥实，其外祖父王献唐先生是位著名的学者和收藏家。从小耳濡目染，使他对古典文学艺术情有独钟；加之，他天性聪颖，一旦迷上那刻刀、线条、碑帖，便心驰神往，如痴如醉。上课时，老师在黑板上写字，他在课桌下刻章，为此，常被罚站。回到家里，更肆无忌惮。他东涂西抹，一时情急，便在台布、床单上泼墨，累及母亲忙不迭地为之洗刷。

就这样，他不停顿地奏刀治印，挥毫临帖，同时广访名师、广交名士：先后向苏白、王蘧常、方介堪、谢稚柳、方去疾、商承祚诸前辈求教，开扩了视野，拓宽了心胸。读书、交友、思索、反复实践……12岁至今，孜孜不倦地追求其艺术个性和独特的艺术语言。一闻的成功，实乃瓜熟蒂落、水到渠成，绝非偶然。

一闻书、画、印三位一体，皆有自家面目。他的楹联及其草书，奔放中求跌宕，错落中见洗练，至柔至刚，风雅到极致。他以书入画，另辟蹊径。其画竹，则点画纵横，风姿绰约。他治印，雅洁高古、博采众长而不受束缚，结合个人体会，自出机杼，在当今印坛上独树一帜。谢稚柳、王蘧常、唐云、陆俨少、沙孟海、关良诸前辈用印多出其手。布什当选美国总统那年，“乔治·布什之印”“芭芭拉·布什之印”，也系其刻。印坛名宿来楚生曾叹：“两京遗制，可窥一斑者，而今一闻是也。”

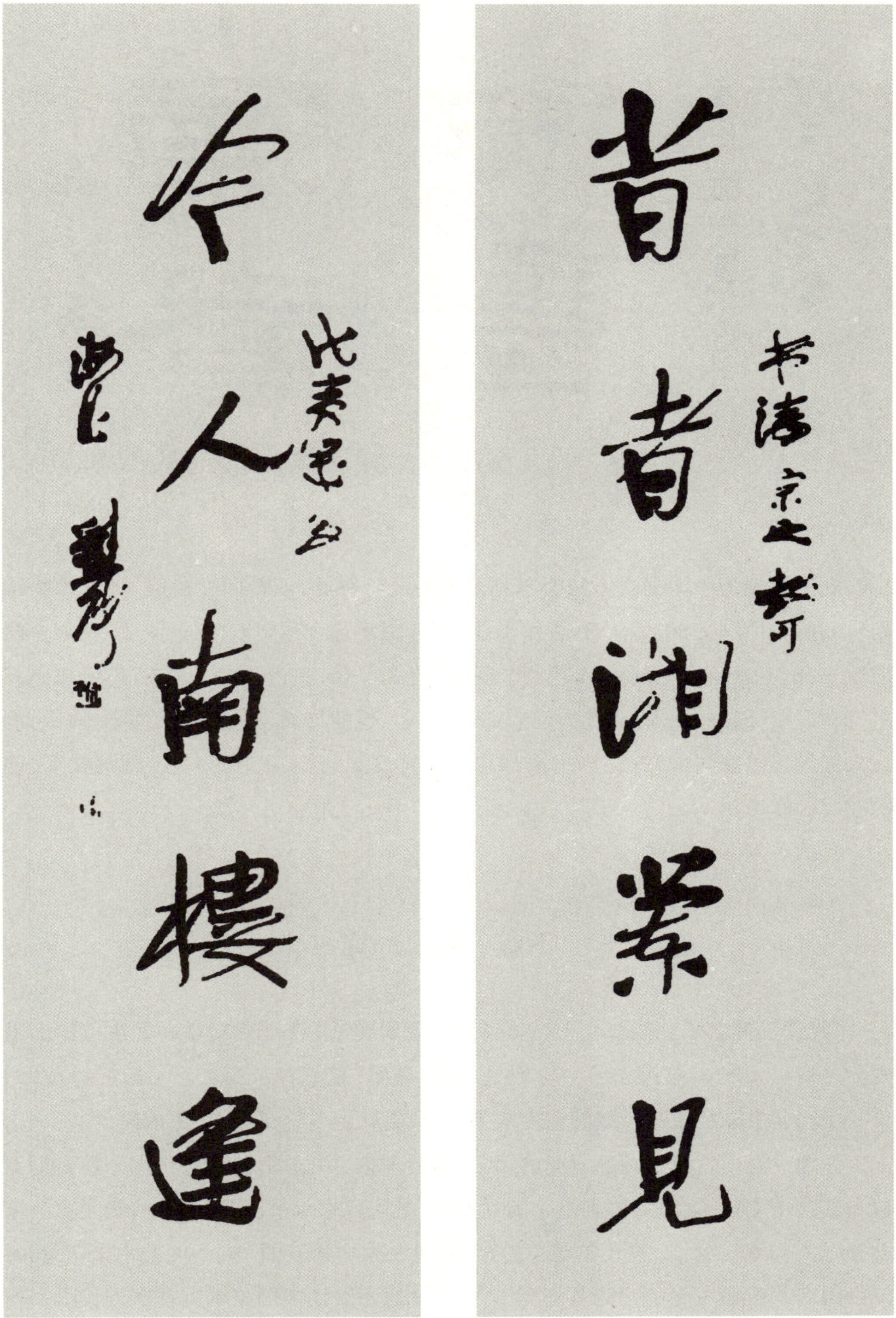

刘一闻赠作者的书法对联

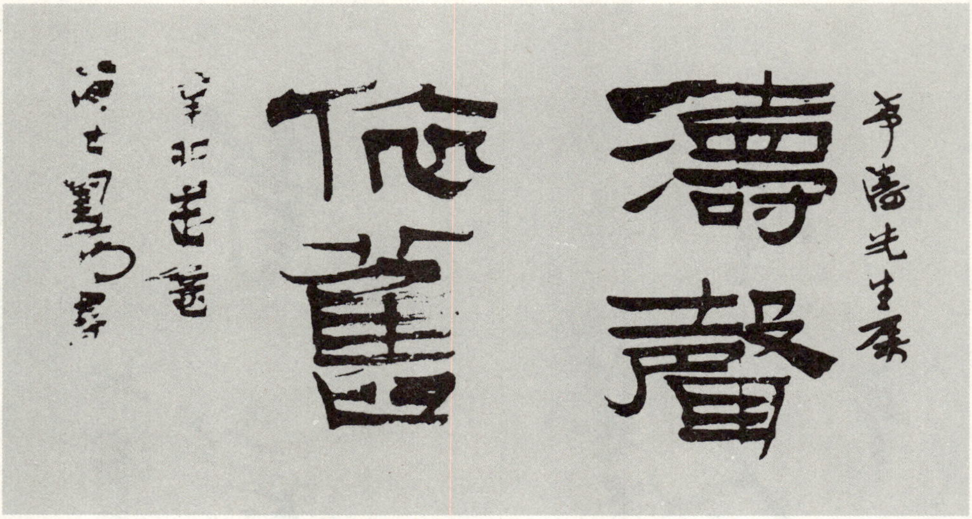


刘一闻题词

刘一闻现为中国书法家协会篆刻艺术委员会委员、西泠印社社员、上海博物馆副研究员。他刚交50岁，已有著作十部之多，去年迄今连出《刘一闻作品》《刘一闻楹联书法》《中国篆刻》《一闻艺话》多部，图文并茂，内容厚重。他的文字如同其书，典雅，机巧，细润，安适，让人读后如沐春风。他的爽朗、儒雅，他的博学、机敏，都让人细加咀嚼而回味悠长；而他那豁达谦和的心境，也一如他的书法、他的文字、他的故事一样美丽动人。

我读一闻，刚刚开始。

## 下篇：再读一闻

《我读一闻》写于1987年“刘一闻书画篆刻展览”在沪成功举办并震动沪上书画界之后……20多年过去了，一闻虽已年过花甲，依然神采奕奕。年龄的增长，对于一个浸淫书画之道数十载的艺术家来说，只会让他变得更厚重、更成熟。

作为上海博物馆书画部研究员、西泠印社理事、中国书协理事、中国书协篆刻专业委员会副主任、上海书协副主席的刘一闻，是当代中年书法篆刻家中，最早由公家创办个人艺术馆者，而且还是在“书圣”王羲之故居建立的“刘一闻艺术馆”（2005年由山东临沂市主管部门为其建立）。不久，他还受到中国美术馆首次当代书家作品入藏的邀请，去年9月，还受邀加盟“全国第十届书法篆刻展”的评审工作。

四年一届的全国书法篆刻展，有书法篆刻界奥林匹克之称。上海首次成为主办方，既是一份等待已久的喜悦，更是一次“居安思危”的自省。

时下，海派文化的影响力大不如前，书法艺术也正失去过去所依赖的环境。一闻说：“现在还有多少人能真正静下心来写字看古籍？如果艺术家本身的内涵功力不足，那么整个艺术界的基础就会不扎实，就难以进一步发展。”

艺术耐得十年“磨”，刘一闻提出了艺术家应该具备“为艺、为学、为人”之道，学会做学问，学会艺术创作，学会做人是一个艺术家的立身之本。

在刘一闻看来，现在一些书法家的书写技巧看似直追古人，其实无法超越前人，是因为过分重视技巧、忽略作品内在的精气神所致。他认为，单纯的刻苦练习只能提高个人的书写技巧，但这是写字，不是书法，只有融入了灵气、意境等艺术成分，才能成为书法。

多年来，一闻从人生中感悟书艺，从传统中汲取营养。传统知识分子精神品质之美，如绕梁三日不绝之乐吸引着他。他认为，书法首先是文化，体现在它对中国传统文化儒、释、道以及诗、书、礼、易等古典哲学和文学的吸纳、融合和释放上。中国书法的各种书体，不论线条如何变化组合，如果骨子里缺失了文化，那就只能是一种熟练、机械的重复。

综观一闻数十年的篆刻实践，可以概括为由挚爱到深究再至升华三个阶段。他自幼在老师的启蒙、善诱下，开始与书法、篆刻结缘。及长，随着实践的积累、感悟的沉淀和学养的提升，对中国传统书法、篆刻艺

与刘一闻（左）在上海博物馆（2011年10月）

术的挚爱历久弥深。爱得深、爱得切、爱得自觉、爱得高尚，他始终怀有一颗尊崇、敬畏之心，成为他对此孜孜矻矻、不断究索的动力。勤于学，砥于利，不取巧，不飘浮，潜心体会古今名家的神、气、骨、韵，苦心经营自家的谋篇、布局、结体与笔墨，才使一闻书法的面目愈加清晰，愈臻完美。

站在一闻的书法前，便有平和清秀之静气袭来，犹如东篱之菊，耐人寻味，沁人心脾；其字里行间的清新灵动，宛若雨后尚挂水珠之翠竹，摇曳多姿，让人神清气爽。

一闻是个重情重义之人，其与苏白和方介堪的师生情分尤为感人……一闻上班时，突接苏白病逝电报，即刻向单位请假奔丧未准，他不惜与当事者“翻脸”而去，竟身穿工作服连夜乘船前往青岛奔丧，以尽弟子之礼……方介堪先生晚年生活窘迫，一闻设法接济。方介堪86岁时已病入膏肓，一闻赴温州探望。方介堪一日挣扎起床，理发，更衣，并忍痛将从不离身的“导尿袋”除去，收一闻为“关门弟子”（新中国成立后，方介堪只收三位弟子，即马亦钊、林剑丹和韩天衡）……一闻讲述这些往事时双眼盈泪，让人为之动容不已。

我和一闻虽系老友，接触并不多。我曾去上海博物馆看望他，一闻即书“昔者湘兰见，今人南楼逢”相赠，我视若珍宝，一直在家中悬挂；2002年10月，我寄他《上海诗人》创刊号，一闻即书“梦笔生花”作贺；前不久，当他得知我钟爱“涛声依旧”四字时，即书此寄来。让人在赏心悦目其妙笔的同时，也为能结识这样一位重情义的书坛名家而暗自庆幸。

2012年1月6日于涛声斋

# “玩”出来的“玩家”
## ——记苏位东

位东兄是我家乡的大哥，尽管江都不是他的出生地，尽管他姓苏而我姓刘。

1936年，河南鄢陵人苏位东，自幼随父母移居南京。他1955年毕业于晓庄师范，1956年调江都小纪小学任教，1963年调江都县扬剧团任编剧，1984年调扬州市扬剧团任编剧、副团长，1987年调回南京，任江苏省群艺馆副馆长、省艺研所副所长兼《艺术百家》主编。国家一级编剧、中国剧协会员、七贤书画院副院长、江南诗社副社长。著有《小喜剧六种》《苏位东剧作选》《闲情稿存》（六卷）等12部作品。

他在江都这块土地上工作、生活了32年，留下33部剧作，数百首诗歌，上百万字的小说、散文及戏剧论文。

我老家在江都嘶马镇上，那儿靠近长江（老屋已于20世纪塌陷江中）。镇上有我的两个同宗兄弟，一名刘大宏，一叫刘忠，均已英年早逝。因他俩都爱好文学，尤其酷爱诗歌，曾拜苏位东为师。大宏的家紧靠五圩船码头，那儿“推窗观江景，侧耳听涛鸣”，是个适合文人雅士聚会之所。我每次回乡，必去他家，大宏也必将苏老师请来欢聚。位东能诗能酒，笑话又多，一屋子笑语喧哗。就这样，我和位东兄遂成知交。他年长我八岁，自然就是我家乡的老哥了。

位东是个永远快乐之人。人未进门先闻笑声，尚未启齿即现笑容。他思维敏捷，举止文雅，语言幽默，出口成章，让人感到即使在那艰难沉重的岁月，他都是个诗意盎然、激情燃烧的角色。

从某种意义上讲，苦难是种财富，也是养料，对于一个人的成长、成熟乃至事业的发展不无裨益。俄国的高尔基，倘若没有那漫长苦难的生活经历，怎能写出《童年》《在人间》《我的大学》这样的世界名著？同样，位东兄从1957年被内定为“右派”，到“文化大革命”中被打成“反革命”，这期间遭的罪、吃的苦可想而知。然而，正是这十八层炼狱，从最底层摸爬滚打出来的经历，使他更加了解劳苦大众的心声和期盼。所以他创作的戏剧及诗、文、书、画作品，才入木三分，雅俗共赏，为广大人民群众所喜闻乐见。

我喜欢看位东兄写的戏，尤其是戏中的唱词，有的写得典雅凝重，韵味隽永；有的写得清新明快，活泼自然；有的化俗为雅，有的融雅于俗，雅中有俗，文采斐然，常让我读得摇头晃脑，如痴如醉。

请看现代小戏《修匾记》中，老篾匠出场的一段唱：

（内喊）修匾子罗——补箩筐……

（上唱）叫卖当作小曲儿唱/肩挑篾青与篾黄/跑遍小镇和小巷/生意清淡未开张/无事当作有事逛/青石板铺路慢慢儿量/此地若不识我老篾匠/迈开步儿我再赶一庄。

人物的心理、个性乃至所处的环境，短短几句就准确生动、活脱脱地展现在观众面前。

再看《修匾记》中油炸鬼的一段唱词：

刺愣愣戳破了我的皮和肉/朴簌簌血珠儿不住气地流……/别看它黑滋滋蒙了污和垢/这一层层污，一层层垢/好似层层漆和釉/却原来都是那香喷喷的油。

这些既通俗又具喜剧色彩的语言，大有元曲遗风。遣词造句的方式，尤其是叠字的运用，简直把元曲学到家了，可它又是现实生活中的语言，妙在天然，不着斧迹。

位东写的戏，其实是诗，具有耐人寻味的意境。词写得美，既通俗顺畅，又流光溢彩。

就这样，我每次回乡，都要看江都扬剧团演的戏，都要读位东兄的诗文。不仅我两个小弟诗作大有长进，我也被潜移默化……忘不了1979年的烟花三月，我在家乡住了一个月，常和位东在江边“呷一口杯中的风涛/心头卷过万千思绪……”（见诗集《生活的笑容》）在《乡情浓似酒》这组诗中，就有受位东唱词影响的痕迹，如《赶集归来》：

与家乡大哥苏位东（2012年10月于上海）

沉甸甸的担，朴棱棱地闪/咕咕，咕咕，飞着一群雁/亮闪闪的圈，花闹闹的衫/十里村道，拉条彩色的线……/看，赶集归来的乡妹子/一身料子衣服照人眼/不见了，头上的一对“蛤蟆腿”/波浪式，在乡人心中卷新澜……

工诗善文，尤以剧作家驰名艺坛的位东兄，本性是诗人，其诗、书、画，堪称三绝。

位东幼承庭训，他四岁习书，迄今已有70个年头，从未中断（苏的剧本也用书法写）。汲取前贤书法精华，他各体皆擅，并融入书作的规范和筋骨之中。他的楷书有端庄之姿，草书有圆劲之势，汉隶有瘦擎之笔，篆书有经脉之动，行书有飘逸之美……由于临池不辍，特别是与剧本、诗文和绘画的融会贯通，融为一体，升华集萃，神韵天成。故而，以其“字势开张、古朴奇峭，明丽飞扬、书卷气浓”的书艺风格，独树一帜。

观其字，龙飞凤舞，虬枝盘曲，铁板琵琶，大江东去；读其画，气韵动荡，仪态万千，花果虫鱼，极尽灵动。

花鸟画，自古就有“写生”的称谓，这正合了位东的心思。位东在江都时就喜欢种花莳草，饲鸟养鱼，说起夏蝉秋虫，更是如数家珍。那些了然于心的东西，在他的

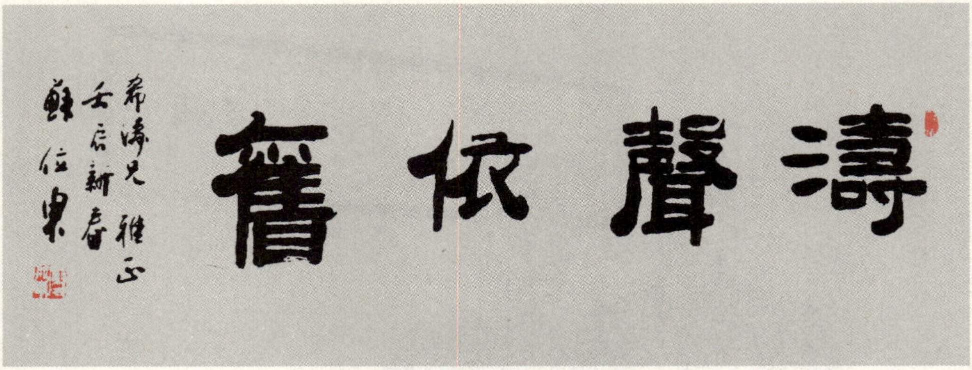


苏位东题词

笔下，说是栩栩如生并不为过。他观察细腻，常轻车熟路地直奔最真实、最生动的形象，蝉衣的透薄，蛐蛐的轻盈，以及翎毛、鸟喙、脚爪的直感均表现得逼真、鲜活，至于花卉，无论双钩填色，还是意笔润写，都在笔墨中一展灵动的风采。

位东画的葡萄，艳丽夺目，鲜美诱人，墨色丰润，浓淡相宜，干湿得当，不滞不枯，使石上苍润之气欲吐，是得墨之气也。

位东兄写了70年的字，著了60年的书，是个学者型书家，著作等身，蕴含深厚，才下笔有神。

“字中有画，画中有戏。”苏位东的字，有很大的亲和力，有他自己的味道在里面（请看他写给我的《涛声依旧》）。

位东认为，书法要创新，要发展，但不可丢掉它的魂。梅兰芳在1954年说过京剧革命要“移步而不换形”。而写字要看字外的功夫，就是学养和读书。开卷有益，多读书可写出字的精神来，移步而不换形，既要有形，更要有神。

蕴情蓄旨的笔意，是位东书艺的又一亮点，既涵盖书家的美学意趣和风神韵致，也体现出生命的律动和张扬。位东为人率真、坦荡而又乐天随缘，他运笔抒发真情实感，笔意秀含其中。正如美学家宗白华先生所说：用笔“始于一画，界破了虚空，留下了笔迹”。意即以汉字为根据创造的书法形象是形态美和情意美的统一。书家之所以看中笔意，是在为用点、画之变化表现出丰富的内心情愫，以及意匠独运时所呈现的功力、神态和风格。笔走龙蛇，闪光生辉，焕发生命形象的艺术神采。

纵览《苏位东诗文书画集》中的作品，以形传神，形神兼备，意境幽远，中得心源，把抽象性和具象性和谐地统一起来，惟妙惟肖地表达出人格美、情思美和意境美；从而在形神、意趣、情境和墨韵诸方面达到相当高的艺术水平。

位东说，当一个作家会遣词造句了，一个书家会运笔写字了，一个画家会勾摹着彩了，一个歌唱家会识谱发声了，一个舞蹈家会舞动姿韵了……他们就站在了同一起跑线上，而在今后的艺术道路上能一分高下者，唯其个人的文化修养和人品耳。

“做个好人，远比出虚名重要得多。”

此言朴实无华，却惊世骇俗！

而今，或靠钻营，或靠依附，或靠自吹，或靠恶炒为自己编织光环、营造虚名者，太多。所以，像苏位东这样追求真才实学而不图虚名，讲究谦恭自律而不肆张扬，观古照今，实乃儒生也。

书画本身是件雅事，在当今社会却变成头等大事。本应是文人的闲情逸致，但时下把它作为一个职业就变味了。更有人品和书品、画品不一致者，说实话，有些书法家和画家，文化底蕴太差，又心态浮躁，心情急躁，一切向钱看，这样的书画家是永远达不到高境界的。

看位东的字画特别舒服，这是一个很高的褒义词。真正的好东西是在孤灯野火中产生的。苏位东70年如一日，一步一个脚印，潜心做好自己的事情，所以他的作品才让人看得格外舒服。不只大陆人看得舒服，台湾同胞看得舒服，作为胡锦涛主席出访之国礼，外国人看得也很舒服。

位东的字画成就很大，完全是个人喜好，用他的话说是“玩”出来的。不为名利而做，而为自己的爱好和兴趣而追求，来表现自己的心态和灵魂，才有价值。

我们的评论界，吹捧过不少没有价值或价值不高的东西，对有价值的东西，关注得太少也太晚。

对于字画，我是门外汉，除“喜欢”两字外，几无多少可言之处。然而，我却要推崇我家乡的大哥苏位东的字画，他是这方面真正的“玩”家，玩出名堂，玩出成就，乃至玩出个大家来，实不多见。

2012年3月10日于涛声斋

# 识宝人宣家鑫

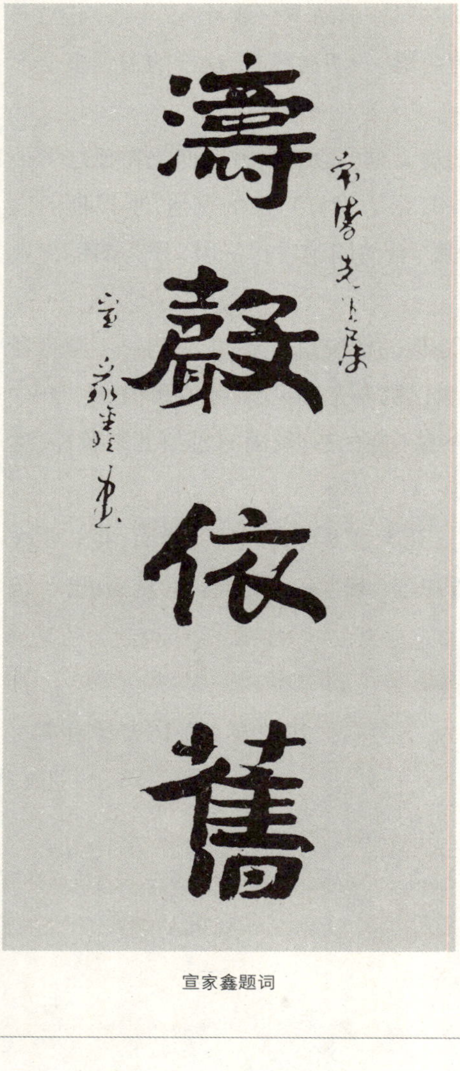

宣家鑫题词

许是和海派嫡传王个簃高足、画家黎邦定乃同龄好友之故，早早就认识了其外甥宣家鑫。

1961年，宣家鑫出生时，正值国家“三年自然灾害”时期，因营养不良，体弱多病，故而养成他少动好静、颇为内向的性格。正是这种性格，使得他在启蒙时便与笔墨结下不解之缘……他母亲曾在他肘上缚以铁块，以增其腕力；其舅则带他去拜见大风堂女弟子厉国香。女性温柔敏锐，慧眼识人，认为竖子可教也！只要调教有方，必成栋梁之才！

小小宣家鑫自此走上漫漫书艺之路。灵性早慧，加之用心揣摩、临池不辍，使他在入门阶段即显示出高人一筹之悟性；名师指点，则为他打开一扇通向书艺的门户。

入手于秦篆、汉隶和唐楷，起步于汉赋、唐诗与宋词，弱冠少年，沐秦风汉雨，览云影草色，执象管，吮古墨，拂彩笺，游走信步于翰墨天地。

与宣家鑫合影（2011年1月） 黎邦定 摄



“少年不知愁滋味，春风得意马蹄疾”……早在20世纪80年代初，宣家鑫的书法就已在上海书坛崭露头角，作品屡获金奖，论文亦入选全国书法学术研讨会。1990年书法以国礼赠李政道博士60诞辰，1991年成功地举办了个人书画篆刻展，2000年作为上海书法家协会代表团成员访问新加坡，2001年又代表上海优秀中青年书家篆刻家出版了个人专集……在这一系列荣誉面前，他依然低调，依然沉寂于书坛，在博采众长中锤炼书艺，在领略古今大师的气韵中练就一双慧眼。

当时，家鑫住在杨浦区定海街道，我家住在凤城新村，离的不算远，常有机会和他接触，欣赏他的作品：厚重中不失轻灵，洒脱中蕴藏古意，平和恭敬中透着力量……是我读他作品后的一点心得。家鑫作品众多，楷、行、草、篆、隶，应有尽有，且楷又不太像楷，篆又不太像篆，隶又不太像隶，正是他的创新之处，与众不同之处，从而形成了他独具鲜明特色的“宣体”风格；将他这个年龄中所能展示出的情感、情绪、性情、性格、审美取向都淋漓尽致地表达在自己的线条与墨色之中……

改革开放后不久，宣家鑫大胆离职下海，经营一家画廊和拍卖公司。这期间，由于大量接触古今字画，其鉴定与鉴赏能力与日俱增，终于练就了一双火眼金睛。有关他识宝的故事，犹如冰糖葫芦——一串一串的……如日本藏界鉴定的王维《江山雪霁图》，经他细致科学的鉴定，认为是赝品而震动中日收藏界；再如，中年张大千的《嘉陵江图》，宣家鑫认为是真品，友人花56万元购下。中央电视台组织的鉴宝会上，有权威鉴定家认为此画为赝品……最终，因宣家鑫的力挺和据理力争，使好友购得的这幅作品最终以真品187万元的高价拍出，充分显示其鉴定功力和水平。

宣家鑫的艺术造诣和一言九鼎以及他的爽朗洒脱，让传统的“儒”和“商”在他身上显得那样的自然、贴切又和谐。

2010年9月10日下午，上海市书法家协会第六次会员代表大会胜利召开，宣家鑫以高票当选为副主席。

前不久，在上海豫园华宝楼举办的“墨的张力——宣家鑫书法展”上，宣家鑫的50幅书法作品两小时内销售一空（出售机构保证三年内回购，并每年加价6%）。买主既有本地白领，也有外来人士，晚来一步之人，只能扼腕叹息了。

与此同时，在浙江台州黄岩总商会举办的“2011新春酒会”上，宣家鑫一幅《百尺竿头，更近一步》的书法作品，拍得善款人民币39.8万元……

既是艺术家又是企业家的宣家鑫，真忙！可再忙，每天都要抽一两个小时练习书法。他信奉“曲不离口，拳不离手”这句老话，每天练书法，成了他生活中不可或缺的一部分，甚至比吃饭、睡觉更重要。

“涛声依旧”四字，是他新近赠我的条幅，既是他心境、胸怀的写照，更是他对艺术执着追求的硕果。

2011年4月26日于涛声斋

# 我的战友赵竹鸣

我和赵竹鸣是老战友。1961年同在上海参军，同至福州部队，他分在31军，我则去了炮三师。

他六岁习画，60年不改初衷，60年临池不辍。部队期间，他创作了大量的军旅画作，深得首长和战友们的喜爱，后调至《前线报》当美编，对部队画家黄胄情有独钟，画出来的少数民族少女几可乱真。

十年“文化大革命”，竹鸣因父亲“历史问题”而复员回沪，分到上海邮电局宣教科任职，和著名书法家任政同室，后调至《解放日报》当美编。1978年《新闻报》复刊，又调至该处任美编至退休。

竹鸣回沪后，对程十发先生的画作爱之情深，以致如痴如醉，遂决定拜其为师。1978年早春二月，竹鸣手捧鲜花，来到了位于岳阳路上的中国画院，向崇敬已久的国画大师深深鞠躬。程先生和蔼可亲，对这位年轻人带去的画

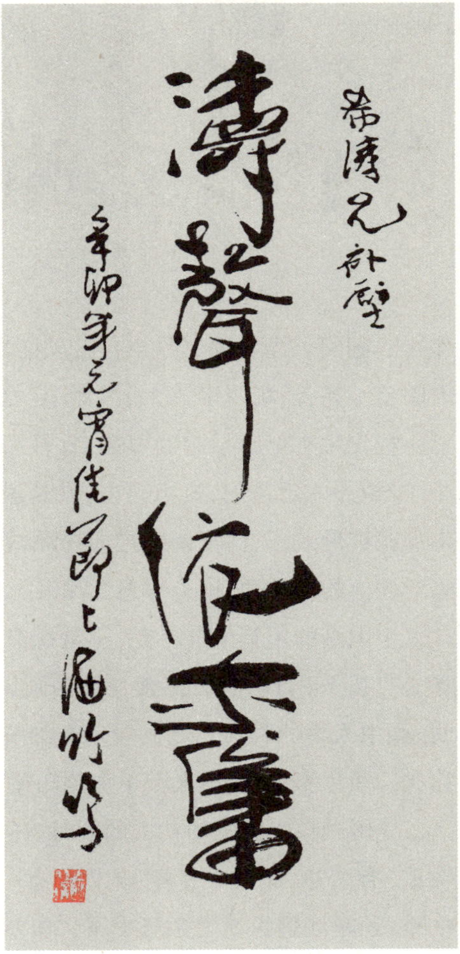

赵竹鸣题词

赵竹鸣国画《山村姑娘图》

作一一翻阅。当看到那些与自己风格相近，模仿得惟妙惟肖的少数民族少女时，程老眼前一亮，当场题字“赵竹鸣妙笔”给予鼓励，并在他的小本子上留下家庭地址。

程先生有早睡早起的习惯，往往凌晨四点起床。赵竹鸣每周一次，骑车一个多小时，清晨六点进门，九点离去，在这短短三个小时里，他时时在意，处处留心，对先生那些神形兼备、情味俱佳之人物画，静观默察，烂熟于心。春秋更替，风雨无阻，竹鸣对先生的人品、画格爱得愈发深沉。

中国画的用笔十分考究，也是每个画家在创作中个性与技巧的体现。在程先生悉心点拨下，竹鸣着力探索自己的画风与意趣，出自他笔下的少女与小鹿，形象鲜明，画中人物的眼神、手势、身姿与细节，都十分地鲜活、生动，笔墨精致，韵调高昂，宛如一曲华彩乐章，给人留下深刻印象。

中国画在强调笔墨功夫的同时，还主张笔贵有力，力贵有势。而用笔有起伏，有轻重，有缓急，谓之“节奏”。竹鸣有一幅《牛年大吉》图：不论是浓墨重笔之牛角牛腿，还是淡墨纵笔之牛身牛尾，先以“笔力”夺人眼球，再以牛角牛蹄线条长短快意，节奏鲜明而使人回味；再看牛尾，虽系淡墨，但画笔一挥，神完气足，更生动地诠释了笔力与节奏……

竹鸣，以自己的作品来说话。

艺术大师齐白石强调作画要在“似与不似之间”，程先生则主张以神“君形”，强调主次，刻画人物。竹鸣深得其精髓，他的泼墨人物画，粗看草草而成，细看则耐人寻味。如《钟馗醉酒》，画面上简朴的线条与黑调子泼墨，表达了钟馗抱着酒坛醉卧其上的神态；再如这幅《牧羊少女图》，先用大写意的笔法画出两头羊，再用流利的线条刻画出少女的动人姿态，让人过目不忘。他的画前几年卖几百元一尺，现已涨到几千元。世博会期间，一位新加坡客人，在福州路百年老店王星记扇庄，以4 800元收藏了他一把扇子《四季有余》，这就是中国画的收藏价值。

竹鸣非书家，却能写出让人眼睛一亮的作品，这就是天分。他赠我的“涛声依旧”四字，像他的《牧羊少女图》给人以清新洒脱、神韵相照之观；行笔流利灵动，秀中寓劲，静中见动，落纸云烟，大有淋漓快目之感。

2002年4月8日于涛声斋

# 多才多艺的李振东

认识李振东，早在20世纪90年代，我在《城市导报》编副刊，常收到寄自上海西郊淀山湖畔朱家角的稿件，多是些旧体诗词和短诗之类，诸如《鹊桥仙·登放生桥》《贺新郎·过淀山湖》……也有写朱家角一条河、一座桥、一片瓦乃至一种亲昵的散文随笔，发思古之幽情，品水乡之韵味，常给人以寻踪访幽、重温旧梦之满足。

在记忆深处刻下印痕的，是一篇叫《我的老黑牛》的文章：主人因家境贫寒而辍学放牛。那是一头肚大如鼓、角弯似弓、尾短如兔的大黑牛，常分开四蹄，绿野狂奔……后经调教便纹丝不动，直眨眼睛……才有牧童短笛、乡音浓趣的画面……直至“大黑牛”变成“老黑牛”被拉进屠宰场……“我抱紧老黑牛的头哭了，老黑牛皱巴巴的眼睛里也在流泪，它伸出粗糙的舌头舔着我的脸”……这种诀别式的细节，是那样真切动人，以致读之多年仍不能忘怀。

就此，我认识了这位常给报社寄稿的朱家角才子李振东，他吟诗作文，书法绘画，还有音乐武术……都下过苦功，都拿得起，放得下，都施展得开。

六年前，我到朱家角看望过李振东，作为土生土长的当地人，他陪我游览了城隍庙、放生桥和课植园。回到他办公室小憩，振东给我看了他的油画，都是以水乡朱家角为题材，但见小桥流水静无声，屋檐低矮草青青，洋溢着一派对桑梓的挚爱之情。

站在这些斑斓的油画前，便有一个纯朴聪慧的水乡人，在向你细细倾诉他对水乡的那份浓情：那红红的鸡群，那黄黄的草垛，那绿绿的草丛……让你感觉有一道和煦的阳光照进心灵，洒遍全身，让你陶醉其间，融入那温馨的意境之中。

于现代人而言，在都市化进程极其迅猛的境遇下，乡景和乡情已经成为一种“文化家园”的美学符号和精神皈依所在。读李振东创作的油画作品，如《七鸡争晖》《早春》《放生桥雪景》《河畔小路》《菜地晚照》等，呈现的便是人们需要的一种审美关怀的亲切和温馨。尤其是那一幅《菜地晚照》，在苍茫的夕照下，包着头巾的农妇，那一瞬间的回眸，自信，自然，满地黄碧间杂的菜田，不远处待收的庄稼，远处的树丛以及天际的流云，构成一幅充满诗意和土地力量的杰作。而《河畔小路》的构图与笔触所形成的力量与柔美，具有相当的视觉冲击力，不失为一幅充满物象与审美叙事结合的完整作品。

六年后，我又一次来到他的办公室，已荣升朱家角文体中心主任的李振东，在赠我画册后，带我看了他的练字房。房间很宽敞，阳光明媚，大桌上放着文房四宝；桌子左侧，高高堆着他练字的纸张，足有一人多高，不下数千张……天天临帖，日日挥毫，酷暑严寒，从未中断。其草书，师法唐代诗僧怀素、张旭，还有明清大书法家王铎，得其精髓而滋养自身。

“艺多不压身”，振东的书法，不仅得益于勤学苦练，临池不辍，也得益于多种艺术的融会贯通，这就像他所敬仰的张旭，多次观摩公孙大娘的剑器舞后，“自此草书长进”。振东的书法转益多师，厚积薄发，使他的草书自有可观之处。

书画同源，既爱作画又爱书法的李振东可谓相得益彰。他赠我的“涛声依旧”四字草书，便有怀素的惊蛇入草、飞鸟出林之势；王铎的起伏跌宕、摇曳多姿之美；字里行间透出水乡的灵动和音乐的韵律，让人情不自禁地欲随之舞蹈起来……

2011年4月13日于涛声斋

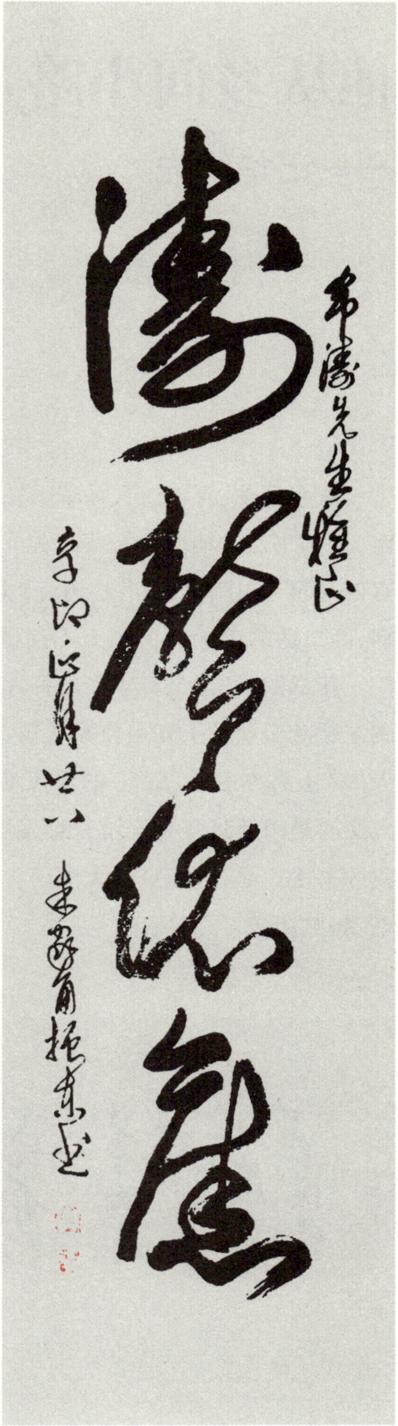

李振东题词

# 他从乡间小路走来

## ——记华续先

家乡小友、青年诗人陆华军知我对“涛声依旧”情有独钟，便请江都市书协副主席、中国书法家协会会员华续先先生，为我书此四字，并介绍此君虽年方不惑，却已有20多年书山墨海的潜心历练；且师承著名书法家庄希祖先生（庄老系林散之、萧娴、高二适的弟子），不由人不刮目相看。

花都四月，出自对家乡的一片挚爱之情，应江都市文广新局之邀，我请中国作协副主席叶辛及沪上知名作家沈扬、马尚龙、童孟侯等一行十余人，来江都进行为期三天的“上海作家看江都”的采风活动。作家们深深为江都秀美的自然风光、深厚的人文底蕴以及近年来经济社会发展的巨大成就而欢欣鼓舞之时，华续先送来了他赠我的书法作品，并在京江大酒店会议室，与沪上作家、书法家管继平先生一同泼墨挥毫，相互切磋，一展风采。

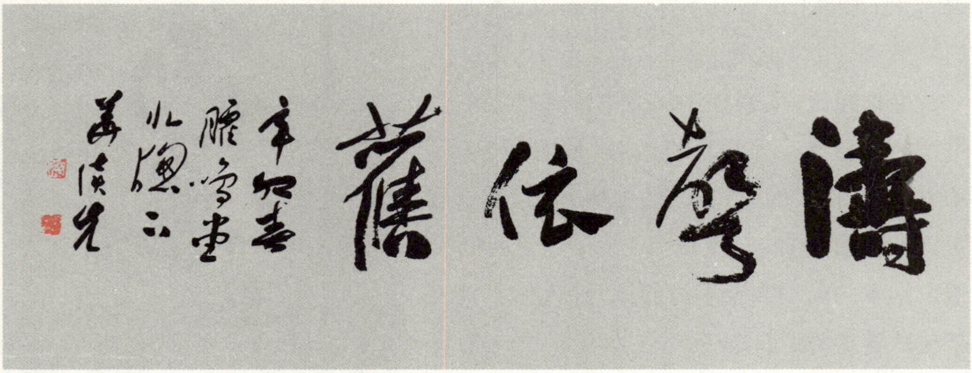


华续先题词

是夜，在我下榻的房间里，我们促膝交谈。

华续先的国字型脸盘上，戴着一副黑边框玳瑁眼镜，愈发显得斯文，说话声音轻轻的，柔柔的，宛若家乡的小河在淙淙流淌……

20世纪70年代初生人华续先，自幼酷爱书法，尤擅行草（他说，行草最能表情达意，最能表现自己的个性和展示内心世界）。他出生在文化积淀深厚的甘棠古镇（现任邵伯文化站站长）。长年浸淫在碑帖笔墨之中，甘之如饴，乐此不疲。

上追魏晋秦汉，下涉宋元明清……尤喜王羲之的潇洒风神，王献之的风卷云舒乃至历代草书大家的飞鸟出林、笔走龙蛇……他都熟记于心，运用自如。于灵动中求法度，在秀美中蕴遒劲，大小疏密，肥瘦短长，浓淡润燥，倏忽变化……从而逐步形成自家的风格和面貌，这也是他屡屡在全国书法大展、大赛中崭露头角的缘由。

华续先天资聪颖，悟性很高。他崇尚辨证地看待传承与创新。他认为，没有继承就不可能创新，没有创新也不可能更好地继承。临碑读帖，临池不辍，是书法家的基本功，所谓笔笔有出处，这是书法的根和源。无根无源之书，未免单薄；而缺失内涵和厚重之书，不耐看也就美不起来。然书法光有继承也不行，“学我者生，似我者死”，白石老人的这句名言，堪称艺术创作中一条亘古不变的实践规律。

“功夫在书外”，华续先信奉“书如人生，人生如书”之说（这话，是需要慢慢品尝和细细体味的）。如同他的名字一样，续祖先宝典，传中华文明，继往开来，不断创新，不断攀升……这既是我的良好祝愿，也是我的殷切之望。

2011年6月22日于涛声斋

# 郑树林与他的花样经

提到郑树林，便想起2004年那个猴年新春，新东宫文创中心“迎春联欢会”正在热热闹闹地举行……除诗人登台朗诵新作外，东宫艺术团的女高音、男高音都在一展歌喉，节目精彩纷呈，掌声如潮似浪……就在节目快结束时，突然有一张纸条递了上来，是郑树林请求表演一个《剪花样》的节目……于是，热闹的会场一下子安静下来，一百多双眼睛聚焦在他那把上下翻飞的剪刀上……郑树林边剪边唱，不一会儿，一幅《金猴献瑞》图，就展现在众人面前：你看，那神态毕肖的猴子，那饱满欲滴的仙桃，还有那镂空的“2004金猴献瑞”字样，全在这短短的三分钟内完成了。

文创中心的成员们，见证了这神奇的一刻。

就从那年新春开始，郑树林的《剪花样》，成了文创中心的保留节目。

1960年生人郑树林，成家前一直和父母兄弟姐妹挤在杨浦棚户区的一间老房子里。家中唯一一张八仙桌，既是饭桌，又是大家抢占位置做功课的地方。白天，大人们还要在上面斩个馅，拣个菜；星期天，街坊四邻也会过来打个牌，下个棋。反正，高雅的，低俗的，全在这张桌子上完成。

当年，赋闲在家的郑树林，在这张桌子上先学画画，后练字。大姐出嫁前，母亲请来一位会剪纸的爷叔，一把剪刀，一张纸，不一会儿，八仙桌上就堆满了大小不一、形态各异的双喜字和喜鹊登枝图……郑树林看呆了，他决心拜师学艺，就此开始了一张小板凳、一把小剪刀、几张废报纸的剪纸生涯。

那是1980年，他刚满20岁。

从剪阿拉伯数字入门，苦练刀功，一年又一年……渐渐地，郑树林不再满足那种口手相传的剪纸模式（剪出来的不是传统的旧窗花，就是十二生肖、富贵长寿、花鸟鱼虫之类的老图案）。他不甘于做拾人牙慧的剪纸匠人。他认为，剪纸是一种镂空艺术，要在视觉上给人以空灵的感觉和艺术享受，就必须推陈出新……大同小异，千人一面，剪纸艺术就会形同枯枝败叶，失去生命和灵性。

郑树林是个专为剪纸而生的人。他广搜博采，汲取海派文化的精髓，包含现代与历史的碰撞，经过不懈地努力，终于剪出了自己的花样，剪出了自己的面貌。

“上海花样经”是沪上剪纸艺人走街串巷、设摊卖艺时的口诀和唱词。其特点是边剪边唱，唱词内容以民歌、民谣和顺口溜为主，根据季节、需求和各人的年龄、身份、性别，唱出不同的花样经。

上海人习惯把剪纸称为花样，过去剪纸艺人大都不识字，全凭花样经记忆各种花样……在堂会喜庆活动中，边剪边唱，往往一首花样经唱完，一张花样也剪好了，赢得众人喝彩。

郑树林处处做有心人，他不仅搜集、整理几乎失传的花样，掌握了“花彩艳”“十二月花事”等几十种不同的上海花样经，还增加了新内容，赋予上海花样经以新的活力。他“以剪代笔”，无须打底稿，静观默察，烂熟于心，剪出各种文字、各种人物神态和各种动物造型。

日前，郑树林送我一本由杨浦区非物质文化遗产项目传承基地和上海花样经郑树林工作室联合编纂的《闲话与花样》一书，就是郑树林创造性地剪纸与上海闲话相结合的读物。一句句闲话，一张张花样，用剪纸诠释人们的生活与工作，生动地再现了上海人生活的一幕幕场景。

剪纸　劈硬柴

剪纸　贺生日

剪纸　涛声依旧

再看他为我孙儿刘诗辰剪的这帧作品：画面上一只奔跑的兔子（孙儿属兔），突然回眸……原来，兔子的尾巴上歇了只蜻蜓，多有情趣；而“6.7”字样，正是孙儿生日。整幅画面，构图简练、造型优美，一气呵成，逗人喜爱。

他为我剪的“涛声依旧”，线条流畅，布局匀称，一刀剪成：既豪放又细腻，充分展示出剪纸艺术家的才气和灵气。

“花样经，花样经，人人都有一本经”……心灵手巧的郑树林，舌灿莲花的郑树林，用他那把得心应手、出神入化的剪刀，带给我们的是一种鲜活的、生动的、美的享受啊！

2014年7月27日于涛声斋

# 龙潜于渊

## ——记孙庆生

时下，兄弟书法家，在书坛并不多见，而同为上海书法家协会会员的孙氏兄弟，则是其中的一对。

1950年重庆生人孙庆生，是兄长；其弟孙永生，小他两岁。我是先认识弟弟，后认识哥哥的。

孙庆生，中等个头，敦实身材。初看，便留下那种端悫忠厚之士的印象。他性沉稳而讷于言，不喜张扬，又让人隐隐感觉到在此兄身上，有一种潜龙藏于深渊的内敛之气。

随着时间的推移，我的这种感觉愈加强烈。

孙庆生的书法，儿时得其外公的督教。那时每日晨起，日课颜帖百字，日久天长，临池不辍，从而打下了扎实的书法功底。

20世纪70年代初，孙庆生以一笔好字脱颖而出，成为“东宫书法组”的一名组

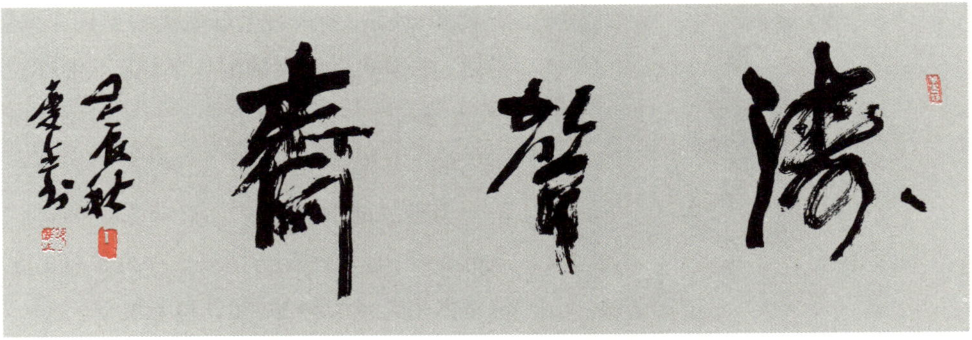

孙庆生题词

孙庆生题词

员。在博采众家之长的同时，他对新魏碑这种书体情有独钟。在沪上名家的影响下，从晋、唐、宋到汉魏六朝的碑刻，做过深入系统的研究，博临《张玄墓志》《石门铭》《张黑女墓志》《嵩高灵庙碑》等风格各异的作品，同时又借鉴当代书法家赵冷月的笔墨变法精神，融古会今，逐渐形成了自己独特的笔墨取向和风格定位。

提起赵冷月，让人肃然起敬。作为从沈尹默时代走过来的海派书家，他以衰年变法，挣脱非个性化的书法模式，寻找一条现代的创新之路，这种求变意识和创新精神，成为孙庆生书艺求索的动力。

缘此，孙庆生坚持走自己的路。他追求一种没有虚假的真情流露……他认为，即使字写得“丑”一些，也应是自我精神花朵的绽放。他牢记沙孟海的话：“写字贵在能变，魏碑结体之妙，完全在于善变。我们试翻开各种魏体，把它面目相同的字拈出来一比较，几乎没有一个姿态相同的。”

就这样，从20世纪70年代至今，每每临池，读碑看帖，从历朝历代书法大家王羲之、颜真卿、怀素、米芾直至近现代的于右任、林散之、陆惟钊诸位大师的作品，无不细细揣摩，烂熟于心……他尤其崇尚赵冷月书法所陈述的“去甜熟，去滑利，去鼓努，去因航派门户为理想的书法语言”，追求“大巧若拙”式的质朴，追求厚重与恬淡……力争将书家深沉的书艺求索精神，在其笔下展现。

请看，他为愚拙作《七十抒怀》而书的条幅。从起句“沪上老猴喜豪吟，前吐诗歌后吐文”……一路下去，便有笔底风云、胸中情怀的鼓荡。锋棱顿挫之下，力求注入书家一种内在的力度和潜藏的张力，如绵裹铁，极具“返樸归真”的朴拙与苍凉；尤其是写到“世态炎凉情未冷，肝胆灯前只恨迟”时，激越的情绪倾注毫端，如闻鸡起舞，如杜鹃啼血，墨色枯浓相间，既酣畅淋漓，又沉郁顿挫……整幅作品，纵放如慷慨悲歌，滞重似哽咽不前……在书家的笔下，一位苦吟诗人的影子恍若眼前。

与孙庆生（2014年11月）
孙永生摄于南北湖

这就是孙庆生的书法，不求繁，而求简；不求华美，而求质朴，少点“庙堂气”，多点“山林气”。这种视觉形式上的简练化，事实上，不但没有削弱他的表现力，反而与他的朴拙自然的整体追求相一致，更内含了一种表现上的弹性素质，增添了他个性语言的绚丽色彩。

孙庆生书法作品不多，然每每参赛，常有斩获，荣获过全国书法大赛一等奖。书法篆刻名家韩天衡对他的评语是：“承怀素、米芾之宗，线条之勃勃生气，变化之不可端倪，表意达性之自如，令人赞叹不已！”

孙庆生总是默默地研磨，他认为书法虽然是写出来的，但功夫却在“读”字上。手捧一部字帖，尽管字迹泅蚀，斑斑点点，有如老人寿斑，难以辨识，但读起来，仍然让他感到一种浸润着文化色调的温馨。他在习书的源流传统上，力图摒弃唐楷的规范美、匀整美；一反华美绮媚以及典雅庄重于不顾，而追求一种自然、真率、凝重、淳朴的书风；体现文化心理上他所崇尚的老庄精神。

艺无止境，刚过花甲之年的孙庆生，还有很长的路要走……

龙潜于渊，我们期待读到他更多精彩的作品。

2013年11月9日于涛声斋

# 来自基层的丹青手

## ——记孙永生

2010年金秋时节，我在上海浦东路桥建设工程公司采访期间，见到《浦东建设报》，被那龙飞凤舞的报头字所吸引。一问，方知出自公司员工之手，便想见见这位基层的丹青能手。经公司企业文化部梁金燕小姐介绍，我认识了“路桥书法家”孙永生先生。

与孙永生留影树下（2013年7月）

一个阳光明媚的早晨，我随这位丹青能手来到他供职的浦东路桥建设工程质量检测所，一间约20平方米的所长室。桌上除电话、报表、办公用品外，还有文房四宝；书橱里放着画册和宣纸，处处都有文化的足迹和书法的身影……

1952年生于上海的孙永生，已届花甲之年，依然精力充沛，笑意盎然。他呷了一口杯中的茶，和我谈起了他的人生经历和习书之道。

从小受家庭熏陶、酷爱书法艺术的孙永生，1969年3月，随知青下放到江西余干县插队，1972年应征入伍，在部队政治处宣传股从事电影放映及宣传工作……这全得益于他的一支生花妙笔：出板报，刷标语，制作幻灯片……在部队生活的五年里，首长和战友们常常在他的书法作品前流连忘返，翘起大拇指啧啧称赞。夸奖看了他的字，如同三伏天用凉水洗了脸，让人顿觉神清气爽……他在部队入了党，多次受到嘉奖，成了小有名气的军旅书法家。

1977年，孙永生退伍到电子工业部江西景德镇4321大型国企单位，从事政工及经营工作。他一手漂亮的毛笔字，总是让老总和员工们眼前一亮……他成了江西省书法家协会早期的一名会员，江西景德镇市书法家协会理事。

1994年，浦东加快了改革开放的步伐，孙永生应聘回沪，进了浦东路桥建设公司。这儿的老总和员工，对他潇洒的毛笔字是赞赏有加。在公司“以人为本，激发潜能”的人性化管理理念下，孙永生有了更大的用武之地，不仅《浦东建设报》的报头题词非他莫属，就连公司出的画册和“2012龙年台历”，用的也是孙永生和公司另一员工、画家周青峰的书画作品。

孙永生又喝了一口茶，兴致盎然地继续着他的谈话。他说：“这是缘分呐……如今，只要拿起笔，心里便有激情在涌动……一看见街上和报刊上有漂亮的字，就想模仿和收藏……”

孙永生从小开始临习法帖，临习的是颜真卿的正书《麻姑仙坛记》，每日坚持不间断。之后，又临习了柳公权的《神策军碑》《张黑女墓志》等。行书先后临习过颜真卿的《争座位帖》、王羲之的《兰亭序》、米芾的《蜀素帖》、张瑞图的《行草书帖》，还有赵孟頫等古代名家作品，逐渐形成了他清新雅致的个人书风。

孙永生说：“学书法最终都要回归到晋朝，就是学‘二王’（王羲之父子）的书法精髓，那意蕴，那形态……学书，不学‘二王’，终归是没上正道！”

其实，学书法最初面临的就是临帖。孙永生认为，临帖要得“意”而忘“形”，这是书法的最高境界，取其神韵，而忘其形态。开始时要写得像，就是形似，然后要神似。神似是在细微之处见真章。比如，一撇，一点，你看着像王羲之的字，其实又不

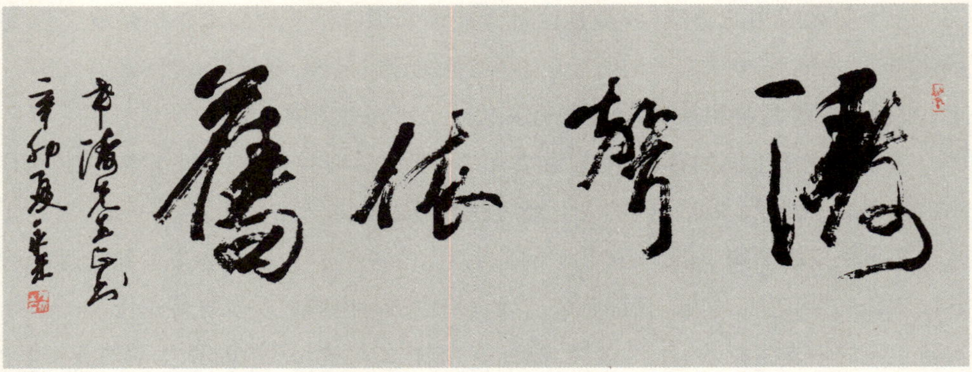

孙永生题词

是他的字。这就好比佛家常说的，你看那是山，其实那不是山，可那确实就是山。超然物外，超出书法载体习书法，就能有所成就。

说到这，孙永生放下手中的茶杯，恳切地对我说：“这成就并不是指你收获了什么东西，获得了什么奖，参加了什么展，而是你对自己作品的满意度。”他指着为我书写的“涛声依旧”条幅，打趣地说：“如果有一天，我觉得满意了，就收手不写了，可我总是不满意，所以还要一直不停地写下去，不断地否定自己，否定昨天。”这是孙永生执着追求书法的态度。

泼墨书心情，笔下有神韵。这就是孙永生，一个基层书法家睿智而坚定的心声。

2012年8月23日于涛声斋

# 名家

## 文化名人与“涛声依旧”

5

# 臧克家为我题集名

许是因臧老题签之故，我感谢诗歌！感谢克家先生！

每每捧出我的第一本诗集《生活的笑容》，首先映入眼帘的便是封面上臧克家先生题的集名，舒展、流畅的字体，犹如酷暑中的清风，严寒里的炭火，让人感受到诗翁生前的广施慈爱和古道热肠。

我和克家先生结缘，与许多读者一样，是凭着《有的人》那首脍炙人口的经典诗作，从认知到逐渐熟悉，直至沉迷其中……

最早读到这首诗，是在一册小学语文课本上，诗人为纪念鲁迅先生而作，写于新中国成立之年一个黄叶飘舞的秋日……那些“骑在人民头上的人”，已被人民打翻在地；那些从旧社会走来的各色人等心绪复杂，等级观念根深蒂固。鲁迅式的“有

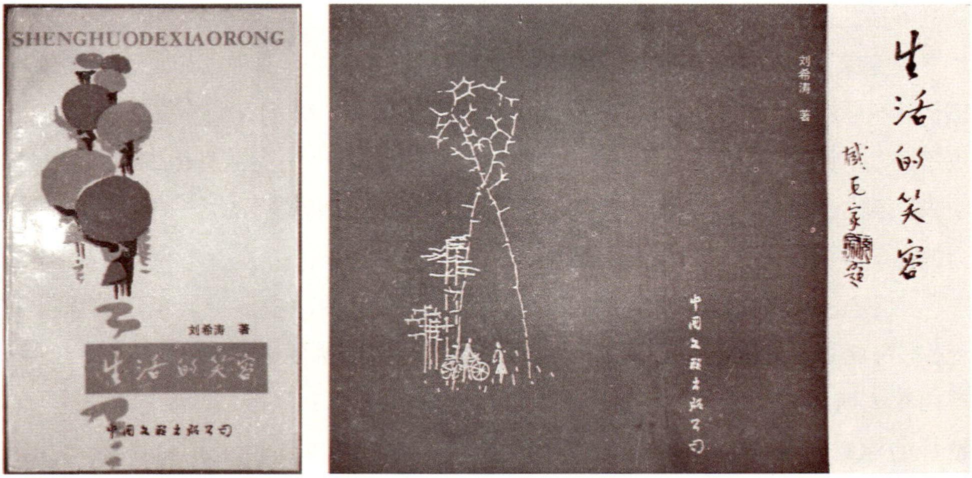


《生活的笑容》封面和扉页

的人”，虽死犹生；而处于对立面的“有的人”却也不在少数……诗人纵观现实，扫描世风，不由心潮翻滚，百感交集，写下了这首振聋发聩的灵魂之作、信念之歌。

“有的人活着/他已经死了/有的人死了/他还活着。”诗如其人，克家先生便是永远活在广大诗人和众多读者、爱好者心中的诗坛泰斗。

我的第一本诗集《生活的笑容》集名题词，就出自克家先生之手。他为我等小辈所做之事，既无名，又无利，而留在人间的是一以贯之的关爱，让人捧在手里，依然热在心头。

那是20世纪80年代，我在选编第一本诗集之际，收到一本民间诗刊《乡土诗人》。一看封面是臧克家先生所题，便不想放下。随即产生了也想请臧老为我的诗集题写集名的愿望。

是夜，我便给克家先生写信。我以为，如果说20世纪20年代有郭沫若为新诗奠基，那么到了30年代，就有臧克家为乡土诗奠基。克家先生除了他的《有的人》这首写于新中国成立初期、散发着永久思辨之光的卓尔不群的政治抒情诗外，便是他的乡土诗，在他众多的新诗创作中，无疑也是最有价值和最具光彩的。

克家先生成为乡土诗的奠基人，并非偶然。他从小生活在农村，他爱那儿的阡陌田埂，爱那儿的父老乡亲。他说“我爱泥土，我就是一个泥土的人”……就因为他的诗散发着浓郁的泥土味，他诗中的人物仿佛都是刚从破败的茅屋里走出来的，其中有《老哥哥》《贩鱼郎》《当炉女》《洋车夫》《小婢女》以及《捡煤球的姑娘》《补破烂的女人》……他们“嚼着苦汁营生/像一条巴豆的虫”(《烙印》)，在生存的鞭子驱赶下挣扎前行……

读克家先生的诗，我体会到的不是“雨巷诗人”戴望舒那种周而复始的忧郁和感伤；不是徐志摩那种歌唱“爱情”时的轻灵、飘逸和“梦醒后无路可走”的悲哀；更不是“左翼诗人”那种近似“狂呼直喊”的情感宣泄……克家先生的诗从“生活中来”，到“生活中去”，有血有肉，有温度，有深度，让我们获得的是一种富含生命张力的撼动人心的力量。

克家先生是我们的文学前辈，他是师长，他和他的那些诗歌所走过的风雨历程，本身就是一笔无比宝贵的精神财富。他身上所展示的善良、纯朴、坚韧、干练等山东人所特有的精神品质和“用生命换诗”“用诗照亮黑暗”的诗艺追求，作为精神的标高和艺术的楷模，让我们在这个喧嚣嘈杂的社会里，保持了一份自我精神上的安宁和对文学的敬畏与虔诚，并把诗歌的力量和美感糅进我们的心灵，化成一股精神的力量，以此推动我们在民间乡土路上，寻找“心灵的港湾”和“诗意栖息”的家园……

信写得挺长，有感而发，是我多年来研读克家先生为诗为文为人的一次小结。信和诗稿是托我的诗友、时任《工人日报》“百花”副刊编辑王恩宇转交的……没过多久，我就收到了克家先生为拙集题写的集名《生活的笑容》。恩宇在来信中告之，克家挺喜欢我的“战士诗”和“钢铁诗”。“要做钢铁，不做杨柳”，这就是他为我这本诗集题词的因素。

我感谢诗歌，它不只让我得到了世纪老人臧克家先生弥足珍贵的题签，也让我结识并领略了当今诗坛前辈诗人和优秀诗人的作品与风采……在这猴年春光烂漫的季节，当我再一次重温《有的人》这首经典诗作时，愈加感受到它的历久弥新、历久弥酽的价值和意义。它让我看到了那些“为了多数人更好地活而活”的人的信念，那些“给人民作牛马”的人，白雪一样高尚的情怀和人格力量。我想，如果我们的每一个干部、每一位人民的公仆，都能牢固地树立“为了多数人更好地活而活”的信念，始终把人民群众的利益放在心中最高的位置上，永远做群众的贴心人，那么，我们的社会环境将会多么的温馨与美好，我们的春夏秋冬也会格外地明媚与迷人……

2016年3月15日于涛声斋

# 让我们一起欢度新春

## ——记贺绿汀

今年国庆长假期间，在家打开尘封已久的相册，忽然发现当年和贺老的合影。日子过得飞快，一转眼，贺老离开我们已有13个年头。我细细端详着这些照片，眼前出现当年和他在一起时，聆听他侃侃而谈的情景……

那是1999年的春节前夕，兔年的脚步越来越近。新春的笑意写在人们的脸上，写在华东医院温馨的病房里，写在96岁的音乐界泰斗贺绿汀的嘴角和眉宇间。

这位精神矍铄的老人，随着祖国沧桑变幻，走过了近百年的坎坷历程。他是一名用音乐作武器的战士，在70多年漫长的创作生涯里，贺绿汀为中国人民奉献了260多首音乐作品。他的音乐真实而深刻地反映了不同时期中国人民的思想、生活以及他们所从事的伟大的历史变革。他的作品具有鲜明的时代特征、民族风格和艺术个性。他的作品鼓舞、激励、熏陶了几代人。

贺老这天精神很好，雪白的头发纹丝不乱地梳向脑后，清瘦的脸上一双大大的眼睛富有神采。老人思路清晰、脸色祥和。随着我的发问，慢慢地启开了他那扇记忆的闸门……

### A

1903年7月20日，湖南邵阳东乡马王塘，一个离城45里、地图上找不着的偏僻闭塞的穷山村。

这儿村后是山，村前也是山，刮风的时候，满山松涛如虎啸。胼手胝足的农夫们，脸朝黄土背朝天，年复一年，日出而作，日落而息。这儿没有沙龙，没有剧院，莫

“贺老，您好！”与贺敬之于华东医院（1999年2月17日） 项秉康 摄



扎特、贝多芬的华美乐章响彻世界乐坛已有百年之久，这儿还不知钢琴、小提琴、交响乐为何物。就在这样一个偏僻、封闭、毫无音乐气息可言的环境里，一个未来的音乐家诞生了。

婴儿落地时没有一点声音，贺家上上下下乱作了一团，当家人慌得跪在灵前求菩萨保佑，接生婆向新生儿屁股上打了一巴掌。可孩子还是没有声音。有人拿起一面锣就敲，当当当，新生儿这才“哇”地一下哭出声来。

谁会想到，这个被锣声震醒的农民的儿子，将来会成为驰名中外的大音乐家。

贺绿汀原名贺楷，别号抱真。这是父亲求私塾先生给起的。直到而立之年，贺绿汀这个美丽的名字才出现：他给人们带来了温馨、宁静、欣欣向荣的气息；带来了音乐那华美动人的乐章。

早在1934年，贺绿汀应俄籍音乐家、钢琴家亚历山大·齐尔品在《音乐杂志》上《征求中国风味之钢琴曲》的号召，他把《牧童短笛》与《摇篮曲》等三首钢琴曲投进征稿箱，结果该两首乐曲分获头奖和荣誉二奖。

《牧童短笛》是贺老1934年的获奖作品。这首充满东方情调和浓郁诗意的钢琴独奏曲，曾征服过海内外众多的听众和音乐迷。

贺老感慨系之：音乐是无阶级、无国界的。作为一种象征，表达一种主题，它那优美动人的旋律走遍天下，也无须翻译……

## B

贺老1926年入党，是我党现存的为数不多的早期党员之一，和毛泽东、周恩来、刘少奇、朱德、陈毅等高层领导都有过交往。据说，他在新四军时，还获赠过一把小提琴。

"是的，是饶漱石送的，那时他与我下棋老输给我。"

贺老举起右手的食指，轻轻地敲击着自己的额头，仿佛那儿有一座金窟，埋着取之不尽、用之不竭的宝藏。

1937年卢沟桥事变后，上海文化界成立了救亡演剧队。风华正茂的贺绿汀和所有爱国的热血青年一样，决心奔赴抗日第一线。

当时，贺绿汀因创作了充满诗意的《牧童短笛》与《摇篮曲》而声誉日隆，但作为一名热血男儿，他不愿让音乐成为贵族沙龙和资本家晚宴上的奢侈品；更不愿用音乐去粉饰太平；他要把音乐变成号角，吹响向侵略者英勇抗击的号音。

皖南事变后，经过组织上的周密安排，贺绿汀历经艰险，终于来到了敌后根据地。在新四军二师，有一次贺绿汀与饶漱石下棋。饶漱石连输三盘，他站起来拍着贺绿汀的肩膀说："你是音乐家，又棋高一筹，这样吧，我这儿正好有一把小提琴，就送给你吧！"

贺绿汀连连称谢，如获至宝。以后这把小提琴始终陪伴着他，至今仍珍藏在家中。

贺绿汀最具影响的歌曲，是他的《游击队歌》，创作于1938年。噢，那时笔者还没出生呢！

1938年初，在山西洪洞县高庄八路军高级干部会议的晚会上，上海文化界救亡演剧队一队以献给八路军全体将士的名义，第一次演出《游击队歌》。

没有钢琴，没有乐队，只有欧阳山尊吹着美妙的口哨充当伴奏（也不是后来的混声四部合唱）。贺绿汀有力地挥动着双臂打着拍子，他从那一张张激情燃烧的脸上，似乎听到了一颗颗火热的心在怦怦地跳动。

这是激情在燃烧，这是心儿在歌唱：

我们都是神枪手/每一颗子弹消灭一个敌人/我们都是飞行军/哪怕那山高水又深/在密密的树林里/到处都安排同志们的宿营地/在高高的山岗上/有

我们无数的好兄弟/没有吃，没有穿/自有那敌人送上前/没有枪，没有炮/敌人给我们造/我们生长在这里/每一寸土地都是我们自己的/无论谁要强占去/我们就和他拼到底！

轻快、活泼的军队进行曲节奏，表现出游击队员英勇顽强、机智乐观的精神风貌；简洁明快、铿锵有力的歌词，描绘出游击队员的英勇善战、神出鬼没、机动灵活、朝气蓬勃的鲜明生动形象。

一曲结束，全场出现了短暂的沉寂，贺绿汀的心都快跳到嗓子眼了。突然间，全场爆发出雷鸣般的掌声，他这才如梦初醒。在座的朱德、任弼时、刘伯承、徐向前、贺龙还有卫立煌等人，都在使劲地鼓掌……

朱老总那张庄稼汉似的脸膛，笑成了一朵向日葵。他拍着贺绿汀的肩膀说："好！写得好！战士们正需要这样的歌！"

当时，在平型关打了胜仗来此休整的685团团长杨得志，一把拉住贺绿汀的手，急切地把演剧队邀请到部队，让他们一个营一个连地教唱这首歌。杨得志说："唱会这首歌，部队就出发！"

部队出发上前线的那天，战士们唱着"我们都是神枪手，每一颗子弹消灭一个敌人"，迎着漫天大雪前进！这首献给八路军全体将士的歌，得到全体八路军将士的热烈欢迎，许多热血青年正是唱着这首歌，投奔到解放区的。

1961年和1986年，贺老访问海南岛和湛江等地，当地的老同志在追忆当年演剧一队教唱的情景时，都忘情地唱起来。《游击队歌》经过60多年的传唱，一直为人们所喜爱；它无疑是中国现代音乐史上影响深远的不朽名作之一。

## C

一个多小时过去了，96岁的老人谈兴仍浓。我怕他疲劳，便把话题从漫长的时光隧道里拉到现在。

"贺老，能否请你谈谈对改革开放20年来的音乐，包括港台歌曲的看法？"

老人略加思索后说："音乐落后于经济！好的不多，主要症结是它的无调性。"

贺老认为：鸟兽虫类等动物用鸣叫表现它们的感情，只有人类才用音乐表现感情，这也是人类与其他动物不相同的地方，所以至今语言文字需要翻译，而音乐则不需要任何翻译。

聆听贺老侃侃而谈（右一为刘希涛） 项秉康 摄

时下不少音乐作品，内容苍白，格调不高，表现怪异，犹如绘画中的抽象派、荒诞派，诗歌中的朦胧派……说不清它们究竟想表达什么。扑朔迷离，让人难以接受。

贺老对时下某些“高价歌星”颇不以为然。他告诉我这样一件事：

一次，一个大牌歌星和杨振宁博士同乘一架飞机。走下舷梯时，歌星被鲜花簇拥着，而杨振宁博士却无人问津。当有人向狂热的人群大声介绍：这是大名鼎鼎的杨振宁，“追星族”们迷糊了：杨振宁？他唱过什么歌？没听说过。

说到这儿，笑容从老人的脸上消失了。贺老认为：“当务之急，是如何正确引导！”

贺老出言直率、坦诚，无论政治观点还是艺术见解，都没有任何模棱两可或语义含混之处，这才使他的文章和发言，常带来振聋发聩的影响。

在难以尽述的音乐活动之外，贺老为人们所热切称道的是他的极其可贵的高尚人格。他对待艺术、对待人民群众一往情深：“火似的炽烈，岩石般坚定。”而与邪恶势力及敌人相对，却正如王元化同志所称道的：“铁骨铮铮，大义凛然，威武不屈。”这特别鲜明地反映在众所周知的他在“文化大革命”时的遭遇和表现之中。

贺老不老，他将和我们一起欢度新春，迎接新世纪！我们衷心祝福他老人家健康长寿！

（杰出的人民音乐家、音乐界泰斗贺绿汀因病于1999年4月27日在沪逝世，谨以此文，深表哀思。贺老音容宛在，永志不忘。）

1999年4月29日于涛声斋

# 瑞草芳华

## ——记张瑞芳

### A

1998年的“七一”前夕，一个清风在人们的耳旁说着悄悄话的日子，在上海淮海中路一幢普通公寓的三楼，我和《城市导报》报社同仁，揿响了著名电影表演艺术家张瑞芳老师家的门铃……

开门的是保姆，张瑞芳正在打电话。在门口，我们要换鞋，她赶紧撂下电话，跑过来说：“不用换，不用换，来我们家不兴换鞋。”

我们随她来到客厅，这是一间十多平方米的临街客厅，阳光明媚，花团锦簇……落地长窗外，就是车水马龙的十里长街，汽车的喇叭声不时传进屋来……瑞芳老师说：“把长窗拉上吧，声音会小点，就是有点闷。”

客厅温馨但不豪华，除了市政协领导和友人送来的生日花篮外，处处展示出深厚的文化积淀和丰富的历史内涵……乳白色的墙壁上一幅硕大的“瑞草芳华”题词，是刘海粟大师对张瑞芳德艺双馨的形象写照；英姿勃发的周恩来的照片，尤为醒目，照片下方有他的亲笔签名，这是总理当年亲自送给瑞芳老师的；还有一幅漂亮的书法作品，是1963年瑞芳老师因主演电影《李双双》而荣获“百花奖”最佳女主角奖时，大文豪郭沫若笔走龙蛇的赋诗，让人赏心悦目；更为耀眼的则是陈旧的书橱顶上那八只银光灿灿的奖杯：百花奖、中国电影世纪奖、中国电影表演艺术特别荣誉奖……而再普通不过的是客厅中央一张罩着碎花桌布的四方台和几把靠背椅……

荣誉等身却谦和朴实的瑞芳老师，就和我们围坐在四方台前聊了起来。乍一看，这位八十高龄的健康老人银丝满头，笑容满面，平平常常，普普通通，并不怎么特

为张瑞芳老师80诞辰祝寿后合影（1998年6月） 项秉康 摄



别；但渐渐地，你就会被她清晰的思路，严密的逻辑和富有哲理的谈话所折服。最终，你会发现除了“著名电影表演艺术家”之外的又一个张瑞芳。

## B

谈话自然从庆贺她八十华诞说起。她既感慨又认真地说：“搞庆祝活动，给我这么大的荣誉，我很不安……我想，这不是给我个人的，而是给一代艺术家的，我是代表他们来接受这一荣誉的，因为他们中的不少人已经离开了我们……我们这一代艺术家是一个出色的群体，如赵丹、白杨、崔嵬、金山、舒绣文、秦怡……我只是这个群体中的一员，普通一员，并不突出……”

张瑞芳微微皱起眉头，回忆起她的人生和从艺经历……

1918年，张瑞芳出生在河北保定一个旧军官家庭，在投身于“五四”新文化运动的党员母亲和姐姐的影响下，她年少时就走上了革命道路。

我在北平市立第一女子中学读初二时就尝试演戏了。这个学校有个特点，就是喜欢演戏，不但学生演，连工友和公务人员也参加演。大概与校长孙荪荃是女诗人有关。最难忘的一次自然是1937年4月和崔嵬一起演《放下你的鞭子》。崔嵬是我演戏的启蒙老师，在此之前，我已和他一起演过由陈荒煤编剧的《黎明》。当时，正是全国抗战前夕，“西安事变”之后，学生运动风起云涌。“学联”组织学生借春游之名，搞一次全市性春季集体大游行，到香山对抗国民党破坏学生民主运动、成立“新学联”的阴谋。我们的《放下你的鞭子》就在香山樱桃沟的香山广场演出，7 000多名学生观看，群情激愤。参加这次广场演出，对我来说，无疑是开辟了一个崭新的天地。

打开了话匣子的瑞芳老师，思维敏捷，口齿伶俐。在她微耸的眉宇间，似乎仍能见到她当年主演的街头剧《放下你的鞭子》以及《保尔·柯察金》中的冬妮娅、《南征北战》中的赵玉敏、《聂耳》中的郑雷电、《李双双》中的李双双以及话剧《家》中瑞珏等人物的风采……

从1937年7月到1938年8月一年多点的时间里，我参加了由当时的北平地下党市委书记黄敬同志负责组织的“北平学生战地移动剧团”。开始时，有荣高棠、张楠（我姐姐）、杨易辰、程光烈四个党员。剧团7月15日在北平中国大学一个教室里宣布成立，随即准备到京郊门头沟去演出，慰问抗日将士。但所有城门都被封锁了，火车也不通。实际上，国民党正在秘密进行华北投降活动。到7月28日晚上，北平所有城门忽然大开，沙袋和街垒都拆除了，看样子不抵抗了，警察只用一根木棍站岗，不背枪了。北平事实上已沦陷，我们心中非常痛苦。黄敬同志划定了南下路线，我们赶紧离开北平，到山东、河南进行抗日宣传。我参加了《打鬼子去》《林中口哨》《烙痕》《九一八之夜》等剧的演出，大家团结友爱，相互关心，在一年里建立了一生中最特殊的感情，至今难以忘怀……前不久，荣高棠来信还谈到剧团当时15人现在只剩下6个了……

说到这儿，瑞芳老师喝了口水，她的脸色还是平静的，但心海深处一定有波澜在起伏……

以后我就到了重庆，参加了“怒吼剧社”，同时到国立戏剧专科学校旁听。当时重庆集中了不少中国文化巨人和戏剧精英：郭沫若、曹禺、张骏祥、黄佐临、陈白尘、郑君里、赵丹、白杨、舒绣文、秦怡、魏鹤龄、宋之的、项堃……我能够一开始就进入进步文艺阵营，有机会向这么多有才华的戏剧精英学习，与他们同台演戏，受到熏陶，这是我的幸运……

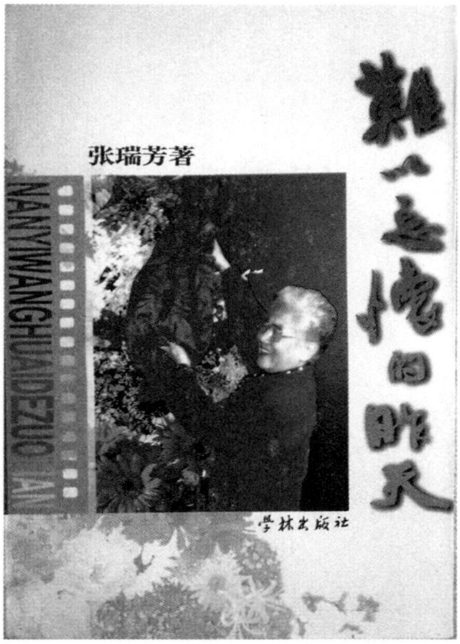

《难以忘怀的昨天》封面

瑞芳老师抑制不住喜悦之情，脸上绽开了灿烂的笑容……

更幸运的是，1938年12月我入党后，单线联系人是周恩来，真理就在我面前，党就在我面前，我太幸运了……周总理对我的关心、帮助终生难忘！真是楷模呀，周恩来是政治伟人，也是当时重庆话剧形成高潮的组织者。当时，我参加过《上海屋檐下》《全民总动员》《民族光荣》《北京人》《棠棣之花》《石达开》《芳草天涯》等话剧的演出…… 有意思的是，我的名字始终没改过。在演出《火的洗礼》时，曾有人认为我的名字太老气，是否换个浪漫点的艺名，我没同意。因为当时我家里人都到了延安，只有我在国统区，如换了名字，我怕以后他们找不到我……

是啊，瑞芳，瑞芳，瑞草芳华，虽不秾丽，却馨香醉人……

## C

八十高龄的张瑞芳，在回顾一生走过的道路时，依然充满着思辨和哲理。

她深情地对我们说："这几天我一直在想，我这一生并没多大的个人能耐，我只是听党的话，在组织的关心帮助下逐渐成长起来……回顾我的人生经历，我觉得我是沾了当演员的光啊……"

语出惊人，她摆出了自己的"理论依据"：

抗战时候，全国人民同仇敌忾，以各种方式投身抗日之中，不少人牺牲了自己的宝贵生命。我参加抗日的形式就是演戏：一出《放下你的鞭子》，就让7 000多个大中学生呜咽一片……就这样，我被人们记住了，一直记了几十年，这不是沾了演员的光吗？！

在重庆，因为我是演员中的党员，就有了与周恩来单线联系的机会。总理的教诲使我终生受益，这不也是沾了演员的光吗？！

1952年拍电影《南征北战》，解放军一个混合营跟着我们摄制组行动，四处拍景，非常辛苦。有的战士被“打死”在水里，镜头前要一动不动，冰冻的水“咕嘟嘟”地直往嘴里、鼻子里灌……有谁知道这些战士的姓名？最后出名的是我们这些有名有姓的演员呀！当时一年就拍一部《南征北战》，一拍完就全国发行，大小影院一同放映，1 000多个拷贝，从35毫米到16毫米，到8.5毫米，观众成千上万……全国人民都记住了那女村长兼民兵队长赵玉敏是你张瑞芳演的，这是不是沾了演员的光？！

还有，那部《李双双》，在第二届“大众电影百花奖”获奖名单上，一举获得四个最佳（最佳影片、最佳编剧、最佳女演员和最佳配角奖），可以感觉到当时的观众，对这部农村现实题材的欣赏和喜爱……这不是又沾了演“李双双”的光吗？！

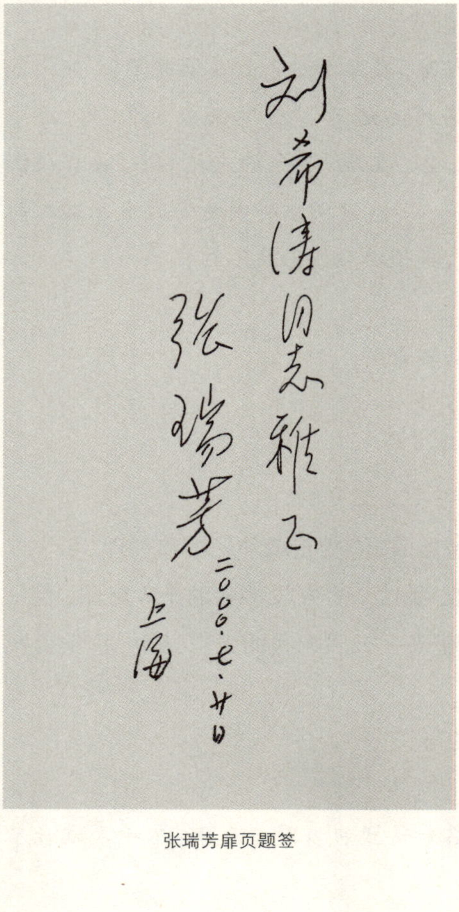

张瑞芳扉页题签

瑞芳老师越说越兴奋，她掰着手指如数家珍：“如果说三百六十行都有行业区别，那么同在电影制片厂，编剧、导演、摄影、美工、音响、服装、道具、化妆、效果等，最占便宜的还是演员。田华说过：‘我们是露脸儿的’……我们上影厂老厂长徐桑楚，当了几十部电影的制片人，可记住他名字的观众有多少？他今年83岁了，也没人想到为他庆贺一番，与这位老大哥相比，我这不又沾了当演员的光吗……”

瑞芳老师真切地对我们说，她曾经担任过八年市政协副主席，其他几位主席、副主席都是有真才实学的桥梁专家、科学家、院士……只有她是假的，演的都是别人，结果自己究竟是个什么角色也不知道了……每逢政协外出调研，人们首先发现的总是她："看，张瑞芳来了，'李双双'来了……"每次，她总是赶紧把桥梁专家李国豪、科学家谢希德往人们面前推，向大家介绍：这是我们的主席、这是……但没用，人们还是冲着她来，要合影，要签名……这无疑又是沾了当演员的光！……

无论顺境抑或逆境，都能保持生活常轨的人，是可敬的；而无论在荣誉面前抑或名利面前，都能保持一颗谦和、平常之心的人，更让人肃然起敬！面对朴实无华、真诚率直的张瑞芳老师，我们的心灵被深深地震撼了……

## D

"李双双"办敬老院了！

消息不胫而走。

2000年7月的一天，在一个蝉声四起的下午，我来到位于上海长宁区虹桥路上的"爱晚亭敬老院"，又一次拜访了张瑞芳老师。

头回生，二回熟。满头银丝闪烁的张瑞芳老师说话时的面部表情、手势、语调及至辞藻，活脱脱当年那位快人快语的李双双。

"为啥要办这个敬老院？"想法由来已久，说来话长……早在1990年，她应《文汇报》征文之约，在《我的家务》一文中，就披露了自己的心迹，希望有一天能有比较完善的"老人公寓"出现。说到这儿，她顺手打开一本在她80岁时，由学林出版社出版的纪念文集《难以忘怀的昨天》。翻到第347页，她操着一口流利的普通话朗读起来：

> 每天，在频繁的社会活动之后，一踏进家门就奔向厨房。在全部家务劳动中，最繁琐而不可一日或缺的就是烧饭了……对于我们这样的老人家庭，我企盼着有一天中国也能有比较完善的"老人公寓"出现，使老人们不单有自己独立的住房，也能有辅助的餐厅、俱乐部……这虽是一个不小的难题，尽管我最终可能享受不到了，但我相信总有一天会解决，我是乐观的。

如今张瑞芳的企盼终于如愿以偿。

瑞芳老师告诉我，“爱晚亭”敬老院没花政府一分钱，全靠家庭成员投资。她几乎拿出了一辈子的积蓄，亲家母顾毓青卖掉了自己的住房……

“爱晚亭敬老院”就坐落在虹桥路1035号的大院内。一幢总面积为1 756平方米的三层建筑，已被装修一新。设有50张床位的房间，被巧妙地分割成单人房、双人房和三人房（并可根据老人入住的特殊需要进行调整）。每间居室均设有大小卫生、中央空调、24小时热水沐浴系统，备有彩电、应急警铃。为给老人提供一个舒适、温馨的睡眠环境，敬老院特地设置了目前国内最先进的冬暖夏凉天然山棕及磁性保健床垫。主楼每层都有独特的老人活动天地：如一楼的多功能厅，集餐饮、娱乐、休闲于一体；二楼有近300平方米的露天阳台；三楼的玻璃天棚阳光室，更是老人们阅览、小憩的好去处……

在张瑞芳的陪同下，我饶有兴趣地在这座“老人公寓”里参观……在一间精巧雅致的单人房里，瑞芳老师动情地对我说：“老人都希望有自己的私人空间。而现在的养老院，大都是双人、三人或四人的共居房间。虽然老人喜欢热闹，但他们也会花很多时间去回忆往事，做一些个人的事情。在这种时候，无论是生理上还是心理上，老人都希望有自己的私人空间，但集体式的居住条件却无法满足老人的愿望。同时，敬老院的房间设施甚至墙壁颜色都一样，这种统一规范的宿舍式住房造成距

张瑞芳与作者亲切交谈（2000年7月） 张解放 摄

离感，不适合老人长期居住。”

瑞芳老师言辞恳切地对我说：“敬老院不能只是提供一张床、三餐饭和几个伴，而应满足老人更高层次的需求，如搞艺术沙龙，有好戏集体去看，回来坐在一起讨论。有心得可写成文章，在院内朗读，大家帮助修改，精彩的可推荐发表，将来还可汇编成册……总之，让各人把自己的才华带到这儿来发挥。爱好书画的，这儿有书画家教你；爱好文体活动的，这儿既有健身房又有歌唱家、舞蹈家与你共同切磋……‘谈笑有鸿儒’，让住在这儿的老人，老有所养，老有所乐，老有所学，欢度晚年，其乐融融……”

谈到缘何要起“爱晚亭”三字作院名时，张瑞芳指着由市人大常委会主任陈铁迪写的院牌，笑脸如花……

爱晚亭在湖南长沙市湘江西岸的岳麓山腰，建于乾隆五十七年（1792）。原名红叶亭，又名爱枫亭，后取唐朝诗人杜牧的诗句“停车坐爱枫林晚，霜叶红于二月花”之意，故改名爱晚亭。毛泽东青年时期经常在此进行革命活动。原亭年久失修，新中国成立后，重建于1952年，毛泽东题写“爱晚亭”三字。

今日的老人，都曾是毛泽东时代的青年人，恰似红于二月花的经霜枫叶，故以“爱晚亭”作为敬老院的名称。

在爱晚亭敬老院与张瑞芳（左二）合影

## E

“爱晚亭敬老院”在张瑞芳及其儿子媳妇和亲家母顾毓青的努力下，在政府有关部门、所在社区以及众多热心人的慷慨相助下，挂牌仪式已于当年7月8日隆重举行。陈铁迪及沪上各界知名人士100多人出席了仪式。市政协主席王力平为“爱晚亭敬老院”题录了杜牧的《山行》诗篇；《李双双》影片中喜旺的扮演者、著名电影演员仲星火书写了“爱晚亭畔夕阳红”的匾额；滑稽界老前辈周柏春则写了“古柏新芽春常在，鹤发童颜神不衰”的条幅……

张瑞芳说这些话时虽喜形于色，可心里却是沉甸甸的。个人兴办敬老院，并非一件易事，因为“养家糊口”不容易。在亲家母的操持下，她充其量只是个首席顾问。眼前虽已克服了众多的困难，迈出了坚实的一步，可今后的路还很长，很长；她们要做的事情还很多、很多……不管遇到什么样的困难，她们都将“咬定青山不放松”，将为老人服务的事业，进行下去。

## F

2012年6月28日21点18分，著名电影表演艺术家张瑞芳老师，在上海华东医院逝世，享年95岁。

瑞芳老师音容宛在……谨以此文，深寄哀思。“瑞草芳华”，将永远摇曳在我们的梦境之中……

2012年6月29日于涛声斋

# 我采访过费孝通先生

2014年11月2日，是著名社会学家、人类学家、民族学家、社会活动家、中国社会学和人类学的奠基人之一——费孝通教授104岁诞辰。我凝视着当年和他的合影，想起他提出的"小城镇，大问题"以及农工相辅、志在富民的小城镇建设理念，眼前便出现了他的身影，心头便有一股热流在涌动……

1985年7月在吴江与费孝通（中）合影　董维芬　摄

江苏吴江松陵宾馆幽静的小径上，一位白发老者在舒腰展臂，做着健身运动。他脸色红润，衣着随便，宽阔的前额下有一双睿智的眼睛。他，就是著名社会学家、全国政协副主席费孝通教授。笔者（当时为《中国城市导报》记者）有幸采访了他。

时年75岁的费孝通教授身材魁梧，下颏双叠。我和他的话题是从“凤尾菇”开始的。

费老说：1981年，他在澳大利亚讲学期间，好友曹继业，一位华裔生物学家，在悉尼饭店设宴款待他。席上，一客风味独特、吃口香脆滑嫩的菜肴令他赞不绝口。一打听，这叫凤尾菇，原是中国的东西，产于喜马拉雅山南麓，却失传于故土，成为澳大利亚的特产……

费老在好友的帮助下，千方百计觅得菌种，装入试管，小心翼翼地带回祖国，交给他的故乡江苏吴江县培育。经过多次试种，凤尾菇在吴江境内无论是秋栽、春栽以及室内外种植，都获得成功。这种被人们称为“植物肉”的“菌中之王”，含有人体必需的八种氨基酸成分，其蛋白质高于一般的蘑菇，能增强人体的抗癌能力。

它的吃口又好，因此，大受消费者的欢迎。

可是，凤尾菇投产后，吴江县的种菇人却遇到了一道难题：没有汽车。因为凤尾菇不能久贮，它像小白菜一样鲜嫩，连从吴江运到苏州都有困难。怎么办？吴江人决定，写封信向费老求援。

早在1936年，费孝通就以他的家乡——吴江为基地，坚持对我国农村进行追踪性深入研究。他从这封信中得到了很大的启示：农村产品商品化程度与小城镇之间的相互关系问题。他认为，国家包揽式的商品流通渠道，到了非改革不可的时候。于是，费老在他的力作《小城镇，大问题》中，果断地把凤尾菇运输这个问题提出来。不久，他又撰写了《一个不寻常的信息——从农民买汽车看发展农村运输业的重要性》一文。吴江的同志怎么也没想到一封求援信竟引来费老一系列的大块文章，更没料到就是这些文章，引来南京汽车制造厂的有力支援。

“我做人的目的之一，就是要使人民富起来。”在一次会议上，费老曾满怀深情地这样说过。

1910年，费老生于吴江县松陵镇富家桥。先在松陵雷振殿小学（现为实验小学）读书，后来全家搬到苏州，他在振华女校读书，继而又转到东吴大学一直读到二年级，即赴北平燕京大学读社会学系。毕业后，先在清华任教，以后又到英国进修。

可是，这位荣获英国皇家人类学会授予赫胥黎奖章的著名社会学家，一生中却遭遇了那么惨重的打击和磨难。

1936年，年轻的费孝通毕业于清华大学研究班，他怀揣科学救国的宏愿，偕同新婚的爱妻王同惠毅然踏上了社会调查的征途，跋山涉水，行程万里。他俩在广西大瑶山的考察途中，不幸双双跌入猎人捕捉老虎的陷阱。仗着男子汉的强壮体魄，遍体鳞伤的费孝通挣扎出这死亡的陷阱，而爱妻却再也没能爬出来，与世长辞了。伤痛加上失妻之痛，一度使他难以解脱。在厄运面前，费孝通不是在挫折中沉沦，而是在挫折中升华！决心科学救国、把知识献给人民和这片热土的费孝通，坚强的信念犹如一支燃烧的火炬，照亮了他社会调查的漫长征途。他被迫中断了对大瑶山的考察，开始了以苏南江村为基点的社会调查。50年来，九访江村。他最先写出的《中国农民生活》（即《江村经济》）论文，也就是奠定他终生事业的最早论文，并因此而获得伦敦大学哲学博士学位。

1957年，费老二访江村。深切地感到农民不能紧紧地捆在"绿棵头"（意为庄稼）上，还可以经商，办工业，发展农村的商品经济。这些具有远见卓识的言论和当时的"以粮为纲"的口号是多么的不协调。由于众所周知的原因，他竟被错误地打成了"大右派"，开始了他长达20余年的痛苦生涯。

1987年9月，费孝通造访开弦弓村

“这都是过去的事，不去多谈了。”费老把手一挥，似乎是在驱赶那不堪回首的记忆。“重要的是，要从农民的利益来想中国的问题。”他的眼里闪射出一道异样的神采。

费老的话，又使我想到原松陵镇长徐大伟所谈的一件事。

1983年初，费老四访江村，突然想看看自己的出生地蘑坊弄，这使当时的一镇之长深感为难，费老十分诧异。追问之下，才知他的出生地已成了厕所。这位举世闻名的学者顿时哽咽。徐大伟感叹地说：“长期以来，我们没有重视小城镇建设与发展，造成广大乡村还是这样贫穷与落后！”正在探索农村社区应该有一个高一级层次的社会实体的费老，听了徐大伟的这番感叹深有同感。费老又了解到吴江有个群众自发的组织“小城镇研究会”，他热情支持，并欣然担任该会名誉会长。

费老在家乡住了一个月，进行社会调查，取得了他对小城镇研究的第一手资料。新的火花在他的脑海中成串地爆绽开来。震动全国的《小城镇，大问题》问世了，这篇文章有事实，有分析，更有崭新的一反固有观念的独创见解，而被中央领导同志称为“言之成理，持之有据”的好文章。

新思想、新理论植根于客观现实，所以才“持之有据”。他的理论来自他在社会学方面很深的造诣，因而才“言之成理”。小城镇问题成了费老80年代研究的中心课题。几年来，他连续发表了《小城镇，再探索》《小城镇，新开拓》《小城镇，苏北初探》等系列文章，对苏南苏北的农村经济、集镇建设提出了系统的理论，使一些过去对乡镇企业有种种看法、持否定态度的人，在读了那有证有据，兼具宏观、微观分析的文章后，为之叹服。最近费老九访江村，是部署以两年时间，对被称为江村的开弦弓村以至整个吴江农村经济作科学的剖析，从中找出有规律性的东西，作为50年前那篇著名的《江村经济》论文的续篇。

7月22日上午，他在吴江县松陵镇礼堂，向县直机关500余名干部畅谈了他对小城镇研究的新认识：“乡镇企业有没有浮夸风？有没有单纯追求产值的倾向？是否有所谓‘大跃进’的气氛？这是今年年初，我在北京听到的一种说法。现在看来，某些单位在产值上报中虽然有些水分，但属于统计上的缺点，即有些重复计算，再就是有要求扩大项目的倾向，不是乡镇企业本身的问题。去年吴江县的农、副、工三业协调发展，乡镇企业的产值、利润和工资、福利也是同步增长的。这表明它们的发展是健康的。”费老在讲台上举起手臂说着这番话。

当我问费老离开吴江后去哪里时，费老笑着说：先回北京，准备再去甘肃，然后到东北。他目前正在研究两个课题：苏南的农业经济研究和中国的东西部关系问题。这次九访江村，是为明年定稿的《江村五十年》一书做准备的。

说到这儿，费老和我打了个招呼："我还得跑十分钟的步。"他向我挥挥手，便小步跑了起来。此时，初升的朝阳把费老的身影印在他故乡的土地上，长长的，长长的……

以上文字，记于1985年7月的吴江，掐指算来，已过去了近30个年头。费老已于2005年4月24日离开了我们，可我的脑海中依然印有他的音容笑貌，我的耳畔依然响着他爽朗的笑声……费老始终认为，小城镇，大问题。农村的发展从内部来看，应该是发展工业；从外部来看，应是发展小城镇，成为"人口的蓄水库"，以减轻农村人口向大城市流动的压力。

是啊，我在想，大城市的扩张总有临界点，中国不能没有小城镇！让农民们离土不离乡，让中国农民都有小康的生活，像吴江那样，农民因业而安，缘此，中华民族的发展基石方得稳固！中国人民世世代代安居乐业的美梦方得成真。想到这里，我向着吴江的方向，向费老的在天之灵，深深地三鞠躬……

2014年11月2日于涛声斋

# 我认识的陈从周先生

我住在抚顺路的时候，离同济大学仅一里之遥，而与学校一路之隔的同济新村，离我住处还要近一些。那儿，住着园林大师陈从周先生。

同济新村大都是五层楼的公房，是20世纪的老建筑。陈从周住在底层三室一厅的居室里，厅与书房都很小。居室朝南的窗前是一排高大的水杉树，枝叶繁茂，把阳光遮掉了不少。

那是20世纪80年代，我在上钢二厂工作时，借调沪东工人文化宫筹办《文友报》（后改名《东宫报》）。想请几位大师级人物题词，首先想到的就是陈从周先生。

提起陈从周大名，可谓如雷贯耳。用建筑大师贝聿铭的评价来说，他是“一代园林艺术宗师”。一生挚爱中国传统文化，集园林、建筑、诗文、书画、昆曲、鉴赏等艺术于一身，博大精深。他是把中国园林介绍给世界的第一人，也是中国现代园林学的开创者、奠基人。其创立的园林学理论，是继明代之后的又一座丰碑，被誉为中国的园林之父。

他还是一位知名的词人、散文家。诗词自成风格，所撰园林散文，堪称绝响。冯其庸盛赞“陈氏文章如晚明小品，清丽有深味”。钱仲联赞其词作“雅音落落，惊为词苑之射雕手”。更称其为“杂文家之雄杰”。叶圣陶先生则在《说园》中说“从周兄熔哲文、美术于一炉，以论造园，臻此高境，钦悦无量”。

一个晚辈，一个业余诗人，要去拜访一位学富五车、治学严谨的学界硕儒，着实惴惴不安……可很快，我的拘谨就被先生爽朗的笑声所驱散……先生腰板挺直，谈笑风生，让人如沐春风。那次，先生不仅为小报题了词，还和我在他书房留下了一张珍贵的合影。

那次拜访不久，就发生了其子在美国留学期间，在一家餐馆为朋友作替工时，遭

与陈从周先生在一起（1984年1月）

歹徒杀害的惨剧……此事引起极大轰动，凶手虽被绳之以法，可从周先生却失去了唯一的儿子（1986年5月27日，与先生相濡以沫、患难与共40多年的老伴又撒手人寰……）。接二连三地打击，摧残着这位年近七旬的老人，他能否扛得住？我不敢贸然打电话，甚怕触动他的伤心事，悬着的心久久不能落下……

我愈加注意寻访先生的足迹，拜读他的作品：在苏州园林和虎丘，便思索先生当年是怎样揭开此塔结构之谜的；在宁波天一阁和上海豫园，便想起先生参与设计和重建时的情景；去如皋我娘舅家，必逛留下先生智慧的水绘园；而在我老家扬州，更忘不了鉴真纪念堂和处处留有先生身影的扬州园林……我终于读懂了中国园林的实质是"诗文造园"，闹中取静，小中见大……这种园林的"文气"和"意境"，如作诗文，必须曲折有致，前后呼应，最忌堆砌和错杂。

作文讲究"得体"，造园亦然。

先生早年曾师从张大千学画。1948年，他30岁时，在上海举办个人画展，以"一丝柳，一寸柔情"蜚声海上画坛。随后出版的《陈从周画集》，张大千慨然为之题签。中年以后，所绘兰、竹，评家称为"意多于笔，趣多于法，自出机杼，脱尽前人窠臼"。先生其文婉约、清丽，形同阶上春苔，隔帘花影，盎然春意，荡漾于字里行间……字字珠玑，篇篇异彩，充分体现先生对祖国文化深层次的理解和运用。

2001年1月10日，我收到一份报纸，是我《城市导报》原同事秦颂羔（后调《上海商报》当记者）写的"特别报道"《谁救了南北湖》。

南北湖位于杭州湾北岸的海盐境内。三面环山，一面临海，地理环境得天独厚。1 800亩大小的湖面波状曲折而有韵味，中间长堤横贯东西，被分为南北两半，故名南北湖。

正是这样一处自然和人文景观兼备的"人间天堂"，却在20世纪80年代遭受一场浩劫。一些目光短浅之人，操起"靠山吃山"的行当，不分昼夜地炸山采石，举枪打鸟，使青山千疮百孔，珍贵禽鸟濒临绝迹……

陈从周先生闻讯后，痛心疾首，南北湖风景区的每一声炮响，都如同炸在他的心上……他奔走呼号：停止炸山！停止打鸟！保护植被！保护生态！他在报上发表文章《救救南北湖》，读后催人泪下……他忍受着失子丧妻之痛，数十次奔波于浙江上海之间，到各级部门恳切陈词："放下屠刀，立地成佛，救救南北湖！"

1991年2月26日，《中国环境报》上刊出《南北湖风景区炸山捕鸟何时了？》的读者来信，使先生再次血脉贲张，拍案而起，他不顾"位卑言微"，他要告"御状"。他在写给江泽民总书记的一封信上，含着泪水写下："敬恳泽公开恩，救救南北湖！"

就这样，经过陈从周先生近十年的不懈努力，南北湖风景区内13家采石场终于停止了炸山的营生，南北湖终于又恢复了往日的宁静……

2014年11月4日，我邀几位文友，来到这北距上海100公里、南临杭州70公里的南北湖……正是秋风送爽、天高云淡的季节，橘压枝头，漫坡金黄，万木垂荫，湖光山色……我们在长堤上漫步，在长椅上小憩，细细品读先生在1983年3月留下的这段文字：

> 风景之美在山在水，两者相兼，必成佳景。澉浦的山蜿蜒多姿，层峦叠翠，在橘林和竹林的四山环抱中，出现了一个平湖，这就是永安湖，又称南北湖。山的一个高峰称鹰窠顶，很形似。这湖不大，亦不算小。当然比不了西湖，可又比瘦西湖大，它的好处，是比瘦西湖幽深，比西湖玲珑，能兼两者之长。它的特点尤其在于湖外为海。那就是山水之外再加一个海，山光、水色、涛声，够你受用的了……整个风景区，像个村姑，没有被"都市文化"所污染过。因此无华厦，无高楼，没有那种打了牙齿镶上金牙的丑态，是平淡天真，可容我沉吟，任我周旋，耐我盘桓，享受一次诗一般的游憩。

默诵着先生的文章，我们来到“陈从周艺术馆”（又称梓园）。这是1998年南北湖人民为纪念先生对这真山真水的真情而兴建的（2001年5月扩建后对外开放），让他老人家永远和南北湖相伴。

艺术馆为一幢独具民族特色的建筑，占地1 000平方米，建筑面积480平方米。馆前高耸一块太湖石，上书“陈从周艺术馆”馆名。走进“梓园”，庭院西侧是先生的墓地，上有先生的雕像。2001年5月7日，先生骨灰从上海运至，安放梓园内，实现了先生“魂归南北湖”的夙愿。艺术馆内三个楼面的展厅陈列，记录了先生的艺术思想、艺术成就、一生历程和为保护南北湖的文字资料，其中包括生前创作的书画、收藏的瓦当等文物及生前用过的生活用品。数百幅照片，包括先生与徐志摩（陈从周系徐志摩表弟）、张大千、俞振飞等名流的合影照片，还有与叶圣陶、茅以升、钱学森、贝聿铭等大师交往的照片和珍贵信件……园内有半亭一座，系先生1984年赴美国为纽约园林设计“明轩”的再现。

“一代园林艺术大师”陈从周先生，已于2000年3月15日驾鹤西去……切莫以为先生离我们已远，他与他所热爱的园林艺术，永远植根中国，他依然在岁月烟尘的深处张望着我们，而他的身影在我心中，也愈发高大清晰起来……

2014年中秋节于涛声斋

# 中国新诗的成熟，尚待一百年的努力

## ——记王辛笛

老诗人王辛笛已走过90岁人生历程。90个春夏秋冬，使他饱经人间沧桑，饱览人生百态。如今，他依然精神矍铄，诗情常在。

在一个秋阳朗照的上午，我和《上海诗人》报的同仁，手捧鲜花，走进王老位于南京西路上的家。映入眼帘的是一片浩瀚的书海，不少已经泛黄、卷边。坐拥“书城”的老人依然是“只要有书，就读；只要有报，就看；只要有诗情，就写”。

王老是以诗歌著称于世。他的气质如诗，性格如诗；他的热情、朴实与豁达、率真，都是属于诗的。早在20世纪40年代，他就是九叶派诗人中的领军人物，曾作为中国诗歌的友好使者，出访美国、新加坡、加拿大等地。他新诗与古体诗词兼长，从中学时代起，就开始发表作品，至今已发表诗歌千首。

前不久，他坐着轮椅来到上海图书馆，参加由上图中国文化名人手稿馆、上海作协和上海文学发展基金会联合举办的“诗人王辛笛创作生涯展示”活动，由他捐献的手稿、日记、书信、照片、著作版本以及早期发表的诗文刊物130余件物品，见证了一个时代诗歌的发展史。

耄耋之年的王老，思路依然非常清晰，面对当今的诗坛现状，老人感慨地说：“诗是通过有节奏、有韵律的语言来反映生活，来抒发感情的。这话再明确不过，再清楚不过了，恐怕不会有人不明白！可当今诗坛，无节奏无韵律的诗比比皆是……让人弄不懂，这能叫诗吗？显然，它只会败坏读者的胃口。”

王老认为：“中国新诗距离它的成熟期，尚待几代人至少100年的努力！古诗已有2 000多年的历史，才形成它的思想深邃、结构严谨和诗味隽永的特色：抑扬顿挫和朗朗上口，是它得以广泛流传的重要基因。而新诗，太白话了，加上无节奏无韵

在辛笛书房（2002年10月） 陈柏森 摄

律，想怎么写就怎么写，这怎么能行？时下不少诗人，动辄几十行，上百行，还有几千行的长诗……在短诗都少有人看的年代，长诗的读者可想而知。诗，委实不宜长，不能硬凑，不能像自来水龙头，'哗'——一放一大桶！提倡短诗，提倡精品，《上海诗人》应朝这个方向努力！"

在谈及新诗的发展前途时，王老认为："我们应该坦直承认新诗当前处于困境，同时对新诗的过去和未来均要看到它的积极的一面。无可否认，在物欲横流的年代，凡是严肃文学均受到冲击，而新诗尤其首当其冲。我深信国家经济发展到一定时期，这种浮躁情绪必将转入成熟深化的心境，为此就有可能以较闲适的态度来欣赏文学和新诗。"

王老喝了一口茶，继续着他的谈话："仅就新诗的过去而言，从五四新文化运动开始，新诗至今仅有90年历史，而我们已读到了冰心、郭沫若、徐志摩、戴望舒、卞之琳、艾青、臧克家等人的优秀作品，他们的诗篇都是能朗朗上口、经久难忘的，也都是经得起时间的考验而载入史册的。当然，如果以我国数千年的古典诗歌传统，从诗经、楚辞、汉赋、乐府、唐诗、宋词、元曲的发展来看，其辉煌的成就自非新诗所可比拟。新诗的90年就历史的长河来说，不过是短短的一瞬间，以之和古典诗歌相提并论，显然是不公平的。"

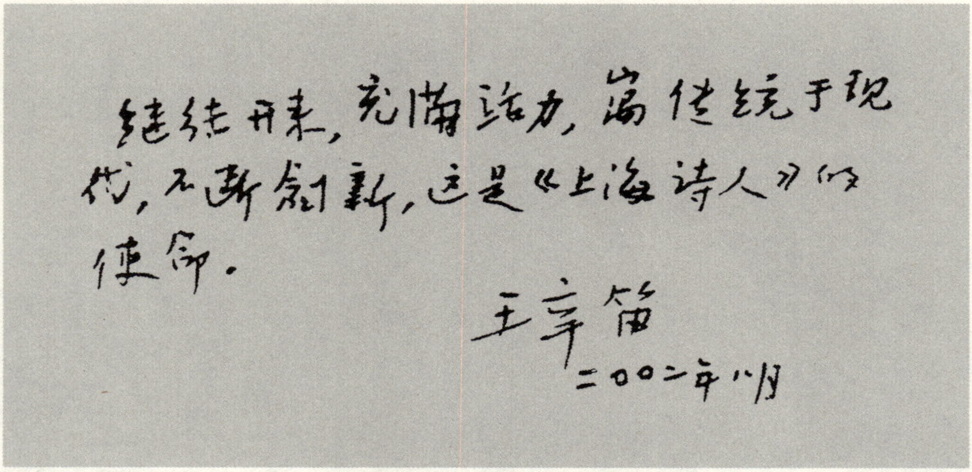


辛笛为《上海诗人》题词

说到新诗的未来，90岁的老人提高了嗓音，说："由于人们的思想感情一经用语体诗文来表达，就无法再回到以古典诗文所规定的范畴。故新诗的前途实在是大有可为，不可限量。问题还是在于今后几代人的努力，才能有更新更加完善的成果。我想，今后新诗的努力方向是大有可为，不可限量。问题还在于今后几代人的努力，才能有更新更加完善的成果。我想，今后新诗的努力方向：一是要善于和敢于学习古典诗词、五四以来的诗歌以及外国诗歌的特点和优点；二是要更深入地体验生活，观察生活，撷取真情实感，用文字予以表达。"

王老语重心长地说："汉语本身是一种诗化的语言，古典诗歌凭借平仄、对偶、押韵等形成格律，故能赋有结构严谨、抑扬顿挫、诗味隽永的特色。而新诗从一开始就提出语、文合一的革命要求，对于过去的格律一无依傍，只能从语言的天然节奏中（天籁）来发掘摸索出诗歌的节奏（人籁），这就事倍功半，难以成形。试想，无韵律、无节奏、大白话，想怎么写就怎么写，这又如何能成为诗呢？加上现在不少诗人以为写诗是最容易不过的事，信手一挥，就能成诗，这就更是等而下之了。所以说，新诗的先天不足、后天失调，是其主要症结。诗人的语言要锤炼，要捕捉语言的节奏感、美感、形象感；诗人的思想感情要提炼，要能表达出历史感、时代感、社会感，庶几可以无负于诗歌的使命，无负于人民和社会的殷切期望！"

90岁的老诗人王辛笛，以一个有力的手势，结束了他的谈话。

2002年9月19日于涛声斋

# 深深地三鞠躬

## ——记罗洛

罗洛是位老诗人，1945年开始发表诗作，那时我还是个婴儿。

见到罗洛时，他已近花甲之年，谦虚、和蔼、温文尔雅；诗人的潇洒，长者的慈祥，这是他留给我的鲜明印象。

善良，正直，对诗真诚，对人真诚，他热爱生活，钟情他所从事的文学事业。

罗洛有副热心肠，他是一位深山识宝的伯乐，我和他接触虽不多，但却获益匪浅。我就是在他的鼓励下，诗路跋涉，不断前进的！

1991年春季，由罗洛领衔主编一本纪念中国共产党建党70周年的诗集《世纪之光》，当时我并不知此事。诗集截稿时，罗洛发现似乎缺少点什么，那就是反映生产第一线共产党员形象的诗作。他想起我曾在钢厂生活十年，便查出号码，给我这个"钢铁诗人"打电话。他希望我能写一组反映钢厂共产党员的诗。因时间较紧，我怕写不好，电话中流露出胆怯和犹豫的心情。罗洛对我说："不要有顾虑，调动你的生活积累放开来写，但要注重细节"……我在他的鼓励下挑灯夜战。因一直记着罗洛电话里讲的"注重细节"这句话，在着力刻画炉前夺钢的老炉长形象时，非常注重捕捉细节，请看《老炉长》这首诗的前三小节：

青烟、烈火/闪电、霹雳……/手握八尺钢钎/你一声呼号/呼啦啦——/举起火的大旗！//火光——/一闪一闪/从你眉梢掠过/火舌——/一窜一窜/舔着你的胡须//怪不得/你的脸上没有胡须/却原来/是让炉火舔去……/日日夜夜,/同火作伴/月月年年/跟火亲昵……/你爱火如命/深深懂得/钢与火的哲理……

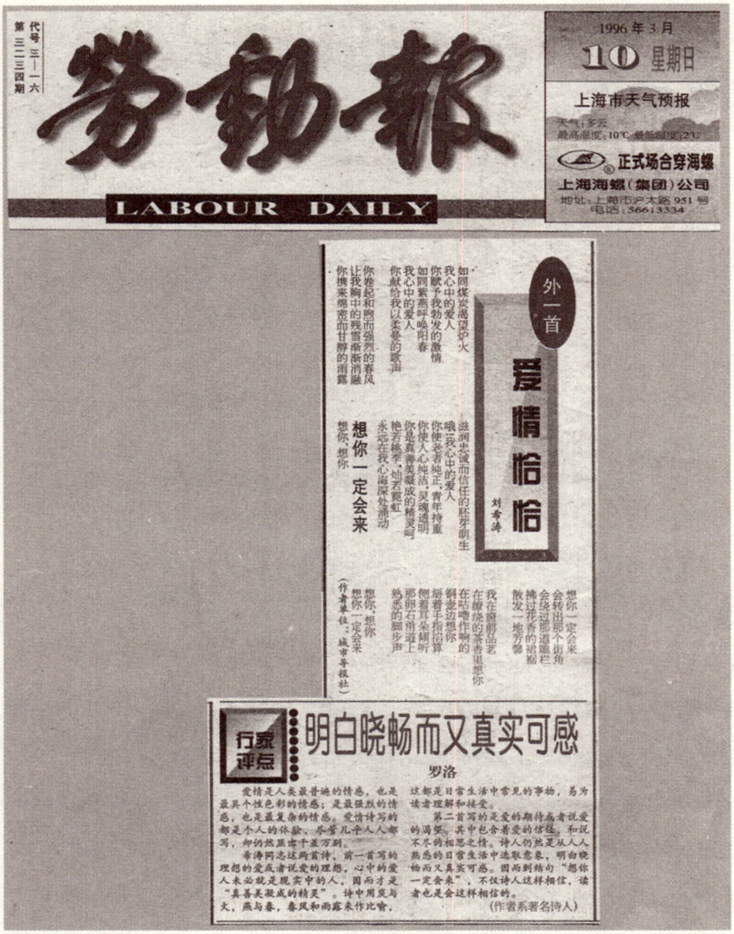
代号 三—一六
第三二三四期

# 劳动報
LABOUR DAILY

1996年3月
10 星期日

上海市天气预报
天气：多云
最高温度：10℃ 最低温度：2℃

正式场合穿海螺
上海海螺（集团）公司
地址：上海市沪太路951号
电话：56613334

## 爱情恰恰（外一首）

刘希涛

如同煤炭渴望炉火
我心中的爱人
你赋予我勃发的激情
如同紫燕呼唤阳春
我心中的爱人
你献给我以柔美的歌声
你卷起和煦而强烈的春风
让我胸中的残雪渐渐消融
你携来绵密而甘醇的雨露
滋润忠诚而信任的胚芽萌生
哦，我心中的爱人
你使老者纯正，青年持重
你使人心纯洁，灵魂透明
你是真善美凝成的精灵呵
艳若桃李，灿若霓虹
永远在我心海深处涌动

### 想你一定会来

想你、想你
想你一定会来
会转出那个街角
会绕过那道雕栏
拂过花香的裙裾
散发一地芳馨
我在窗前品茗
在缭绕的茶香里想你
在咕噜作响的
铜壶边想你
掰着手指掐算
侧着耳朵倾听
那卵石甬道上
熟悉的脚步声
想你、想你
想你一定会来

（作者单位：城市导报社）

## 行家评点 明白晓畅而又真实可感

罗洛

爱情是人类最普遍的情感，也是最具个性色彩的情感；是最强烈的情感，也是最复杂的情感。爱情诗写的都是个人的体验，尽管几乎人人都写，却仍然显出千差万别。

希涛同志这两首诗，前一首写的理想的爱或者说爱的理想，心中的爱人未必就是现实中的人，因而才是“真善美凝成的精灵”。诗中用炭与火，燕与春，春风和雨露来作比喻，这都是日常生活中常见的事物，易为读者理解和接受。

第二首写的是爱的期待或者说爱的渴望。其中包含着爱的信任，和说不尽的相思之情。诗人仍然是从人人熟悉的日常生活中选取意象，明白晓畅而又真实可感。因而到结句“想你一定会来”，不仅诗人这样相信，读者也是会这样相信的。

（作者系著名诗人）

1996年3月10日《劳动报》刊出罗洛点评作者的诗

罗洛看了后啧啧称赞，当时，我从他厚厚的镜片后，看到那一双温和的眸子里闪着愉快的光芒……

1996年春节期间，许是心血来潮，许是不甘于“钢铁诗人”称号的寂寞，一个五十出头之人写起了爱情诗。《劳动报》副刊编辑选发前，建议请罗洛作个点评。时值节日放假，我给罗洛家挂电话，转达了编辑的意见。罗洛让我先把诗寄去，看了再说。诗作寄出后，我有点忐忑不安，担心影响老人过年。谁知春节假期没结束，我就收到了他的回信和工工整整抄在稿纸上的点评。他在信上说：“我是花了一个晚上读你新写的这些爱情诗的，写得不做作，真性情，直抒胸臆，无遮无碍，明白晓畅而又真实可感”……显然，这是他对我的热情鼓励！于是，我一发不可收，集腋成裘仅一年时间，就推出了诗集《爱情恰恰》，受到了读者的欢迎。

如今，罗洛老师走了，追悼会上，我沉痛地向他的遗体深深地三鞠躬，心中暗暗发誓：我与诗歌的缘分是“天长地久若有时，此‘爱’绵绵无绝期”……这辈子，尽管成就甚微，苦头尝尽，下辈子若为人，仍会在罗洛老师的亲切指点下，痴心不改，涛声依旧！

1998年9月20日于涛声斋

# 百八书翁

## ——记苏局仙

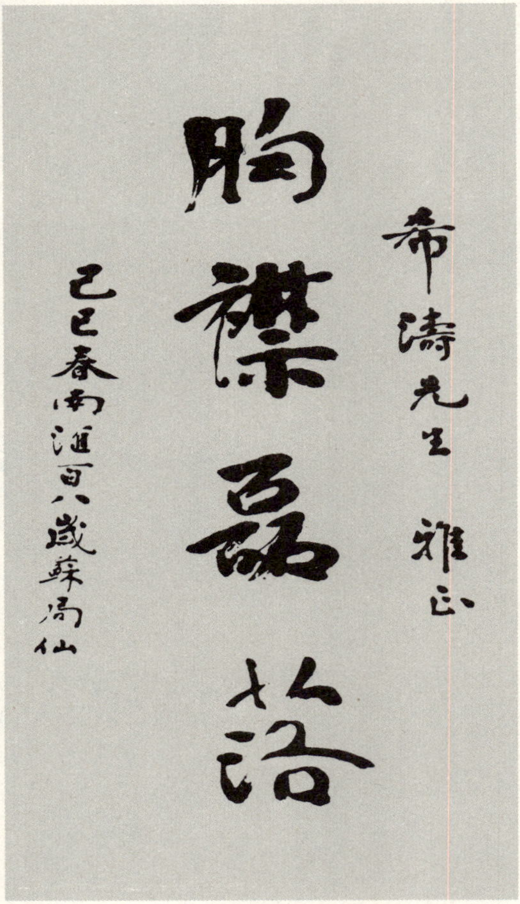


苏局仙题词

这是一栋古老而朴实的农舍，院子两厢是东西相连的老式土砖平屋，宅旁一丛竹林，疏落点缀，临风摇曳。

出现在记者眼前的是一位一身农民装束的老人：一件宽厚的列宁装棉袄下摆处，被一条老布围裙系实。他端坐在临窗写字台前的藤椅上，慈眉善目，华发银髯，布满皱纹的脸上，洋溢着纯朴的微笑。

老人的儿子，76岁的苏健候先生在桌上铺开一张宣纸，就见老人提笔悬肘，不抖不颤，他先在宣纸上以中锋饱墨着力一顿，旋即上挑，继而弯钩，横、撇、竖、点，或蜿蜒用笔，或恣意纵横，不一会儿，“胸襟磊落”四个大字便淋漓纸上，燥而不枯，苍劲且丰腴。

“好！”笔者情不自禁地发出

一声赞叹！

老人搁下笔，这才抬起头来，阳光下，嘴角和眉宇间漾起的是那种旷达、超脱的微笑。

他就是中国书法家协会会员、上海市文史馆馆员，已届108岁高龄的著名书法家苏局仙老先生。

苏老颔首示意我坐下，说话时口齿虽显得木讷，嗓音却十分响亮。

老人从小喜欢写字，屈指算来已达一个世纪。20岁后临唐人楷书，学颜真卿、柳公权正楷。40岁后兼写篆、隶。93岁时跌断右腿，凭顽强的意志坚持锻炼，断处自愈。自此，足不出户，潜心习字，专攻王羲之的《兰亭帖》，形成质朴的书风。三年前患白内障，视力几近失明，写小字是不行了，写大字只依稀见字形的轮廓。如此，仍心劲勃发，凡有阳光的天气，非写七八幅不肯歇手。如今，他左耳已聋，右耳重听，但对四方来鸿仍很关心，由儿子苏健候读给他听，并一一为之代复。不少当代书画名家每有墨宝馈赠，老人十分珍惜，必请人裱装后高堂悬挂，偌大一间屋子壁上几无空处。

老人生活淡泊，一日三餐粥，每餐二两左右。再就是扶着两张方桌踱步，上午一

与苏局仙在一起（1989年2月于上海周浦） 唐海华 摄

次，下午一次，非走满1 200步不可。老人心境豁达，一如闲云野鹤，以至无争无忧，唯有挥毫不辍；一如樵客农夫，坚持不懈，以至筋健骨强。

老人说他自己没有什么了不起的才能，天资低，功力浅，老而无成。只有一点，就是认真。他是个苦学派，是困知勉行。他坚信一个朴素的真理：大自然的规律有益于勤恳之人！他的书法作品，曾荣获全国书法评比一等奖的殊荣。

老人脱下绒线帽让我看，真是奇迹：华发又生青丝。

苏健候先生告诉我，市府、市政协的领导十分关心老人的健康，逢年过节，总有人前来探望；还准备请外国眼科专家为老人治疗眼疾。老人所在的周浦乡牛桥村的乡亲们更是常来嘘寒问暖，使老人深感人世间的温暖。

一位翻越过108岁生命高峰的老宿之翁，依然饱蘸浓墨，挥毫不辍。他写出的每一幅字，都是一位遐龄耄耋用生命之光谱写的晚年绝唱；是生命中炽烈的情感凝聚的书法艺术的结晶。他真像一头老牛，足不踏空，稳步向前，俯首孺子，自强自勉，至老弥坚。

面对百八书翁，一切浪掷光阴者，能不汗颜乎！

1989年3月13日于涛声斋

# 梅葆玖赠我的题词和剧照

当我再次捧起梅葆玖先生留给我的一封信、一幅题词“涛声依旧”和一张签名照时，眼前便出现了那张笑容慈祥的脸，耳边便响起那京味十足的“不谢！不谢！”之声。

事情还得从去年5月14日说起。

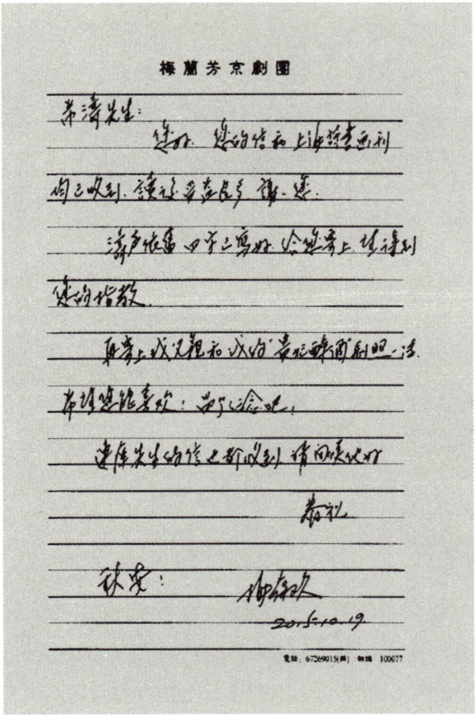

梅蘭芳京劇團

希濤先生：

您好。您的信和上海滩杂志均已收到。读了多篇文章，谢谢您。

涛声依旧四字已写好，今给您寄上，望得到您的指教。

再寄上我父亲和我的“贵妃醉酒”剧照一张，希望您能喜欢！留个纪念吧！

建康先生的信也都收到，请向他代好。

敬礼

秋安！ 梅葆玖

2015.10.19

电话：67269015(转) 邮编 100077

梅葆玖手迹

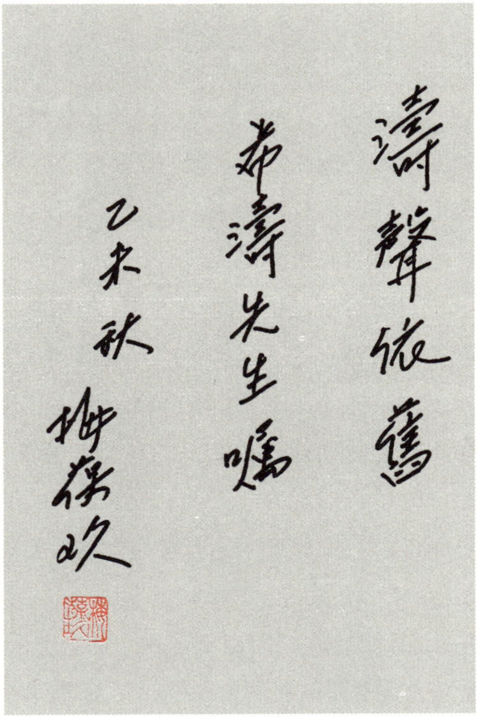


梅葆玖题词

梅葆玖赠送作者的剧照

那天上午，承原卢湾区区长张载养先生（现为《海上思南》杂志主编）之邀，我和老诗人吴振兴先生一起，兴致勃勃地来到位于复兴公园以南，西临思南路，东至重庆南路的思南公馆参观。这是上海市中心成片老建筑最为集中的区域之一，承载着百年沧桑的城市记忆，凝聚着几代人的人文情怀。

当我们走进思南路87号时，便被那儿的老照片吸引住了。原来，这儿便是当代著名京剧表演艺术家梅葆玖先生的出生地。

1934年3月29日，梅葆玖就出生在这幢楼的三楼上。“梅夫人共生了九个子女，存活四个，葆玖最小，名曰小九。出生那天，父亲梅兰芳正在武汉演出。”

讲解员指着另一张老照片说，1938年到1942年间，梅兰芳曾留港居住。梅葆玖曾随母亲、四哥、五哥、七姐去香港看望避难的父亲。那时，葆玖才四岁。打着一条领带，依偎在父亲身边，十分可爱。

四代梨园，一脉相承。作为梅兰芳的幼子，在兄长均无望从业梅派的情况下，外形俊朗、嗓音清亮的梅葆玖便被寄予厚望，接过父亲男旦的衣钵。他10岁学艺，13岁正式登台，18岁和父亲同台演出《牡丹亭》，创下梨园佳话。

1961年，梅兰芳与世长辞，作为唯一继承梅兰芳衣钵的儿女，年仅27岁的梅葆玖肩负起了继承和弘扬梅派艺术的重担。他在舞台上演绎着人生的悲欢离合，塑造了令人印象深刻的人物如虞姬、穆桂英……一部部梅派经典剧目被梅葆玖深刻演绎。

梅葆玖不仅在舞台上熠熠生辉，还将梅派技艺、梅派精神继续传承、发扬，播至海外。他招徒授艺，先后收了40多位弟子，这些弟子已经成为全国各地剧院的当家花旦，让梅韵处处飘香。业界普遍认为，梅、尚、程、荀四大名旦、四大流派之中，之所以梅派发展成了最为繁盛的一支，除了其艺术本身的魅力之外，也与梅葆玖密切相关。如果说梅兰芳是土壤下的深根，经过梅葆玖这株树干，才长成了今天我们所看到的梅派的参天大树。

从思南路归来，从当年的5月到10月，我一直在关注着梅葆玖先生和梅派的京剧事业。在观众眼里，梅葆玖是一位技艺精湛、姿态婀娜的艺术家；在徒弟眼中，他是一位传艺严谨、儒雅平和的老师；在朋友眼中，他是一位风趣幽默、热爱新潮的老友；在“干面胡同30号”邻居眼中，他只是一位满面笑容，一脸和气的梅爷爷……

五个月里，梅葆玖先生的影子在我心中挥之不去，我渴望能得到他的一幅题词或一帧照片，可是，我和他素不相识，他是大名家，能理睬我这个普通人么？当时，我突然想到了文翁宋连庠先生，他是个热心人，在京剧界、电影界都有不少朋友。于是，我给他打电话，宋老一口答应。很快，我便收到了宋老写给葆玖先生的信，连同我的信和由我主编的《上海诗书画》小报，一并寄给了梅葆玖先生。

不到半个月，我就收到了梅葆玖先生寄自北京东城区干面胡同的挂号信：

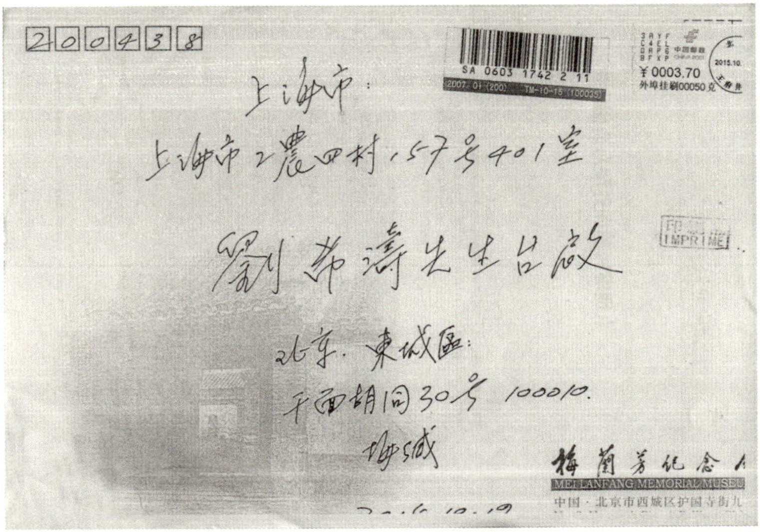


梅葆玖寄给作者的信封

希涛先生：您好！您的信和上海诗书画刊均已收到，读后受益良多，谢谢您！涛声依旧四字已写好，给您寄上，望得到您的指教。再寄上我父亲和我的“贵妃醉酒”剧照一张，希望您能喜欢！留个纪念吧！连庠先生的信也都收到，请问候他好。恭祝秋安！

梅葆玖

2015.10.19

收信的当天，我便按宋老告之的电话号码，给对方打了过去，接电话的正是梅葆玖先生。我告诉他信收到了，非常感谢他的题词和赠照，他连说“不谢！不谢！”地道的京味儿，让人倍感亲切。

见字思人，这是一位多么开明睿智的长者啊，这是一位多么谦和厚道的老人啊！我久久地凝视着葆玖先生的题词和赠照，心中在默默祷念，葆玖先生您尽管潇洒西去，梅开二度的梅派京剧艺术必将“梅”韵流芳，韵传千古，光照人间……

2016年5月1日于涛声斋

# “小刘，继续努力啊！”

## ——记谢泉铭先生二三事

我和老谢相识于20世纪70年代初，当时我在国际电影院当宣传员，因喜欢写诗，结识了不少诗友、文友，也认识了在《解放日报》“看今朝”副刊当编辑的庄稼和谢泉铭老师。常去他们那儿送稿、谈诗（当时还不知伊妹儿为何物）。有时老庄不在，便把稿子交给老谢看。

那是个清一式的年代，没有先生、太太之称。1927年出生的谢泉铭，年长我们一二十岁，十分乐意大家叫他老谢。老谢的平易近人是出了名的，尤其是对青年作者，总是呵护有加，提携多多。我亲炙过他的教诲与熏陶，每次都如沐春风，坐而忘返。

依稀记得那是1972年的国庆前夕，我口袋里揣着一首刚出炉的诗作《最新最美的镜头》，兴冲冲地跨上自行车，一路骑得飞快，去《解放日报》送稿。老庄不在，老谢放下手中的稿件，接过我的诗稿就看，看着看着，那张皮肤白皙的脸上布满了笑容……看第二遍时，竟摇头晃脑地念出声来：“一束五彩虹霓／喷出放映窗口／无比绚烂的色彩／霎时将银幕染透／眼前花雨缤纷／耳畔凯歌高奏／呵，我的心儿收不拢翅膀／紧追那最新最美的镜头／鸟瞰伟大祖国／饱览壮丽神州”……

念到这儿，老谢那绍兴口音，戛然而止，国字型脸盘上，出现了一道川字纹。

“我的心儿收不拢翅膀”……收不拢翅膀……这儿缺了个比喻，只有鸟儿才有翅膀呀，才能在蓝天上展翅飞翔……

“对呀！”犹如电流跳上了钨丝，我眼前“刷”地一下子亮堂起来，我马上想到刚才自行车骑过外白渡桥时，看到的江鸥，还有银幕上经常出现的海鸥……

“对，就这样改！”几乎是脱口而出：“呵，我的心展翅疾飞／化作一只洁白的银鸥——／紧追那最新最美的镜头／鸟瞰伟大祖国／饱览壮丽神州”……

“好，改得好！”老谢桌子一拍，突然站立起来，兴奋得活像个孩子。

老谢又将稿子从头至尾念了一遍，将“洁白的银鸥”改成“矫健的银鸥”，这才拍着我的肩头说：“小刘，你挺有灵气啊，这儿一点就通，可不要满足呵，要继续努力啊！”

老谢是个慧眼识人的编辑，当时的“革命诗歌”、“红色诗歌”充塞大小报刊，对那些“军号响，红旗扬，口诛笔伐上战场”之类的口号诗，他不屑一顾，所以特别欣赏《最新最美的镜头》里这样的章节和诗句：“呵，海岛，明月，细浪，飞舟／渔火闭拢了眼睛／海风收住了歌喉……／岩石后面，亮着闪光的红星／剑麻丛中，张着乌亮的枪口……／呵，祖国的海防钢铸火凝／我激动的心呀，如浪里飞舟”……

就这样，这首长达70余行，署名国际电影院刘希涛的诗作《最新最美的镜头》，在1972年10月8日的《解放日报》“看今朝”副刊上加题花隆重推出！当时的《解放日报》每天印100多万份，不仅发行华东6省1市，几乎遍及全国70座大中城市。这首诗见报后，我收到各地诗歌爱好者和读者的来信，就不下数十封之多。

《谢谢老谢》封面

1974年12月29日，我的另一首歌颂邓小平复出后，全国经济呈现全面复苏，人心向往北京的长达100余行的抒情诗《北京，我要北京！——写在长途电话台前》，在《解放日报》“看今朝”上加框刊出后，引起热烈反响……当时国际电影院正首映一部外国影片《爆炸》（这是“文革”期间对外国影片的首次开禁），影院被里三层外三层包围，连马路上都挤满了等退票的观众……当时，宣传员手里有几张保留票，可杯水车薪，要票的诗友、文友、朋友挤破了门……办公室不敢进，电话不敢接，只能整天东躲西藏……

就在那天中午时分，影院经理急匆

《谢谢老谢》首发式照片

匆从楼上下来，让我接电话，说有个姓谢的同志打来的，他再三申明不是要票的，是找你谈诗的……我急忙奔上楼，果然是老谢打来的。他在电话里告诉我，他已调到上海文艺出版社去了，看到今天《解放日报》上的诗，他认为这是我继《最新最美的镜头》之后的一次新的突破，特表贺意！他在电话里一再叮咛：“小刘，千万不要满足，要继续努力啊，我期待读到你更多更好的作品！”……

这就是老谢——一位出色的“为他人作嫁衣”的编辑家！他自己不能创作，而把全部精力和心血都用在为作者“作嫁衣”上了。他完全没有那种“苦恨年年压金线”的哀怨情绪，而是以看到别人能穿上新“嫁衣”为乐，为荣。他无私地把自己的聪明才智融汇到作者的作品之中，为他们的每一点进步而欢欣鼓舞……怪不得在他文学编辑的旗帜下，能聚起那么多文学人才：王安忆、叶辛、赵丽宏、王小鹰、张抗抗、沈善增、彭瑞高、王周生等人，最初的文学之旅，几乎都是在老谢的扶持下起步的。老谢宵衣旰食，为他们指点迷津，修改作品，许多稿件上都留有老谢秀丽工整的笔迹；才使不少文学“丑小鸭”，变成了翱翔于文学蓝天的“白天鹅”。

2000年3月31日下午，上海市工人文化宫举办“五月丛书”新闻发布会。那天，我也是接到通知的，因另有会议请不出假，而没能出席。后听沈善增说，那天老谢穿着一身湖绿色的灯芯绒西装，系着领带，满面春风地走进会议室。他在会上，还就出书人的有关问题作了慷慨激昂的发言。谁知突发脑溢血,当晚十点在仁济医院急诊观察室里,在家人、学生和好友几十双泪眼的相送下,永远离开了他所钟爱的编辑岗位。

老谢离开我们已有十多个年头,至今我的眼前仍然晃动着那个头不高、皮肤白皙人的身影;耳畔依旧响着那个绍兴口音的叮咛:"小刘,千万不要满足、要继续努力啊!"……

2011年8月18日于涛声斋

# 《涛声依旧》书法集锦

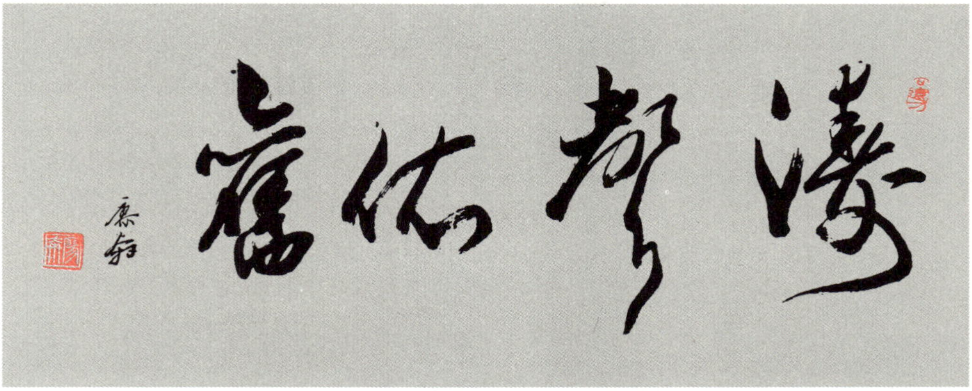


廖奔题词

（廖奔：中国作家协会党组成员、书记处书记、中国作协副主席、全国政协委员）

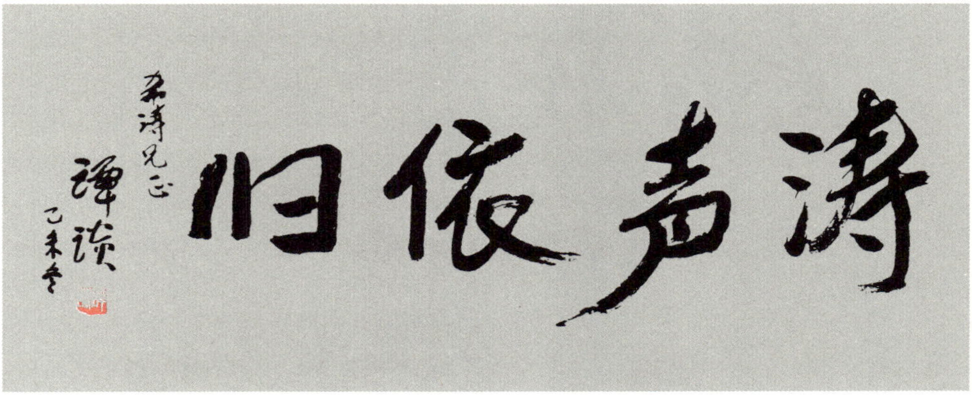


谭谈题词

（谭谈：中国作协副主席、湖南省文联主席、著名作家）

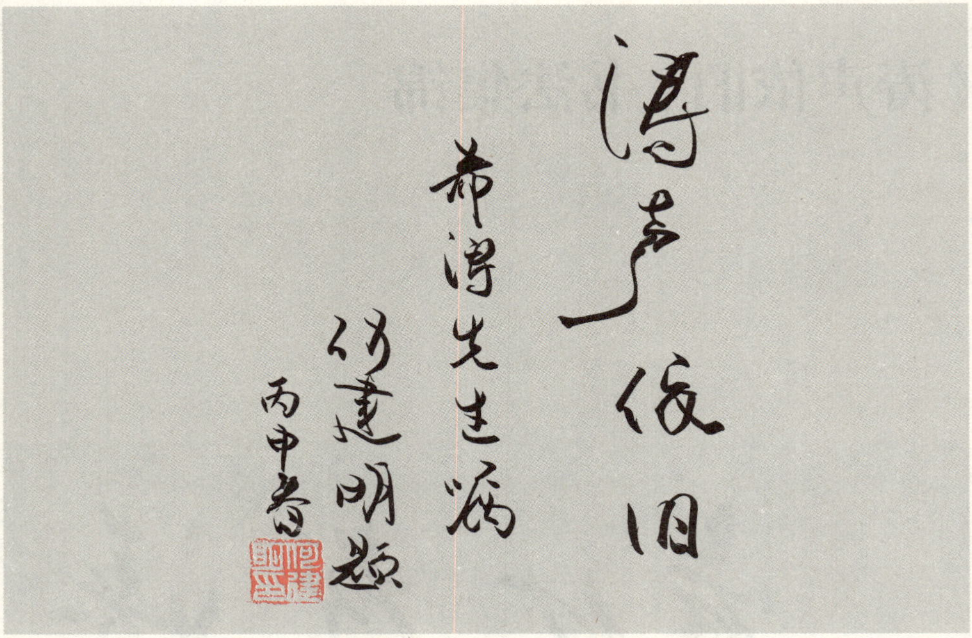


何建明题词

（何建明：中国作协副主席、书记处书记、全国政协委员、著名作家）

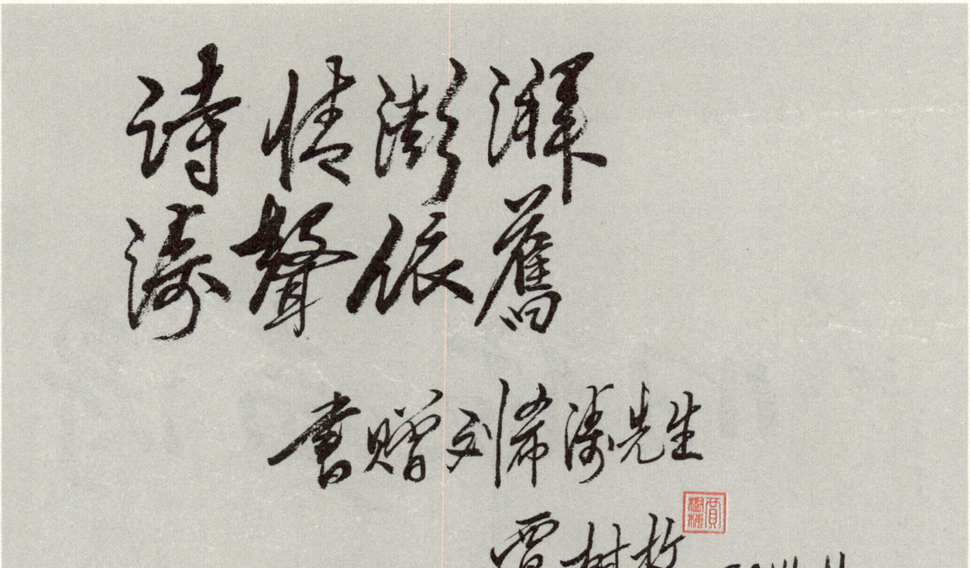


贾树枚题词

（贾树枚：原中共上海市委宣传部副部长、《解放日报》总编辑、著名报人）

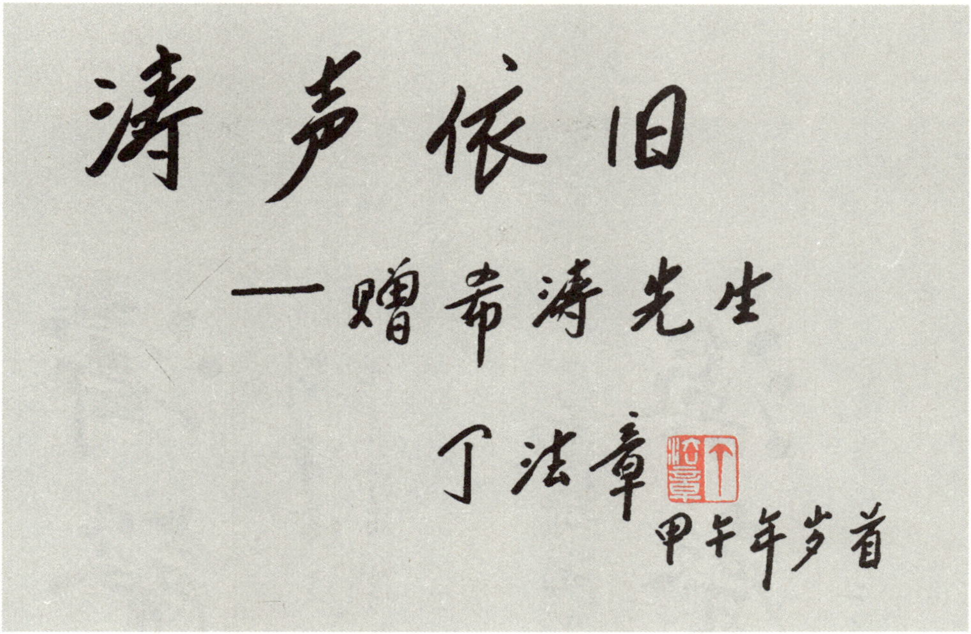


丁法章题词

（丁法章：原《新民晚报》党委书记、总编辑、著名报人）

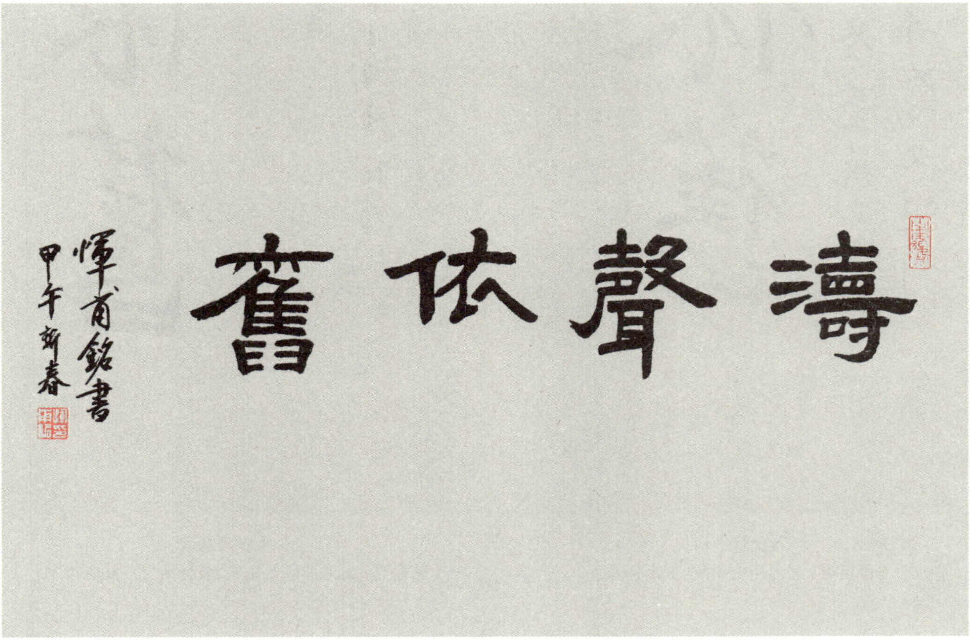


恽甫铭题词

（恽甫铭：原《文汇读书周报》主编、上海书画院签约书画家）

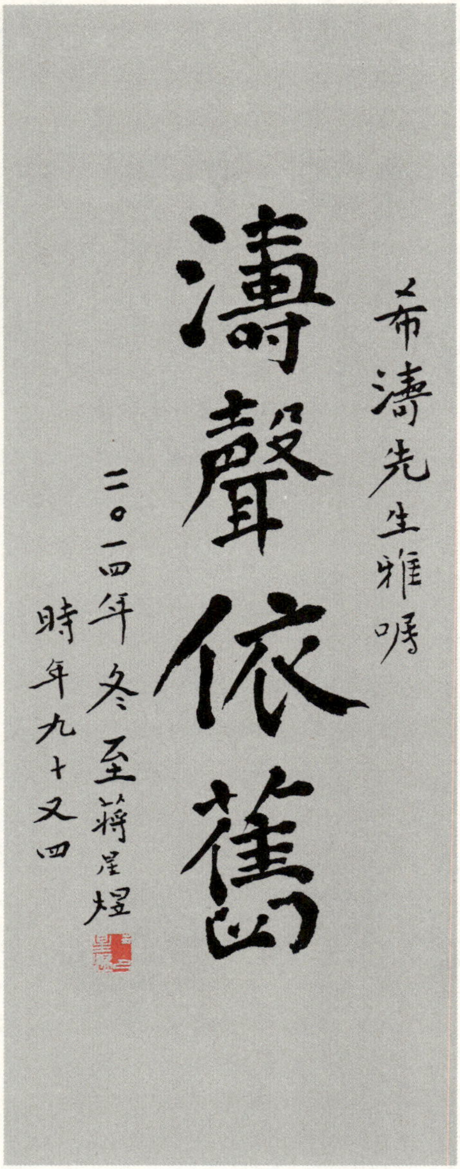


蒋星煜题词
（蒋星煜：著名历史学家、著名作家）

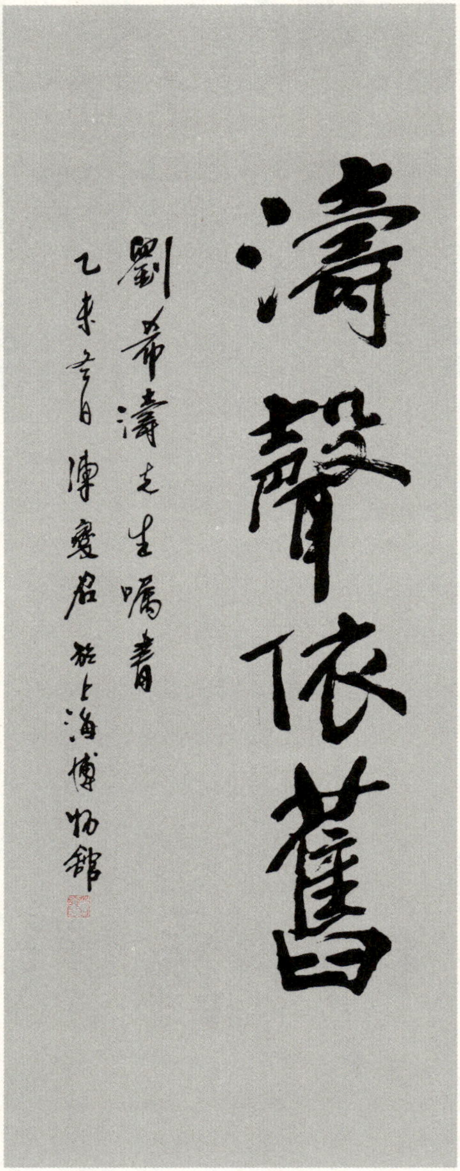


陈燮君题词
（陈燮君：上海博物馆馆长，曾任市文广局党委书记）

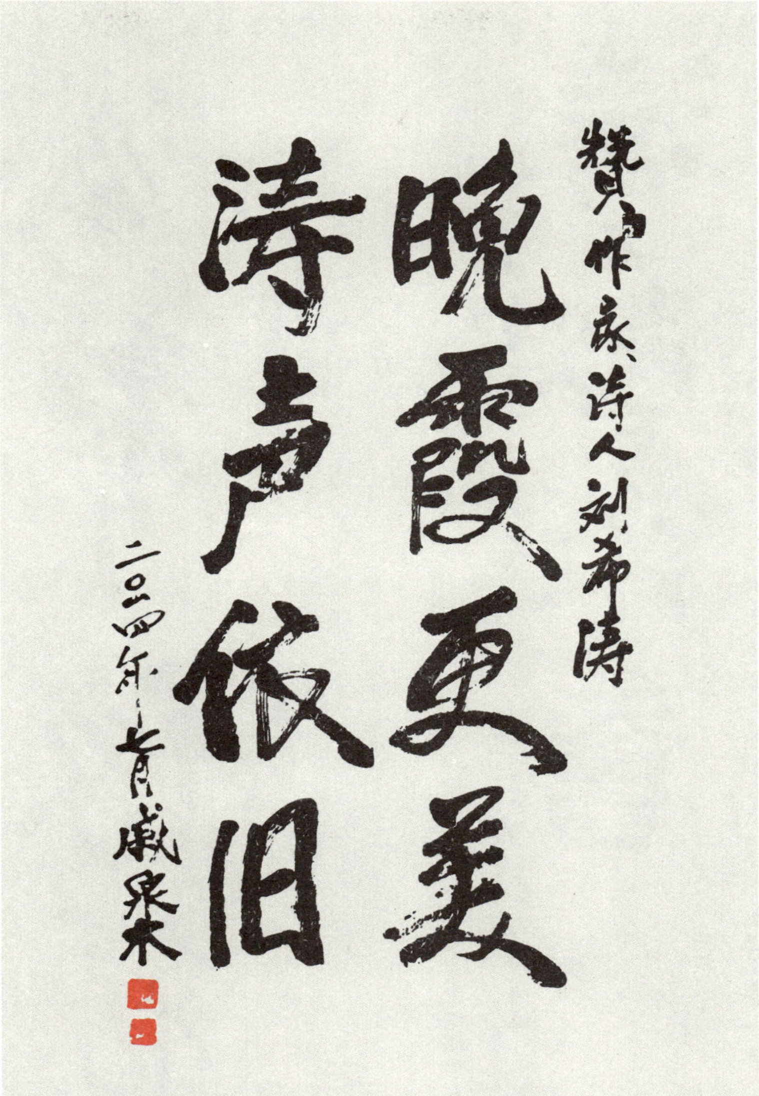

戚泉木题词

（戚泉木：上海百老讲师团团长、中国作协会员、著名社会活动家）

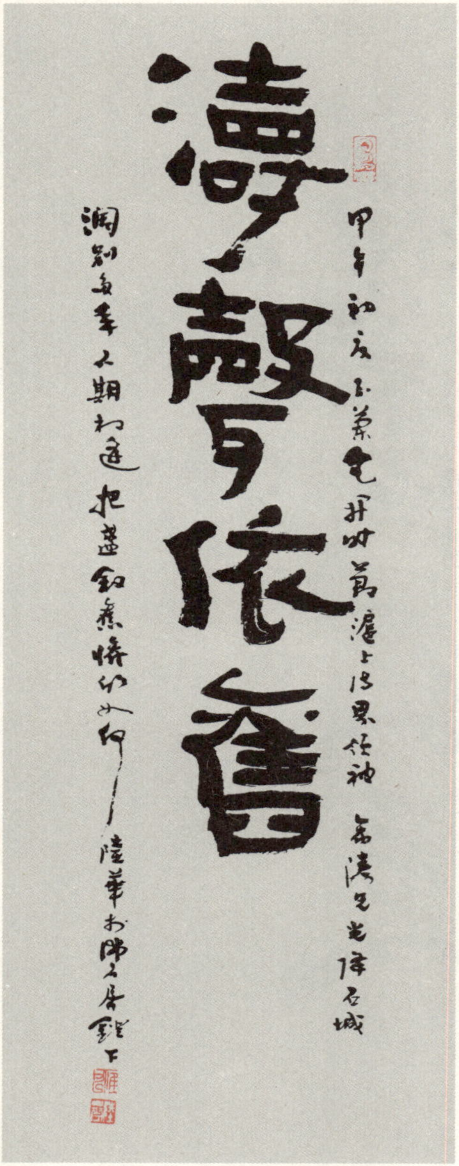


陆华题词

（陆华：中国作协会员、原《扬子晚报》副刊编辑）

刘蟾题词

（刘蟾：刘海粟大师之女、著名书画家）

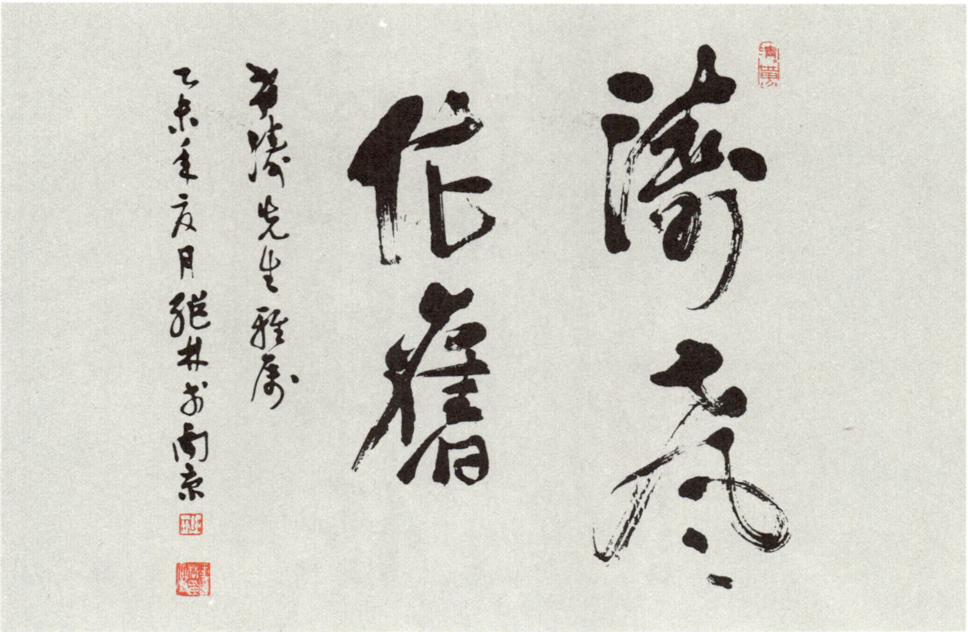


王继林题词

（王继林：《华人时刊》杂志社总编、《东方艺林》杂志总编辑、书画家）

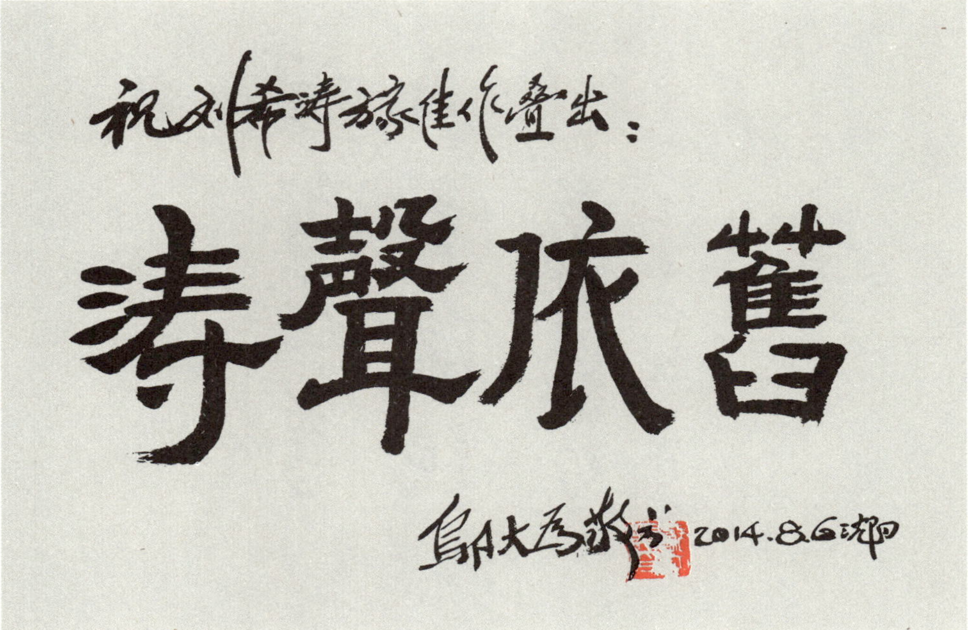


邬大为题词

（邬大为：歌曲《在那桃花盛开的地方》词作者、著名词家）

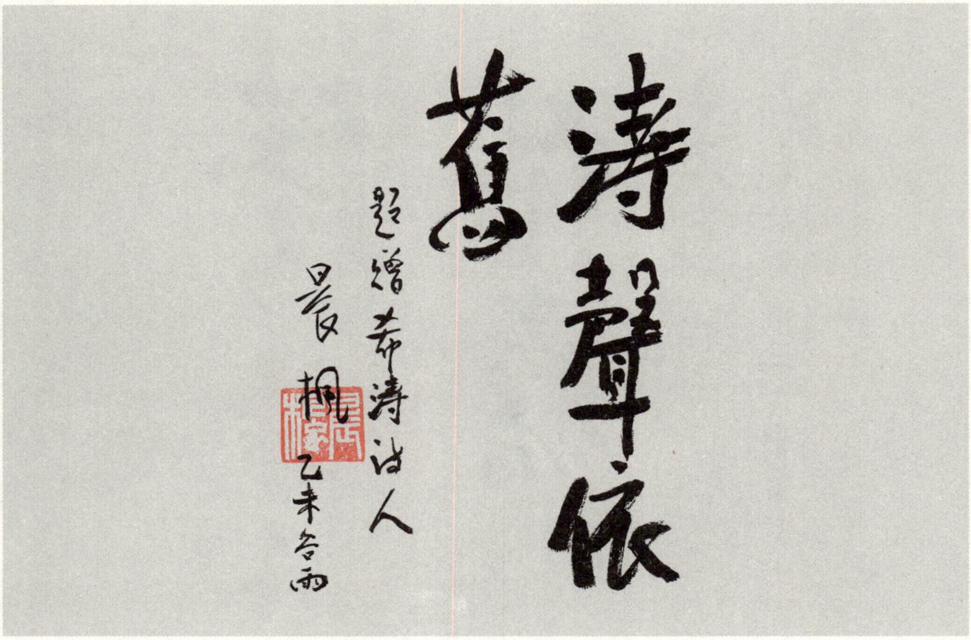


晨枫题词

（晨枫：《歌曲》杂志社编委、著名词作家）

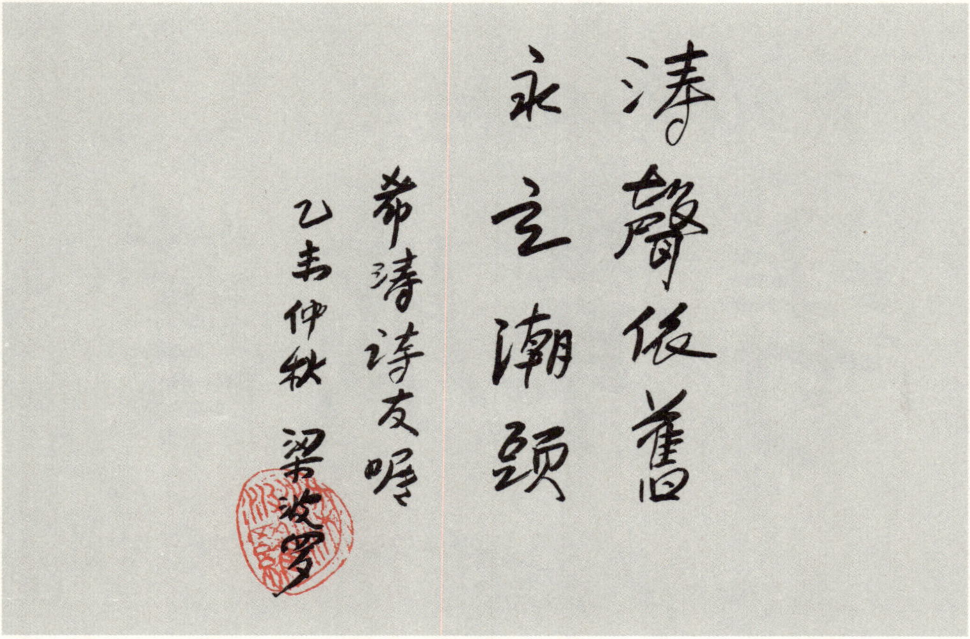


梁波罗题词

（梁波罗：电影《51号兵站》中“小老大”、著名电影演员）

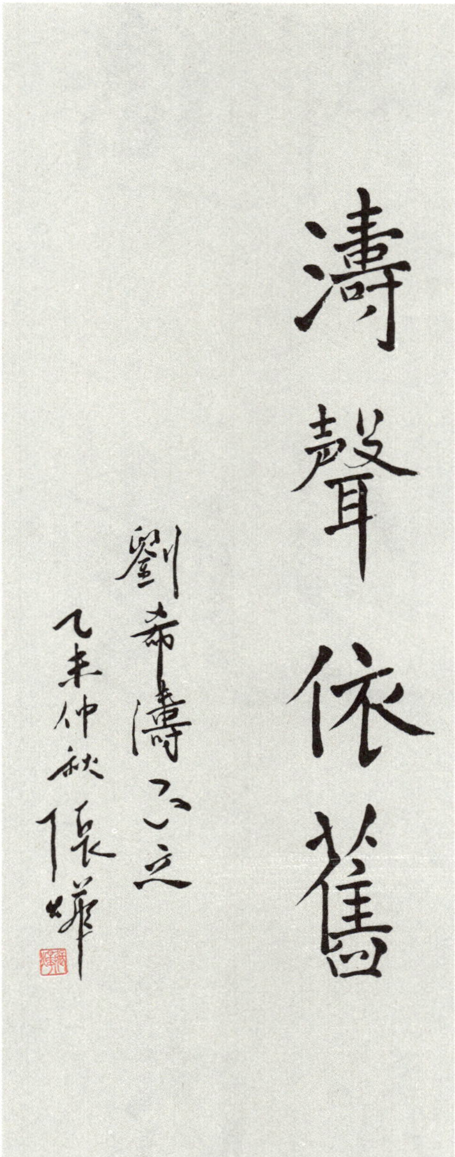


张烨题词

（张烨：上海大学教授、上海市作协诗歌创作委员会主任、著名诗人）

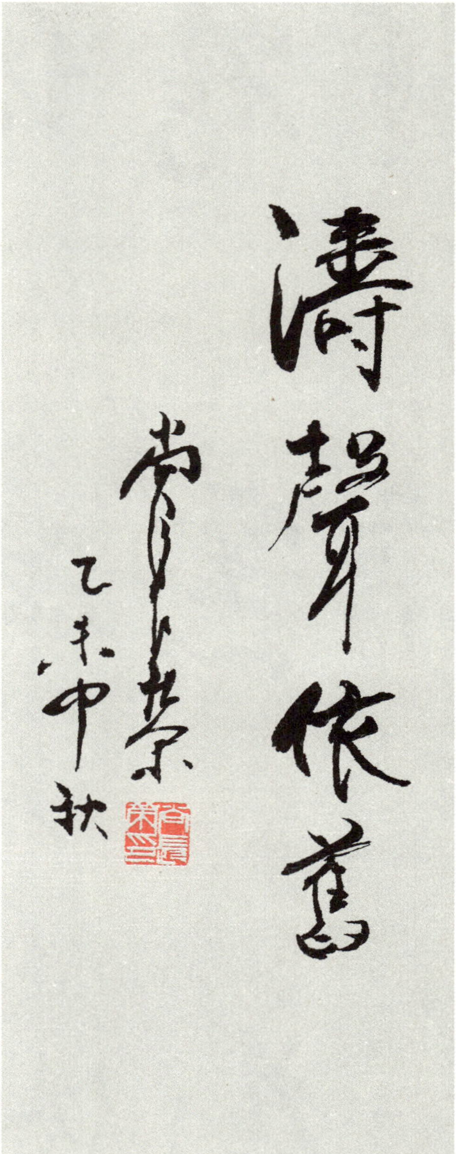


尚长荣题词

（尚长荣："四大名旦"尚小云之子、中国戏剧家协会主席）

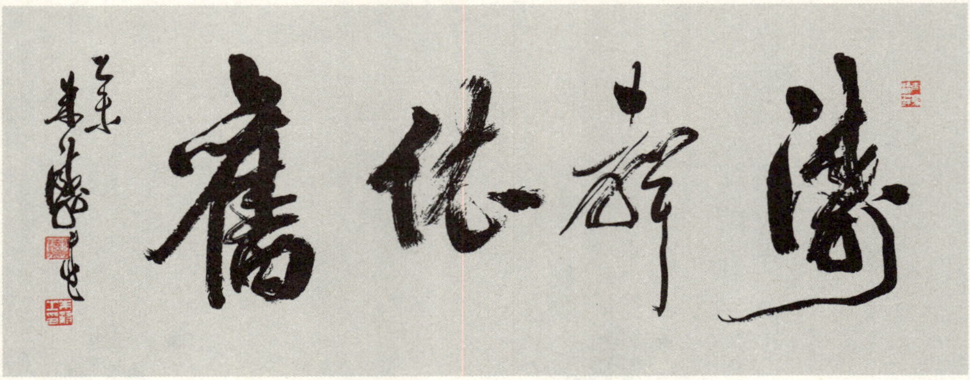

朱涛题词

（朱涛：小主人报社社长、上海市长宁区书法家协会主席）

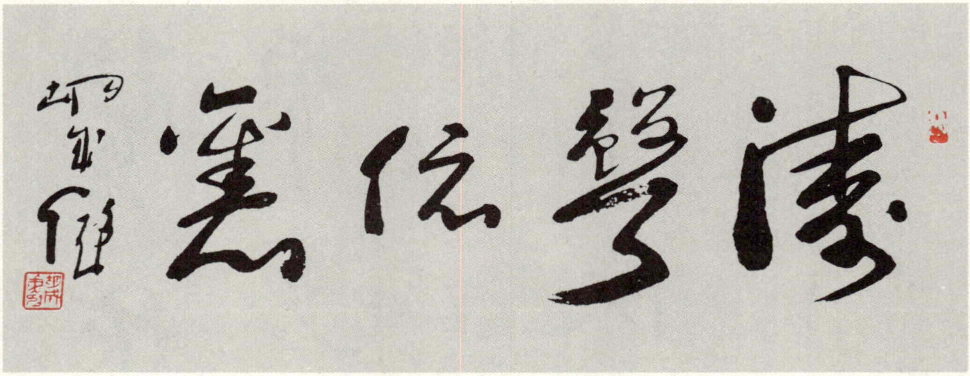

胡成彪题词

（胡成彪：中国作协会员、江苏省沛县人大副主任、党组书记）

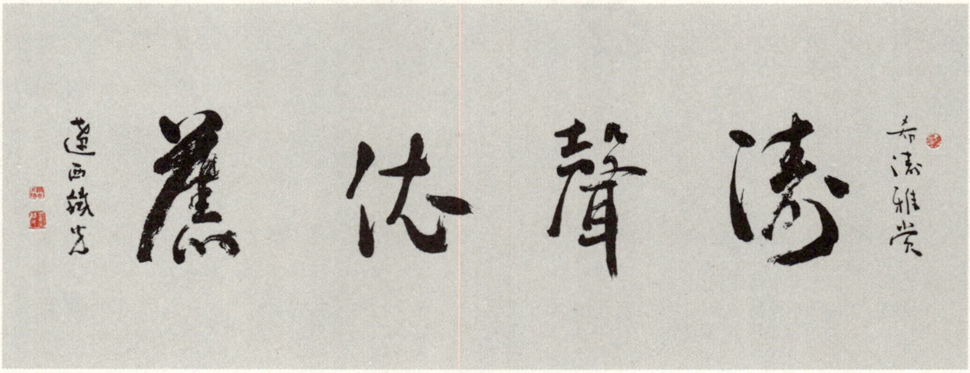

杨铁光题词

（杨铁光：《乡土诗人》常务副主编、著名诗人）

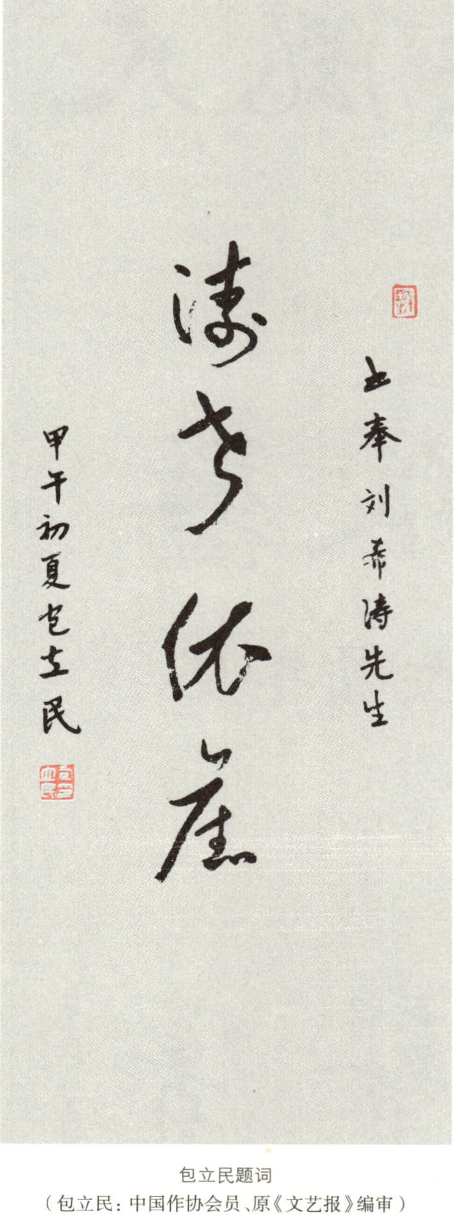


包立民题词

（包立民：中国作协会员、原《文艺报》编审）

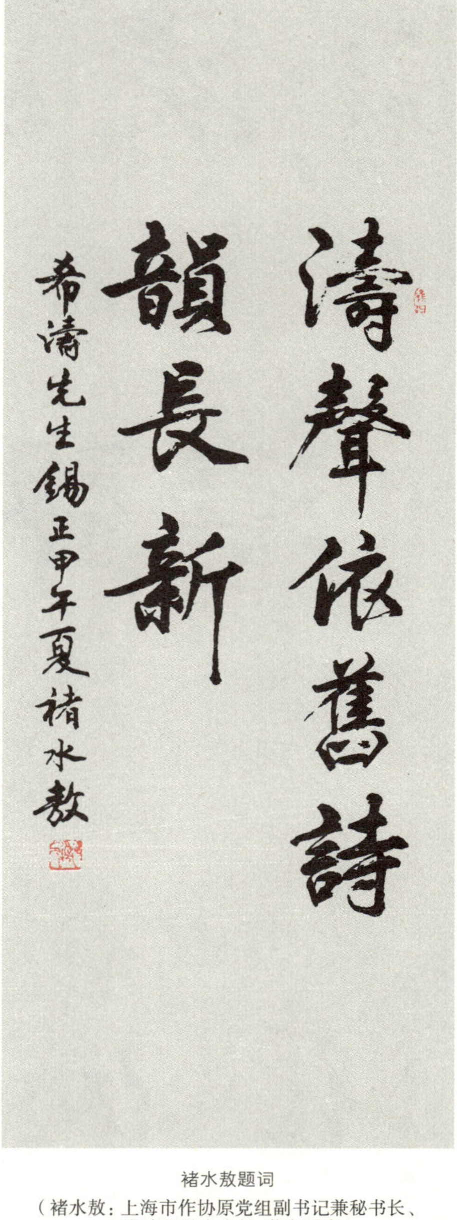


褚水敖题词

（褚水敖：上海市作协原党组副书记兼秘书长、上海诗词学会会长、著名词家）

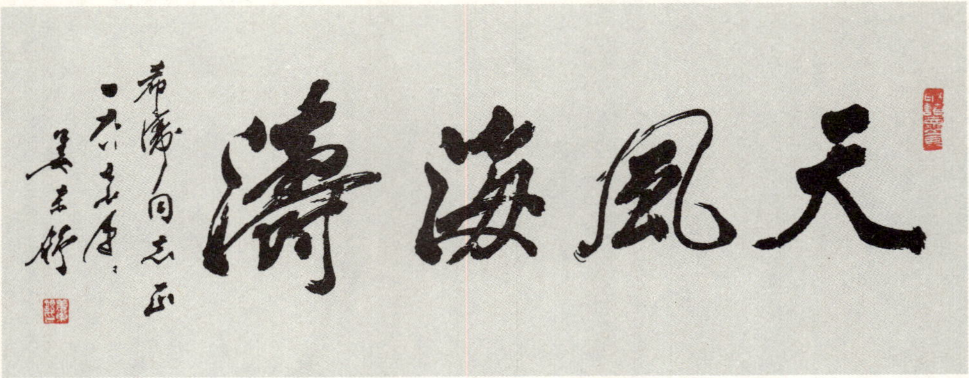


姜东舒题词

（姜东舒：著名书法家，曾有“中国当代楷书之王”称号）

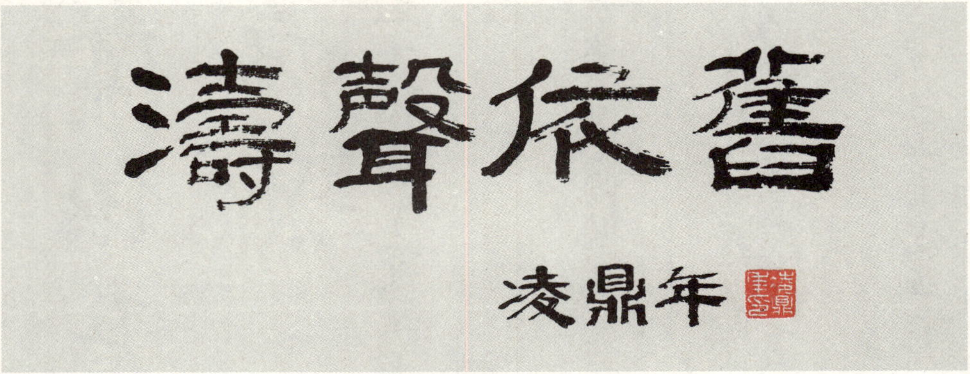


凌鼎年题词

（凌鼎年：中国作协会员，著名微型小说作家）

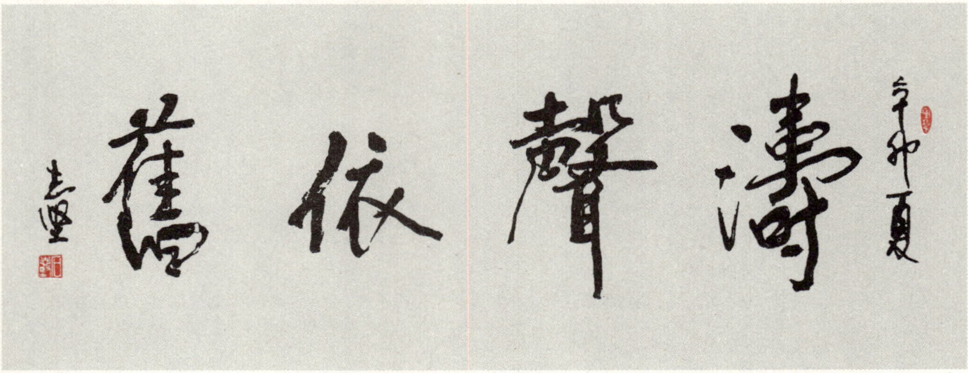


石志坚题词

（石志坚：上海作协会员，有“大墙作家”之誉）

# 附录

## 文化名人与“涛声依旧”

# “钢铁诗人”和他的“涛声依旧”

## ——记工人作家刘希涛

郑长埠

刘希涛，这位早在20世纪70年代就闻名申城乃至全国的“钢铁诗人”，40多年来，坚持跋涉，不断攀登，以2 000余首诗作、歌词，12部诗集、报告文学集、散文集，共800余万字，100多次获奖的丰硕成果，奉献给祖国和人民。“涛声依旧”，燃烧自己，实践社会主义核心价值观的行动，在这位工人作家的身上，得以显见。

### 炼钢炉前的坚守

那是1976年的春节，刘希涛到工人作家胡万春家拜年，巧遇上钢二厂党委领导朱尔沛。

当时的刘希涛，在上海一家电影院当宣传员。由于一段时间以来脱离了火热的生活，他感到自己作品中出现了严重的虚脱现象。热爱火热生活的他，正在寻找创作生命的燃料，渴望能变成一条鱼儿，重新游入生活的海洋。

与朱尔沛的相遇，天赐良机。刘希涛当即表达了想进钢厂当工人的愿望。朱尔沛以为是年轻人开玩笑，并未在意，只是笑道：“欢迎，欢迎！”谁知节后上班，刘希涛真的来到钢厂见他，并且态度十分坚决。在办理工作调动过程中，得知刘希涛是干部编制。当时既要跨局，又要通过干部处，事情有点棘手。朱尔沛告诉这位年轻人，唯一的办法就是本人写一份申请，自愿放弃干部编制当工人，并言明这份申请要存入人事档案。刘希涛二话不说，当场写下“申请书”。这是一份改变他人生的“申请书”，也是他投身工厂、考验自我的“志愿书”。朱尔沛拿着这份沉甸甸的“申请书”反复提醒刘希涛：“小刘，你可别后悔啊！”刘希涛“吃了秤砣铁了心”！就这样，他来到上钢二厂第一轧钢车间，当上了一名普通工人。

从此，刘希涛在炼钢炉前和轧钢机旁整整坚守了十年。他在化铁炉的火光中感受，在轧钢机的轰鸣声中思索，从铁与火中吸取诗情，写下了500多首钢铁诗，先后在全国上百种报刊上发表，一时间，“钢铁诗人”的声誉，载着他那灼热的诗篇，传遍上海，传遍中国。

1989年，刘希涛出版诗集《生活的笑容》，由丁锡满作序。“作为一名诗人，”丁锡满写道，“他不但炼铁炼钢，还提炼着生活中的美。繁重的劳动生活到了他的笔下，竟是那么的美，那么的令人向往。”“出铁出钢，是紧张、繁重的劳动，在刘希涛笔下，竟如诗如画。没有热爱生活的感情，是写不出这种诗的。”

丁锡满感叹：“如今诗树凋零，佳作不多。有些热门诗，实属无病呻吟，听他叫了半天，还不知他痛在什么地方。有些时髦诗，似乎是作者在字架上随便抓一把铅字，闭着眼睛把它排列组合而成。”“好在还有像刘希涛这样的诗人。他的诗一是有生活，二是有激情，离我们近。”

## “涛声依旧”的追求

刘希涛讲过这样一个故事。那是20世纪90年代的一天，他来到好友、著名书法家张森家中。“他家有一套十分高级的组合式音响，常让人如痴如醉地沉浸在那华美的乐曲声中，”刘希涛说，“我一进门便听到了歌手毛宁演唱的那首‘涛声依旧’，张森正在乐曲声中挥毫。一曲听罢，我心潮难平。许是家临长江之故（江苏江都），听母亲说，出生时正值桃花盛开期间，江上涛声大作，故有希涛之名。巧的是‘涛声依旧’这首歌当时正夹带着澎湃的涛声，传遍大江南北，于是，我便向张森求字。张森一口答应，忙问写什么？我不假思索地回答，‘涛声依旧’。张森笑着点头。不一会儿，一幅‘涛声依旧’的隶书，便在那余音绕梁的乐曲声中跃然纸上。”

此后，刘希涛陆续获得了贺敬之、杜宣、叶辛、王小鹰、廖奔、丁法章等多位名人的“涛声依旧”的题词，还有上海作协副主席、著名诗人赵丽宏的“风华不老，涛声依旧”和上海诗词学会会长、著名词家褚水敖的“涛声依旧，诗韵长新”。

“涛声依旧”是刘希涛的得意收藏，更是这位“钢铁诗人”的自身追求。

认识刘希涛的人都知道，1961年，17岁的刘希涛应征入伍，成为福州军区的一名战士。1962年12月31日，《福建日报》发表他的处女作《日历第一页》。从此，

《刻在刺刀上》《连长的脚板》《准星》《哨所八个人》《爆破手》《战士心中的广场》等一首首刘希涛写下的枪杆诗、军营歌，在部队传诵，激励战士奋发向前。

进入21世纪，刘希涛开始涉足音乐文学领域，创作出《康定老街》《美人走过的地方》《叔叔，快把枪放下》等上百首优秀歌词。他的歌词给人印象最深的是诗意盎然，意象鲜明，谱曲可唱，离曲可读，具备了诗词合一的特点，在全国歌词界获得了很高的赞誉。

著名词作家贾立夫评论道：刘希涛歌词的一个特点是来自生活，它没有空穴来风，没有捕风捉影，也没有面壁杜撰，这是他的作品深受欢迎的原因之一。他的《美人走过的地方》，就是一首美丽的爱情歌词，读着它，让人想起戴望舒的《雨巷》。《雨巷》写于1928年，那时戴望舒28岁，正是风华正茂之时。而刘希涛写《美人走过的地方》的时候，已迈入颐养之期了，可见他青春永驻，诗心不老，这是我十分羡慕和钦佩的。

## 繁荣文化的抱负

上海市杨浦区，曾经是中国近代工业的发祥地，因此造就了一批又一批文学新秀和工人作家，全国知名的有胡万春、俞天白、程乃珊、贺国甫等；有影响力的诗人有毛炳甫、居有松、谢其规、刘希涛、薛锡祥等。进入新世纪，杨浦区总工会从打造“先进文化”出发，决心重振“东宫”（沪东工人文化宫）的“摇篮”雄风，于2003年7月，成立上海新东宫文艺创作中心。刚从《城市导报》副刊部主任退居二线的刘希涛，走马上任中心常务副主任。

凭借新东宫文艺创作中心这一平台，刘希涛如鱼得水，大显身手。他组织名家系列讲座，程乃珊、吴欢章亲临授课。在《杨浦时报》上开设“新摇篮”文艺副刊，组织上海作家看杨浦活动。在建国55周年及复旦建校100周年之际，举办《祖国·母亲》和《我心中的复旦》等全国诗歌大赛。在“迎特奥、迎奥运、迎世博”之际，举办“诗心传递迎特奥”全国诗歌大赛。开展“魅力杨浦——上海作家采风一日行”“诗人、作家看杨浦、看复旦、看同济、看理工、看水产、看殷行、看五角场”等活动。一时间，《我心中的复旦》《你是一棵大树——上海理工大学百年礼赞》《唱响凝固的乐章——同济大学百年礼赞》《蓝色奏鸣曲——上海水产大学95华诞礼赞》《因为有了你——作家笔下的劳模》《城市有我更美好——迎世博征文集》等大型诗文摄影集，相继面世，影响深广，为打造和建设“知识杨浦”作出了贡献。

为了帮助诗人、作家和文学爱好者解决出书问题，刘希涛在上海文汇出版社支持下，编辑出版“出海口”诗文库丛书，为自费出版者提供优质服务。“出海口”诗文库，由中国作协副主席、著名作家叶辛，文汇出版社社长、总编辑桂国强，著名文艺评论家吴欢章教授、著名报人曹正文任顾问，刘希涛任主编。正版、精品、平价、快捷，是“出海口”诗文库始终遵循的服务理念。截至今年8月，已经出版12辑，共计120种书籍，展示了作者的心愿和风采，深受他们的信任和欢迎。

“我‘劳碌命’，既当主编，又当编辑，有时还要当校对。”刘希涛自嘲，但显得非常乐意。

## 保持本色的执着

20世纪90年代，刘希涛在《城市导报》任副刊部主任。一天，因报纸改版需要，刘希涛通过赵竹鸣上门请程十发题写“不夜城”刊名。不一会儿，程十发把题好的“不夜城”拿了出来，笑容可掬地问刘希涛：“你看行吗？”“行，行！”刘希涛连声称谢。

刘希涛本想请程先生再为他题个斋名的，可话到嘴边，又咽了回去。

“这是报社让办的公事，提个人要求，觉得不合时宜。”刘希涛说。

事后，刘希涛还是把这一想法和赵竹鸣说了。过了半个月，赵竹鸣给刘希涛送来了程先生题写的“涛声斋”斋名。赵竹鸣告诉刘希涛：“程先生说你上次没开口，是个老实人，他让我代向你问好。”

程先生的谦虚豁达，宽厚随和，给刘希涛留下了很深的印象。刘希涛说：“他为我书房题赠的‘涛声斋’，我当刻匾悬挂，让它熠熠生辉，子孙相传。”

钢铁诗人也好，激情诗人也罢，刘希涛勤于笔耕，已是花满庭园，籽实累累。诚然，他深情于诗，亦深知写诗的苦和痛。他曾经说过：“愚写诗50年，得诗上千首，不依然一身瘦骨、两袖清风吗？不依然出行靠公交、囊中羞涩吗？”面对清贫，刘希涛不仅无怨无悔，而且坚持前行。

2013年1月10日，刘希涛自费出版《上海诗书画》报。他在《致朋友们的一封信——代发刊词》中写道：“因胸中有把火尚未烧完，虽年近古稀，依然想为社会、为大家（也为自己）做点力所能及之事。”为办好《上海诗书画》报，他还特地约请沪上著名书画家张森、毛国伦、刘一闻先生加盟顾问行列，决心以名家指点，不断追求，不断提高，共享诗书画美好人生，为美丽中国的春天和明天，增添一笔亮丽的色彩！

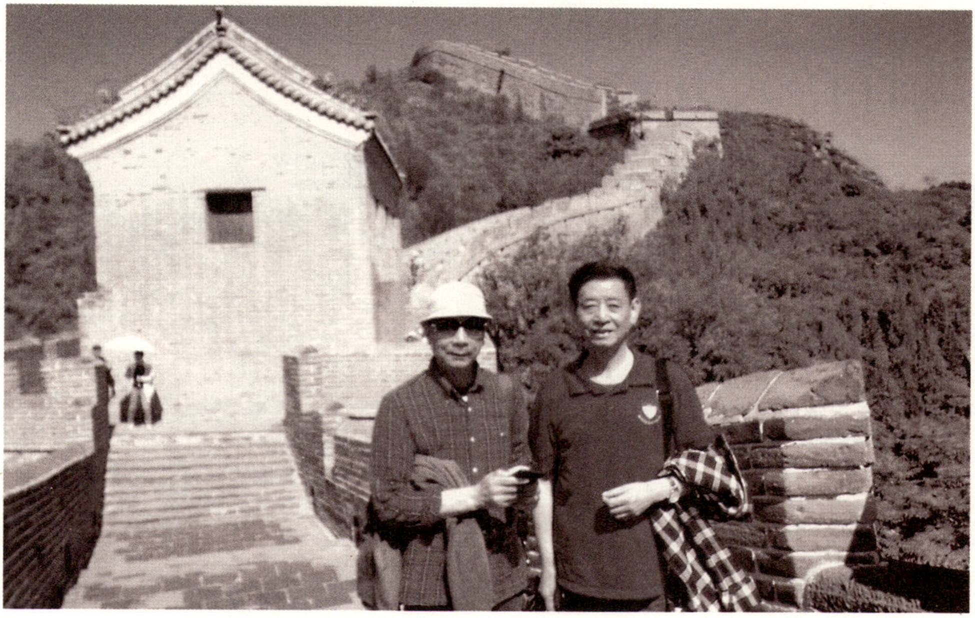

与郑长埠在金山岭长城（2015年6月） 于强　摄



2013年12月11日，“上海博达文学社”在复旦大学科技园成立，刘希涛领衔担任文学社社长。在博达学院院长张文贤的支持下，文学社坚持不收会员一分钱会费，这在当今十分少见。文学社成立不到一年，已有会员40多人，其中不乏大学教授、作家诗人、文学爱好者和离退休党政老干部，并且开展了多次书评研讨活动。今年8月，在上海作协“文学营”举办的一期书评活动，一次就对九名会员的作品进行了热烈而真诚的讨论和评点。

2012年岁末，刘希涛收到中国作协主席铁凝发来的新年贺词：“刘希涛先生涛声依旧。”这位继文学大师茅盾、巴金之后的第三代中国作协掌门人的信任和鼓励，给刘希涛带来了无比的兴奋和感激。他说：“我虽年近七旬，依然渴望燃烧，依然要以她为榜样，力争做个凭作品说话的作家。”刘希涛感奋：人生如有来世，我仍然要做诗人！

2014年10月16日于上海清真路寓所

（郑长埠，中共上海市徐汇区委原常委、区纪委书记。此文原载上海《组织人事报》2014年10月23日、10月30日）

# 风骨诗人刘希涛

## ——读《“钢铁诗人”和他的“涛声依旧”》

沈世坤

一口气读完郑长埠先生评诗人刘希涛的文章，内心涛声不已。

我曾经在上海作协位于青浦区山深支路上的作家文学营，和刘希涛老师有过安静的对文学的交谈，那次交流，依然历历在目。他的诗学，他的激情，他的睿智，他的哲思，他的悲悯情怀，都深深感染着我。

在学习贯彻习近平总书记在文艺座谈会讲话精神的当下，我们了解并学习钢铁诗人刘希涛就显得尤为必要。刘希涛对待文学和人生的态度就像总书记欣赏的作家贾大山，都是怀着赤子之心走在文学的路上，不跟风，不卖弄，在岁月的深处默默耕耘。他们都是用自己的人生践行着总书记的讲话精神：文艺创作方法有一百条，一千条，但最根本、最关键、最牢靠的办法就是扎根人民，扎根生活。

作为军人的时候，他的诗歌呈现的就是军人动人的风骨风姿和灵魂，他用一首又一首诗歌鼓励战士们奋勇向前不畏艰难，也渐渐形成了自己的艺术风格和艺术风骨。已近70岁的他走路依然透着一个军人的干练和强健，他对待朋友亲切温和，尤其是紧张的年轻人，看到他那温暖而明亮的眼神，紧张的情绪就会慢慢缓释下来。他清癯的样子就像我敬慕的鲁迅先生，洋溢着真我的风采。

他始终保持着一个诗人的赤子之心，带着一颗诗魂在不停地飞翔。他因为给当年的著名工人作家胡万春拜年遇到上钢二厂的领导朱尔沛，萌生了想到火热的钢厂“冶炼”自己的念头。那时候都特别看重干部身份，而刘希涛却甘愿转为工人身份，看似是一个冲动的决定，其实是他作为一个诗人的澎湃情怀。这样的情怀老诗人艾青也有过，“为什么我的眼里常含着泪水？因为我对这土地爱得深沉”。就这样，刘希涛成为一名钢铁工人，也成就了这位朴素激情的钢铁诗人。

正是在钢厂的十年，刘希涛老师“在化铁炉的火光中感受，在轧钢机的轰鸣中思索，从铁与火中吸取激情，写下了500多首钢铁诗，先后在全国上百种报刊上发表，一时间，‘钢铁诗人’的声誉，载着他那灼热的诗篇，传遍上海，传遍中国”。刘希涛老师是坚定的勇毅的，也从而奠定了他在上海诗坛的地位，赢得了普遍的赞誉。且看看《解放日报》总编辑丁锡满对他的评价：“他不但炼铁炼钢，还提炼着生活中的美。繁重的劳动生活到了他的笔下，竟是那么的美，那么的令人向往。”正是这扎根生活的基础让刘希涛老师的诗歌总是很接地气，给人们以鼓舞。

我曾经在刘希涛老师主编的《上海诗书画》报里看到过很多名家给刘老师题的“涛声依旧”的条幅，这里面有中国作协主席铁凝，副主席叶辛，还有老诗人贺敬之……这长长的名单里我们不仅看到了书法艺术，更看到了友谊的珍贵。我们常说文人相轻，在刘老师这里，我们看到的是文人相重和相助，这样的情怀让朴素的刘老师把每一天过得充实而富于诗情。在他身上体现了我国传统的文化情怀：老骥伏枥，志在千里；烈士暮年，壮心不已。他已近古稀之年，但他的心如此年轻，如此柔

2014年8月“相约文学营”沈世坤（前排右一），刘希涛（后排左六） 肖日文 摄

婉，如此深沉，就看看他暮年写下的《美人走过的地方》吧：

美人走过的地方
清风把梨花吹亮
一条优美的曲线
牵走多少目光

美人走过的地方
飞鸟停止了歌唱
诗情在江边涨潮
绿叶摇动着遐想

美人走过的地方
让人那么地神往
美人走过的地方
叫人这般地惆怅

作为一个真正的诗人，刘希涛老师是我的榜样。我虽然习诗也有些时日，但我没有刘老师如此澎湃的诗情。他历经沧桑而内心阳光，无论是他的诗歌和他的为人总透着慈悲与善良，诚如上海《组织人事报》编者对他的评价：“刘希涛同志是扎根人民扎根生活的作家，他用诗歌让人们看到美好，看到希望，看到梦想就在前方。”

“涛声依旧”，不仅仅是一首歌在歌唱，而是一个诗人最为可贵的赤诚与善良。他对祖国对人民饱含深情，对晚辈作家也是“捧着一颗心来”，这样的诗人，必将在文学的道路上给后来者更多的精神滋养。

2014年11月2日于颛盛路寓中

（沈世坤，笔名古心静典，上海市作协会员，诗人）

# 执着与多情

## ——散记诗人刘希涛

王慧骐

今年春上，诗人刘希涛在上海过了他的70岁生日。生日前夕，国内的一批诗人和画家朋友纷纷给他赠诗作画，表达对他生日的祝福。季振邦的贺词是："古稀不算老，诗情仍如涛"；北京诗家樊发稼在给他的和诗中如此赞道："休言韶光不我待，涛声依旧向天嘶。"

称希涛为诗人，再贴切不过，他可谓写了一辈子的诗。其对缪斯女神的挚爱、迷恋和执着，非一般人可比。通常意义上，每个人在年轻时代或多或少会有那么一段情爱澎湃，非得用诗来一吐为快的心路历程。而随着年龄的增长，诗情会渐渐淡去，即便要表达情感，可能会选择其他的表现形式了。而希涛不，他从13岁读中学时给《解放日报》副刊投寄诗稿，一直写到他七十华诞，几乎就没有间断过。看看他在今年4月率团去台湾时写下的诗行吧——"这是迎接故人的雨吗？/从桃园机场到台北/一刻不停地下着/可是游子回家的心跳？""如果台北无雨/我们就会怀疑/苍天真的老了/所以雨活着/飘在游人的/兴奋与欢叫中……"（《台北遇雨》）这样的诗句足以证明他激情犹在，诗心不老。

与诗相伴，几近一生，诗行里留下他青春的步履，更雕刻出他平凡却不乏光芒的生命之年轮。他17岁去福建边防当炮兵（因不到当兵年龄，曾有咬破手指写血书之壮举），四年里，几百首"枪杆诗"在军内外报刊上四处开花，为他赢得了"枪杆诗人"的美誉。转业后，他被分到沪上一家电影院负责宣传工作。拿着好好的干部编制的工资，他却觉得生活源泉的枯竭，时常为写不出诗来而心生烦恼。一个偶然的场合，他见到了上钢二厂的领导，竟萌生了"跳槽"之意，几次三番地向其提出要当

与王慧骐（中）在家乡（1986年1月）

一名钢铁工人。所有的待遇他都可以不要，他被那沸腾的钢水和火热的钢厂生活深深吸引，他要为这批了不起的劳动者当一名歌手，讴歌他们的体魄和魂灵。那位领导最终被他感化，而他则心甘情愿地在钢厂待了整整十年。其间，他的确写下了不少激荡人心的跳跃着时代音响的诗作。因此，人们在20世纪七八十年代上海诗坛的记忆里，刘希涛是一位身份尤为鲜明的“钢铁诗人”。

而到了1985年，他从钢厂出来参加筹办《中国城市导报》的时候，已经41岁了。一边办报，还一边到复旦大学去读新闻专业。可以想象，他比常人的付出多出了多少。也可能是诗给了他酒一般的兴奋与激情，那些年里，他的足迹踏遍祖国大地，为新创办的报纸采写了大量的报道和人物报告文学。但无论怎样繁忙，那把自小便弹起的诗的七弦琴，他始终摆放在心中重要的位置。奔驰颠簸的列车上，或出差途中宾馆的台灯下，都能看到他笔走龙蛇、飞泻而出的美丽诗行。他陆续出版的《生活的笑容》《神州风景线》《爱情恰恰》《涛声回旋》《开花的季节》《康定老街》等多部诗歌集，勾勒出他生命中一次次情感的潮汐和心灵的悸动。60岁退休后，他受聘组建上海“新东宫文艺创作中心”，创办《上海诗人》，主编《上海诗报》，为播撒诗的种子，培养和提携诗歌新人而忙得不亦乐乎；65岁那年他又创立了以自己名字命名的工作室，为文汇出版社主编“出海口”诗文库，短短四年里，已推出了十套共100种颇受各界关注的作品集。他对诗歌及其文学事业的热爱可谓做到了极致，这样的诗人在当今诗坛当属凤毛麟角。

我之欣赏并推崇希涛，还不只是因为他诗的丰沛，更多的是为他诗以外的那份多情。对故乡对朋友，他的身上常常可以看到那份可贵的真诚。我初识希涛于1986年，彼时我还在江都工作，他以《中国城市导报》记者的身份来江都采访。当时的县委书记委派我全程陪同，和他走了不少的乡镇与单位，看现场，听汇报，后来弄了一篇挺有气势的全景式报道。对江都，希涛有着一种特别的亲切感，因为那里是他的出生之地。12岁以前他一直跟着祖母，在这方水土上生活。也就在那次共同采访的路上，希涛对我说起，他生在长江边的嘶马镇（江都辖地），出生之时正值桃花汛期，江上涛声大作，故而祖父为他取名"希涛"。真不愧是诗人，名字的来历也让他说得充满了诗意。后来的若干年里，听说希涛曾多次受邀返乡，为家乡的建设成就、美好风光写诗作文。希涛重情，他有一个同乡且同宗兄弟，当时在我身边工作，记得他几次信中一再嘱托我多加关照。我调往南京工作后，希涛利用出差机会也曾专门来看我，有一次他还拎了盒沪产大蛋糕，80年代末期，这算得上一件稀罕物了。一路上七八个小时的火车，摇摇晃晃的，难为他就这么用手捧着，怕被挤坏了。这份沉甸甸的友情我此生难忘。

据我所知，希涛还关心和帮助过不少为事业而打拼的年轻人。苏北的建湖有一家夏氏四兄弟，做灯具起家，最后把生意做到了深圳、香港。在这个过程中，希涛为他们几次出马，相帮解决了一系列棘手的难题；并一直追踪几位兄弟的成长与发展，为他们写出了一部红极一时的长篇报告文学《从徒工到富豪》（由江苏文艺出版社出版）。他因此也与这四兄弟成为忘年之交。今年初，兄弟中的老四不幸英年早逝，希涛闻讯后不顾当时自己正在生病，乘车数百里赴建湖吊唁，并连夜为其撰写悼词，此举令夏氏族人为之垂泪。

还有一幅我亲眼目睹的画面——那是在去年，他为家乡的几位作家主编出版了一套丛书，为此，江都区政府特地搞了一个隆重的首发式，我和希涛都应邀参加了。主办者安排希涛讲了话，他站在麦克风前，说起对故乡的那片感情时，几次哽咽得说不出话来。我发现，那一刻台上台下有很多人在偷偷地抹泪。

诗乃情感之物，而写诗之人却未必个个多情。希涛兄，我想对你说，故乡和朋友会记着你的点点滴滴。

2013年8月28日于南京

（王慧骐，中国作家协会会员，著名散文家。此文原载《上海作家》2013年第6期）

# 清亮如一道山泉

邵天骏

中国是诗歌的国度，处处诗意流淌，有人的地方就有优美诗篇的如影随形。刘希涛先生的《〈刘希涛诗选300首〉选登》充分反映了习近平总书记在文艺工作座谈会上的讲话精神，"深入生活，扎根人民"，硕果累累。他的诗歌，没有那种无病呻吟、故作高深之作，得到了当今诗坛、文坛的高度肯定与弘扬。他"14岁有志于文学，尤其酷爱诗歌，坚信创作离不开生活，怀着当诗人的梦想，走进了军营，又走进了钢厂"，在诗的海洋里尽情遨游，终于成就斐然，在我国的诗坛上大放异彩。

诗歌如此令人陶醉，皆因希涛先生着力于现实生活题材的深入挖掘与缤纷呈现，由此达到了新的高度，说明诗人、作家，一切有出息的文艺家只有无限真诚地热爱生活，热爱人民，才能创作出无愧于时代的优秀作品，"清亮如一道山泉"（王辛笛先生赞语）。也许，现实生活的美赋予了诗人更多的灵感和想象，让诗歌也充满了眼花缭乱的画面。

## 生活就是一部壮丽的史诗

对待生活的态度，在一定程度上决定了观察的高度。从希涛先生创作的大量反映时代主旋律的诗歌作品来看，生活本身就是一部壮丽的史诗，在激情中酝酿，在酝酿中迸发。于是，生命的意义又赋予了新的内涵。希涛先生的诗歌，半个多世纪以来的迷人风采，50多年来的创作旅程，孕育了神奇而又惊叹的七彩世界，磨砺了原汁原味的瑰丽多姿，饱含了人生感悟的宽广胸怀，"清亮如一道山泉"（辛笛先生赞语）。同时，它"从生活深处飞起来"（吴欢章先生赞语），"明白晓畅而又真实可感"

（罗洛先生赞语），顿时眼前的一切呈现出如椽大笔、如火如荼、如花似锦的亮丽景象，缤纷无限直至活力四射。

《〈刘希涛诗选300首〉选登》婉转地再现了他那数十年人生轨迹的浓浓情愫，反映了钢厂与军旅生活的难忘篇章。他是一位丰产的作家，也是一位在诗坛上具有广泛影响和重要地位的诗人，用著作等身来形容他的成就毫不为过。他的一系列文学作品，尤其是诗歌的精美与映衬、情景的再现与衬托，与时代同舞，与生活相拥，显得十分的大气和难得，隐含了更深层次思索的美感。诗歌始终是他的生命，创作始终是他的灵魂，他在诗歌绚丽的舞台上尽情歌唱。虽然他的诗歌作品早已在国内产生了影响，凝聚起"粉丝"，至今依然渴望燃烧，渴望接地气，渴望以诗歌这一表现形式来承载时代的责任。

诗歌之美，美得让人目眩；心香之花，常在诗中绽放。希涛先生的诗歌无不浸染了岁月的深深印痕，无不透着时代的绰绰风韵，有着一种日积月累沉淀下来的历史沧桑与美感，或深邃，或凝重，或遐想，或思考。绚丽的诗歌，让蓝天白云除去了所有的杂质；凝固的深情，使钢厂、军旅生活变得无比的鲜活生动。诗歌的力量是伟大的，足以产生叫人刮目相看的能量，在欣赏体会中迎来一次次诗花的绽放。这种人与物的心灵对话、情与景的相互交融，就有了一种豪气与才气的交织缠绵，亦是一次感动与感悟的欢快释放，让如痴如醉的诗歌从此有了传递正能量乃至触及灵魂深处的唯美意境。

与邵天骏合影于扬州瘦西湖畔（2015年4月） 古心 摄

"铁水在欢叫/铁水在飞腾/在铁水有节奏的旋律中/一夜的辛劳被融化了/飞溅的火星/煽着畅想的羽翎//呵，九百六十万平方公里/在铁水的灼光下/正在苏醒/铁液的霞光/钢水的金云/把她大病初愈的面容/照耀得闪闪烁烁/美如彩虹"——这是希涛先生写于20世纪80年代初的诗歌《铁水，在晨光中闪烁》的前半段。就像我们经常在电视上所看到的，行云流水般的立体景物都在欢快地随着音乐的节拍跳舞，犹如是无数花朵的争奇斗艳。炼钢在钢厂里属于一个常见的景象，对许多一线炼钢工人而言，早已习以为常。而希涛先生却不失时机地抓住铁水的特征，将其与"大病初愈"的祖国连在一起，诗的意境为之升华，让人陷于深深的思索之中。

钢厂是写诗的好地方。在这里，一切皆有诗的影子。只要你用心去寻找，用心去观察，遍地都是诗的呢喃。晨光越发清亮，本身就有诗的悠情连绵，光照大地。而铁水在晨光中闪烁，自有一种交相辉映的美丽。也许，铁水与晨光本身就是一道亮丽的风景，它们互相依托，互生而贵，令人为之倾倒。铁水与晨光的交集映衬，在一点一滴泻出的光影中成了诗的澎湃、光的碰撞的最好注脚。诗人心底涌动的分明是内心感动的升华和对铁水之光、清晨之色的由衷赞叹。第一线生产工人的浓情、豪情，在这里得以完美体现，创造了难能可贵的立体构思，使隐喻的意象美、劳动美更加生动活泼，更加生龙活现。

在前半段的铺垫下，诗人直击铁水的喷涌、冷却和闪烁的眼花缭乱："呵，铁水喷涌/载着春华、秋实/驮着太阳、星辰/闪着铁的思维/钢的想象/去浇铸，去造型/去实现那火炽的憧憬/然后，慢慢冷却下来/脚踏实地去远征//铁水，在晨光中闪烁/呵，祖国的脸上/现出红润！"与前半段诗句相比，铁水在晨光中闪烁，开始进入另一个通道的川流不息里。这种心迹的袒露、洞察的深刻是何等的醇厚，回味无穷；亦是何等的精辟，小中见大。铁水带来的思索在此有了一个新的语境的延伸、新的跨度的丈量。这种延伸和丈量，使前半段对铁水入木三分的刻画显得越发清晰、诗意起来。于是，经典与意境对话，精致与精美对白，遐想与思考对应，使铁水的高温、火红有了一种更具情感的释放，同时也有了某种铁水闪烁的无限联想。

## 火之骄子，支起民族骨架的坚强灵魂

诗人捕捉事物的眼光很独特，也很了不起。他的诗歌本身就是一个具有代表性的杰作，经受着岁月的浸润，凝聚着能量，既有生命的脉动，又有时代的精致，在经典中不断创造历史，在抒发中成为积极向上的动力。品读希涛先生的诗，似甘甜的雨露，十分沁人心脾；又如泡好的一壶香茗，总是回味无穷。而诗歌与时代的相互缠绵与碰撞，让品读诗歌成了一种诗意的生活，成了一种美好的享受。读者的心灵由此变得十分纯净，犹如清亮的山泉。如果我们静下心来品读希涛先生的诗，就会发现，希涛先生不愧是一位善于发现美、抓住美、弘扬美的行家里手。他的诗与美总是同在，与美尽情相约，于是灵气与神采、生活与激情就多了一种诗意的本真，一种感悟正能量的完美释放，一种体验真挚情感的自然流露，由此达到了相当的意境与高度。

“当勘探的小锤/把你从长眠中叩醒/采掘机那力的臂膀/打开了禁锢的重门/一缕阳光/一丝清风/苏醒了你褐红的憧憬/你渴望烈火/你渴望献身//在烈焰中燃烧/在氧气里催化/在白热下再生/化成铁流、钢液/排除身上的杂质/消融心中的暗影/丢掉了愚昧和僵硬/着一身红袍脱颖而出/呵，火之骄子——钢/支起我们民族骨架的——坚强灵魂！”诗歌《火之骄子》的前两段，把寻矿、采掘、冶炼整个过程叙说得一气呵成，仿佛就是一次次人生的洗礼和生命的历练。这样的细腻描写，总是蕴含着一种即使在今天来看仍是深入内心的震撼。它们皆缘于来自钢厂的真情呼唤，充满了最原始、最真实、最可雕琢的粗犷，让生活的回味、岁月的回眸始终驻足心间，同时穿越岁月的年轮，穿透时空的阻碍，完整地展示出优美的黑白与彩色、平面与立体交织的个性。

大凡诗歌能够打动人的心灵抑或是带来诸多遐想和感悟的，都与诗人内心深处涌动的时代激情有关。希涛先生的诗歌之所以能够在今天也拥有众多的粉丝和爱戴者，自有他的许多理由。他的《火之骄子》，时间感、空间感、画面感纵横交错，令人目不暇接。这样的创作手法，希涛先生自是熟稔于心，运用行云流水，仅寥寥几行的字语，就将一个惟妙惟肖的火之骄子展露得恰到好处。随着一身红袍的脱颖而出，那最终冶炼出来的钢分明是火之骄子。我的眼前也仿佛随着画面的接连转换，最终定格在了“支起我们民族骨架的坚强灵魂”上，竟是如此的妥帖，如此的过目难忘。

品读到这里，希涛先生的笔锋一转，又将一幅委婉深情的画面展现在人们面前：“祖国需要你呵/去安装/钢铁的雕鞍/钢铁的羽翼/钢铁的闸门/和灯下母亲/手中飞动的银针/小学生的卷笔刀/那旋起的塔形花纹//呵，火之骄子——钢/执着不懈的追求/照亮你/辉煌壮烈的一生！”读诗，如果能够读出不同凡响的韵味来，那也就懂得了诗人的初衷。在这里，诗的韵味全然透过心底的共鸣袒露无遗。于是，一行又一行独特的文字组合成了一道道诗意的城墙，惬意地接受着暖风轻抚，任思绪轻快飞扬。

诗歌让生活沸腾，钢厂里的火之骄子在普通中诉说着不平凡，给看似平淡的生活注入了持久的活力，乃至生生不息。希涛先生从大写的诗歌里走来，又在不断地书写着大写的人生，让创作远离贫瘠的小岛，犹如一股清新之风从我们周围掠过，于是到处生机勃勃，草木葱葱，带来了不一般的感受。这里，钢铁的雕鞍，钢铁的羽翼，钢铁的闸门，连用了三个“钢铁的”排比形式，既有并进的诗意遐想，又有递进的美感韵味。这被称作火之骄子的钢，所拥有的高贵品质就格外令人钦佩。

希涛先生的钢铁诗，有血有肉，有滋有味。他的诗歌鲜活耐读，总是充满时代的浓情和岁月的神韵。那张弛有度的诗歌，就像是正在弹奏的一曲经典老歌，唤起时光的记忆，激发内心的思念，同时走进如诗如画的风景中，去拥抱时代赐予的春色。

## 连长的脚板，轻重的分明

不得不深深佩服，希涛先生的笔下精彩与做人的风采总是相互交织在一起，犹如是一篇发自内心的真情告白。早在20世纪60年代，他还在福建部队当兵的时候，“战士诗人”的称号已经不胫而走，这也为他后来成为“钢铁诗人”，进入国内知名诗人的行列奠定了坚实的基础。从军营里走出，钢厂的磨炼又使他的诗人本质有了脱胎换骨的蜕变，至今依然成为许多人津津乐道的话题，让“钢铁诗人”的光芒照耀大地。

在部队里，希涛先生不仅是个出色的战士，值勤、练兵、摸爬滚打样样精通，而且是个出挑的诗歌作者，常常文思泉涌，诗意澎湃，可谓文武双全。军旅生活的那些日子，引起他关注的还有另外一个细小的情节，于是他把它融入诗内，取名为《连长的脚板》，其观察可谓细致入里：“连长的一双脚板呀，是属虎的/那么的勇，那么的猛/练兵场上，跑跳蹦纵/双脚跺得地心动/刺杀——一对滚地龙/追击——平地刮旋风/大吼一声霹雷响/‘同志们，跟我冲！’//连长的一双脚板呀/是属猫的/那么的轻，那么的灵/查铺查哨，走走停停/好似飘着一朵云/压蚊帐——如同折封信/关窗户——就像扣衣领/整座营房呀/跳动着一颗慈母心……”这样的诗意描写，这样的深情再现，使连长的脚板有了虎的勇猛、虎虎生气，猫的轻灵、轻盈走动的朦朦胧胧感觉。用属虎和属猫来形容连长的一双脚板，其形象的比喻包含着战士深深的敬意。这样的比喻充满了赞叹和惊叹的符号。虎与猫一个勇猛，一个轻灵。希涛先生紧紧抓住了两种动物的不同之处，将其刻画成连长脚板的不同凡响，想象丝丝入扣，笔墨勾勒简练：练兵场上一丝不苟，声音洪亮震天响，画面渐行渐近，犹如一张放大的明信片。在营房静谧的环境里，连长的双脚又是多么轻盈，为的是不影响战士的休息，慈母的爱心在此一览无余。

这首诗在读者中引起的广泛共鸣，皆因对比、比喻在其中起了不小的穿针引线作用，也使希涛先生在诗歌领域里的创作才能得到淋漓尽致的展现。那个时候的他，已经拥有了诗人犀利的眼光，捕捉真善美的能力和对诗歌全景式的把握并开始脱颖而出，这也为他后来成为一个真正意义上的优秀诗人打下深厚基础。希涛先生注意将自己的心灵向世界敞开，他始终是诗歌接地气的默默实践者。他能有在今天诗坛、文坛的地位，无不都是以手写我心，以心换人心。于是，我们在希涛先生的笔尖下，看到了正能量的不断发扬光大，看到了诗人接地气的孜孜以求，看到了诗美回荡心间的种种感动。

希涛先生的军旅生活，我还从其他许多诗里陆续触动到了自己的心弦，让美丽的音符轻快跳动，宛若诗情画意缤纷呈现。此时，我的眼前慢慢再现了他的不少令人感动和深受启发的军旅诗，有《瞄靶》《哨所八个人》《夜过鹰爪道》《瑰丽的长虹（组诗）》《海岛哨兵》《军民花》《边境夜巡》和《大海的眼睛》等，缤纷呈现之际，一片眼花缭乱……

《〈刘希涛诗选300首〉选登》是希涛先生半个多世纪以来文学创作的结晶。这里选登的只是其中的很小一部分，与他在全国100多家报刊上发表的1 000多首诗作相比，大抵只能是管中窥豹。然而，这些诗歌毕竟是那个年代的难忘见证，在我国诗界留下了一笔丰厚的文化财富。丁锡满先生、吴欢章先生、辛笛先生和罗洛先生等许多名家的高度赞誉，就是一个个最好的证明。清亮如一道山泉，自是对希涛先生半个多世纪以来诗歌创作取得成就的充分肯定。

2015年8月19日于浦东

（邵天骏，中国散文学会会员，中国诗歌学会会员。此文已刊2015年8月27日中国作家网）

# 有诗情永远不会老

刘潇鸿

白杨树般挺拔的身姿、笔直的腰板，刘希涛老师的年龄我不敢猜。可后来知道，老师已是古稀之年！看了《我和“父子作家”的交往》这篇长文，我明白了：老师的年龄与岁月无关！有诗情的人，永远不会老！

长达6 000多字的长篇，如果没有相当的功力，一定是冗长而繁杂的，读起来也会是令人疲惫的。可希涛老师的长文中，有幽深的历史，也有不可回避的现实；有对诗崇高的敬仰，也有对人深厚的情怀；有对长者的感恩，也有对晚辈的爱护，还有对自己成长道路的回顾。整篇文章透露出对人美好的情感、对文学深沉的热爱和对创作不竭的思索。这么丰盛而厚重的文化大餐，却被老师拿捏得游刃有余，由诗意的一条线贯穿始终，美不胜收！

## （一）

“一个桃花灼灼、李花纷纷的日子，在上海市作家协会新会员的一次聚会上，我认识了胡永明和他的妻子舒爱萍。”文章开篇就充满了诗意。对诗人的认识，由诗意的“桃花灼灼、李花纷纷”而起。结尾处：“胡永明爽朗的回答，仿佛一根神奇的魔棒，一下子敲响了我记忆深处的那根琴弦……”一篇洋洋洒洒的长篇美文，就在这诗意琴弦的弹奏下，如清泉般汩汩流淌。

写父亲作家胡宝华作品对自己的影响时，希涛老师写到胡宝华先生作品《毛丫头大战“霹雳火”》对他的影响：犹如电流跳上钨丝，我的眼前“刷”地亮堂起来。诗般的语言，一下子把读者吸引到文字中来，不由自主随着作者流淌出的清泉漫步……

与刘潇鸿（右二）在上海青浦，中为希涛夫人张泉英
徐加宏 摄

随着清泉的流淌，我们看到了希涛老师的文学之路。

受胡宝华老师《毛丫头大战“霹雳火”》和《毛丫头巧献锦囊计》等小说的影响，年轻而充满文学情怀的希涛老师悟出了写作的真谛：文学创作离不开火热的生活，只有身入其中，亲历其境；静观默察，烂熟于心，才有可能写出有血有肉、鲜活灵动的作品来。于是，老师投笔从戎去当兵，走上了守卫祖国海疆的前哨阵地。在部队期间，他时时留心，处处做有心人，在报刊上发表了上百首枪杆诗、墙头诗、战士诗，戴上了“战士诗人”的桂冠。从部队回到地方，由于对文学的热爱，他又自愿放弃干部编制当上了一名钢铁工人。希涛老师用诗一样的语言写道：“在化铁炉的火光中感受，在轧钢机的轰鸣声中思索，我把诗的触角伸向了钢厂的角角落落——我以炽热的情思、多彩的笔调，为钢铁工人抒写了一首首赞歌。”这期间，希涛老师发表了近500首“钢铁诗”，又成为名副其实的“钢铁诗人”。

诗一样的语言，简洁明快地介绍了希涛老师在胡宝华老师影响下，一步步成为“战士诗人”和“钢铁诗人”的历程。

## （二）

“这是个清风在梧桐树梢唱着歌谣的日子……”成为名诗人名作家的希涛老师难忘恩师，他携家人去看望心中的偶像了。这诗一样的语言，使老诗人看望老作家的美好情怀溢于言表。在这部分，文章详细描写了与老作家相见的细节：“老人知道我们要来，特地换了一件洁白的短袖衬衫，雪白的头发纹丝不乱地梳向脑后，脸色红润，笑声爽朗地在‘夕爱斋’会客厅接待了我们，他那双温暖的手，让我感到他的力量。”

话不多，但精练的语言描述了作家与诗人相见、惺惺相惜的心情。此段娓娓道来，看似写与老人的随意聊天，但却是在谈写作的真谛。不知不觉中，创作的源泉已流入读者心中。

由看望胡宝华老师，文章很自然地介绍了胡宝华老师的生平、经历和创作观，让我们看到了一个历经坎坷仍挚爱文学的老作家形象，老人的乐观、智慧和对文学执着的追求跃然纸上。

老人一生没有离开过工作岗位，退休后，又对《红楼梦》作了深入研究，写出了不少振聋发聩的文章。正如希涛老师所说：“纪念曹雪芹，研究《红楼梦》，不仅是缅怀先人，颂扬经典，更是为了树立民族文化自信，为今之文学乃至当代文明的发展提供源源不竭的支持和动力。”

文学老人的使命感、责任感令人动容！

## （三）

“握别了宝华先生，我依然沉浸在和他促膝交谈的氛围之中……”友情还在延续，胡宝华先生托儿子给希涛老师送来了题词“涛声依旧”和信件。流水般的语言，很自然地引出了本段的主要内容：对晚辈的关爱，对诗的扶持。

通过希涛老师的简要介绍，我们了解到胡永明作为一个新诗人的努力与成绩，对这个“儒雅的战士，佩剑的诗人”有了清晰而深入的了解。

“1957年出生的永明，系上海体育学院教育学学士、复旦大学法律硕士，长期从事社会学等方面的理论研究（发表论文38篇次、获奖13次），撰写了大量调研报告，现为上海市公安局农场分局政委、三级警监，上海市作家协会会员、中国诗歌学会会员、中华诗词学会会员。”这样的经历，与诗人似乎有一定的距离，正如希涛老师所说：“在人们的心目中，诗人不是性格张扬、天马行空、狂放不羁，就是卿卿我我、情调浓浓、故作多情……”可是“胡永明，这个表面上沉静如铁的人，内心里却有激情在燃烧，有诗意在流淌……”

让我们看看胡永明的诗：“你远在天涯/就像明月挂在天际/你在我心中/就像明月映在水里。”

这温柔缠绵、委婉曲折的诗章，使人想起了那些思念情切、意犹未尽的诗句……胡永明，果真是位“儒雅的战士，佩剑的诗人”。

看完全文，三个迥然不同的文学作家形象跃然纸上：戴着双重桂冠的不老诗人——作者，把文学当使命的老作家——父亲，对文学执着追求的年轻诗人——儿子。同时上海还有“母女作家”和“父女作家”，他们薪火传承，生生不息。而希涛老师所写的三位各具魅力、各有风采的知名作家对文学不懈的追求，不正是上海滩文学的缩影！

“毕生用文字深呼吸的人，真正凭作品说话的人，才能永恒。”都知道希涛老师是“钢铁诗人”“战士诗人”，我这时看到的还是一个真正凭作品说话的人，一个诗意盎然的人。

我不由想起前不久在一次活动中见到希涛老师的情景：挺拔的身姿，矫健的步伐……他侃侃而谈诗歌的发展与现状，情感充沛，激情昂扬！真是一位不老的诗人！

祝福希涛老师“涛声依旧”！

2015年12月7日于浦东

（刘潇鸿，主任编辑，《中国平煤神马报》周末版主任。）

# 涛声依旧

## ——赠希涛兄

潘培坤

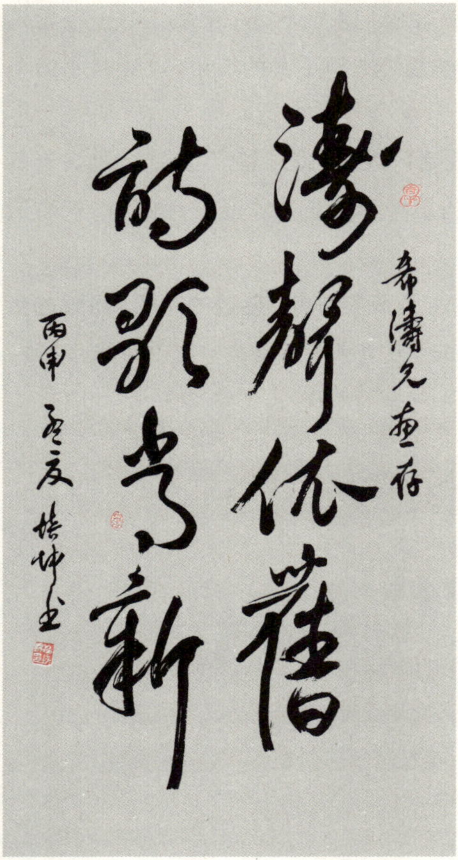


潘培坤题词

涛声依旧，诗歌常新，
威武战士，钢铁诗人。
扎根生活，讴歌百姓，
春风秋雨，硕果丰盈……

“生活笑容”，“炉口诗魂”，
“世纪广场”，“相思月明”，
“美丽弧线”，“神州风景”，
“回旋涛声”，“恰恰爱情”，
“胸中有火”，“学徒富翁”，
“康定老街”，“海角琴声”……
佳作共赏，诗文如金。

退而不休，尽己所能，
“东宫文创”，“上海诗人”，
“杨浦作协”，“诗书画情”，
“海口扬帆”，“书坛花盛”，
“博达结社”，相交至诚……
夕阳晚照，如火人生，

与潘培坤在上海界龙（2016年6月） 任端正 摄

唯愿付出，不求感恩。

煮茶论文，墨客雅韵，
砥砺切磋，胜过佳珍。
相识恨晚，相知缘分，
诚言相赠，再启新程！

2016年5月21日于界龙

（潘培坤，水利部上海勘测设计院原党委书记，诗人）

# 后 记

许是家临长江之故，本人出生时正值桃花汛期间，江上涛声大作；又值烟花三月，窗外桃花灼灼，开成一树缤纷……念过私塾的祖父酌定了我的名字，小名“涛儿”（桃儿），大名刘希涛。

就此，我和“涛”字结缘，凡见有“涛”字的书法作品，便剪贴收藏之。

20世纪90年代初，一首《涛声依旧》的流行歌曲，夹带着澎湃的涛声，传遍大江南北……当时，我在《中国城市导报》当记者，足迹遍及祖国四方，时有机会和文化

与夫人张泉英在北戴河（2011年9月）

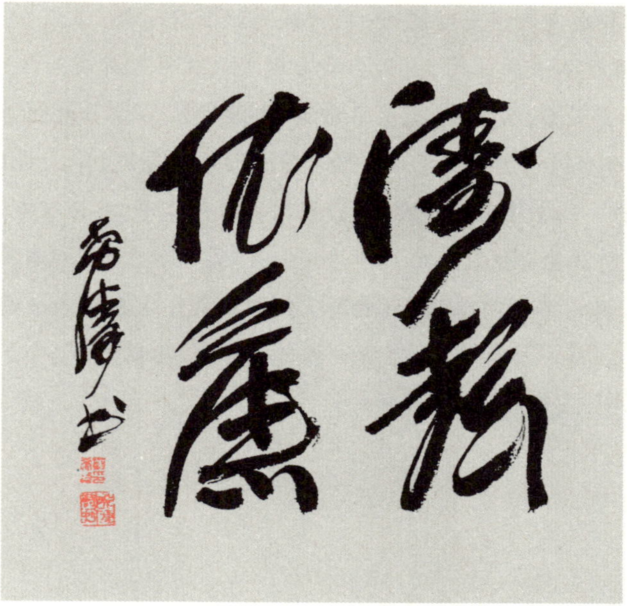

作者自书“涛声依旧”

名人接触，便留了个心眼，请他们为我书“涛声依旧”四字……当他们知道我为了诗神“缪斯”，为圆文学之梦而投笔从戎，回沪后又放弃干部编制去当了十年工人（有“战士诗人”和“钢铁诗人”称号）的经历，表示赞赏，都觉得这四个字对我挺合适。于是，欣然挥毫，留下了灿若星斗、弥足珍贵的墨宝和手迹……

几十年下来，我已搜集了100余幅名人所赠“涛声依旧”的条幅，其中著名诗人有贺敬之、李瑛、雁翼、沙白、忆明珠、梁上泉、刘章、于沙、苗得雨、圣野、宁宇、宗鄂、高洪波、赵丽宏、褚水敖、李小雨、徐刚、季振邦、桂兴华、子川等人；著名作家有杜宣、峻青、铁凝、叶辛、廖奔、谭谈、何建明、鲁光、王小鹰、邓伟志、屠岸、丁锡满、丁法章、贾树枚、李伦新、蒋星煜、胡宝华、吴欢章、沈扬、俞天白、桂国强、钱汉东、管继平等人；著名词家有石祥、晨枫、李幼容、邬大为、党永庵、陈小奇（《涛声依旧》词曲作者）、珊卡等人；著名书画家有程十发、苏局仙、姜东舒、任政、张森、毛国伦、刘一闻、陈燮君、刘小晴、刘瞻（刘海粟之女）、恽甫铭、黎邦定、宣家鑫、赵竹鸣等人；著名表演艺术家梅葆玖、尚长荣、梁波罗、刘子枫、刘晓庆、倪萍、冯巩等人，以及已故名家臧克家、贺绿汀、张瑞芳、陈从周、费孝通、辛笛、罗洛等人……并已为其中60人撰写了文章（每篇1 000至7 000字不等）。这些文章已在《文艺报》《文学报》《作家报》《解放日报》《文汇报》《新民晚报》《联合时报》《上海作家》等报刊发表，引起热烈反响，不少读者和朋友来信来电询问：何时能见此书？

读者想读到这本书的原因，是因为我与这些文化名人都有接触交往，大多是第一手资料，有真情实感，有故事，有生活细节，可读性强，又有史料价值；对于启迪当代，开拓未来，都有阅读和收藏价值。经过较长时间的筹备，本人将这本书稿，交由文汇出版社出版。感谢文兄潘颂德教授、任丽青教授作序，感谢文友郑长埠先生、王慧骐先生、沈世坤先生（古心静典）、潘培坤先生、邵天骏先生、刘潇鸿女士等人的鼓励文章和诗篇，感谢诗人胡永明、舒爱萍伉俪和成英小姐在这本书的选编制作过程中的支持与帮助，感谢所有关注、支持这本书在写作、出版过程中，给予我热情鼓励与指导的亲爱的朋友们。

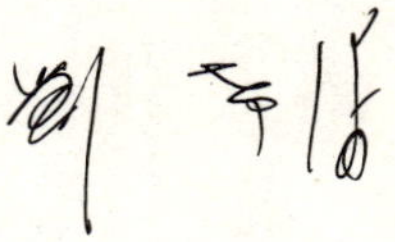

2016年5月1日于涛声斋